2021 年北京市人力资源市场薪酬大数据报告

北京市人力资源和社会保障局　编

中国民航出版社有限公司

图书在版编目（CIP）数据

2021 年北京市人力资源市场薪酬大数据报告/北京市人力资源和社会保障局编. -- 北京 ：中国民航出版社有限公司，2021.9
ISBN 978-7-5128-0975-8

Ⅰ．①2… Ⅱ．①北… Ⅲ．①劳动力市场－工资水平－研究报告－北京－2021 ②劳动力市场－人工成本－研究报告－北京－2021 Ⅳ．①F249.271

中国版本图书馆 CIP 数据核字（2021）第 145572 号

2021 年北京市人力资源市场薪酬大数据报告

北京市人力资源和社会保障局 编

责任编辑： 韩景峰

出　　版：中国民航出版社有限公司（010）64279457
地　　址：北京市朝阳区光熙门北里甲31号楼（100028）
排　　版：北京工商事务印刷有限公司照排室
印　　刷：北京工商事务印刷有限公司
发　　行：中国民航出版社有限公司（010）64297307　64290477
开　　本：889×1194 1/16
印　　张：24
字　　数：820千字
版　　本：2021年10月第1版　2021年10月第1次印刷

书　　号：ISBN 978-7-5128-0975-8
定　　价：320.00元

编　委　会

序

建立企业薪酬调查和信息发布制度是完善人力资源市场公共信息服务的重要内容，也是主推企业深化工资分配制度改革的客观需要。完善企业薪酬调查和信息发布制度，是发挥市场在劳动力资源配置中决定性作用的重要途径，是实现由市场评价要素贡献、按贡献决定报酬机制的重要举措，是提升工资分配宏观调控治理能力的重要手段。通过开展企业薪酬调查并发布不同职业劳动者的工资报酬信息、不同行业企业人工成本信息，对指导企业合理确定职工工资水平、发挥市场在工资分配中的决定性作用，对引导人才及劳动力有序流动、促进人力资源合理配置，都具有十分重要的意义。

2020年5月，中共中央、国务院发布了《关于新时代加快完善社会主义市场经济体制的意见》（以下简称《意见》），明确提出要"完善企业薪酬调查和信息发布制度"。

截至目前，全国已有29个地区（除新疆、西藏外）建立了省级调查制度。企业薪酬调查和信息发布工作，逐步确定了一套规范有序的操作流程，同时薪酬调查数据质量控制系统和数据处理比对方法基本确立。

近些年，北京市不断加强数据全流程控制，形成了涵盖调查准备、数据采集、数据审核、数据整理、数据发布5个环节12个质量控制要点，全流程、可操作、可复制的企业薪酬调查数据质量控制工作规范。同时，经过反复论证比较，形成了科学合理、切实可行的数据加权处理方法、指标计算方法和多维度比对分析方法。

受新冠疫情影响，本年度企业薪酬调查工作的开展以及报告撰写均面临诸多空前的困难，在此形势下，本年度薪酬调查报告在往年报告的基础上，根据实际情况进行了调整和创新。

2021 年，北京市企业薪酬调查报告沿用"线上+线下"模式开展。今年"线下"数据涉及北京地区抽样调查企业 4958 户，在岗职工 751202 人；"线上"数据来源于前程无忧薪酬数据库，其调查覆盖北京地区 15 个国民经济行业大类，33 个细分行业，共计 5498 家企业，在岗职工 1097237 人，以及应届高校求职毕业生共计 317622 人。

与上年度相比，今年在报告内容和结构方面，我们通过"一整合，四个新"方式来突出和展现北京市的经济发展状况及产业特色。

"一整合"是指在保证数据来源可靠性的同时，通过引入第三方专业薪酬调查数据，进行数据资源整合，进一步扩展、丰富了薪酬数据的来源，增加薪酬数据样本的多样性。

"四新"分别指：1. "**新数据统计口径映射**"——在统计口径上，建立了国民经济行业标准、职业大类划分标准与市场通行叫法口径之间的映射关系，与使其一方面符合国家相关部门的统计需求，另一方面也更加贴近于市场和企业的实际应用需要。2. "**新区域分布划分**"——在往年关注行政区域的基础上，根据北京市城市发展规划，按照首都功能核心区、城市功能拓展区、城市发展新区、生态涵养发展区发展布局规划对薪酬水平进行分析。3. "**新职业**"——自北京开展企业薪酬调查工作以来，首次针对国家发布的新职业进行了工资价位调查——自《中华人民共和国职业分类大典（2015 年版）》颁布以来截止 2020 年 12 月发布的三批新职业。4. "**加入新篇章**"——根据国家和北京十四五规划以及产业发展，新增了"三城一区"、"北京智造"能够反映北京建设发展的特色篇内容，以期能够更加全面、准确地反映北京市场的薪酬水平。

经过一年的努力，《北京市人力资源市场薪酬大数据报告》完成出版，谨作此序，感谢参与此次薪酬调研相关企业的密切配合，感谢课题组编委会顾问、主编和副主编在整个课题的筹划、路径设计等方面的顶层规划，感谢各位核心编委的辛勤努力，感谢各位评审专家，感谢市发改委、市统计局、市税务局、市属国有企业人力资源部门，对报告整体框架结构和内容的建议，在此一并表示感谢！

完善企业薪酬调查和信息发布制度是一项系统工程，是企业工资分配宏观调控工作的重要基础，对市场主体生产经营有积极引导作用，关乎企业职工劳动报酬利益，我们将按《意见》要求，把企业薪酬调查和信息发布工作作为一项重点工作来抓，久久为功，进一步发挥好企业薪酬调查"数据"作为重要生产要素的功能作用，让数据更好地服务社会、服务政府决策。

2021 年 9 月

目　录

第一部分　人力资源市场薪酬数据分析报告

第二部分　企业人工成本数据分析报告

第三部分　北京市 2021 年行业工资指导线

第四部分　北京市 2021 年最低工资标准

第一部分

人力资源市场薪酬
数据分析报告

报 告 概 要

一、发布薪酬大数据报告的背景

二〇二一年作为"国民经济和社会发展第十四个五年规划和二〇三五年远景目标纲要"实施开局之年，也是北京市开展"十四五"规划和推进首都高质量发展的关键一年。

"十四五"时期是我国全面建成小康社会、实现第一个百年奋斗目标之后，乘势而上开启全面建设社会主义现代化国家新征程、向第二个百年奋斗目标进军的第一个五年，也是北京落实首都城市战略定位、建设国际一流和谐宜居之都的关键时期。

《中共中央关于制定国民经济和社会发展第十四个五年规划和二〇三五年远景目标纲要》明确指出，坚持居民收入增长和经济增长基本同步、劳动报酬提高和劳动生产率提高基本同步，持续提高低收入群体收入，扩大中等收入群体，更加积极有为地促进共同富裕。《北京市国民经济和社会发展第十四个五年规划和二〇三五年远景目标纲要》也明确提出"实施就业优先政策""持续提升就业质量""完善收入分配制""着力扩大中等收入群体""对企业工资收入分配的宏观指导，定期发布企业、行业工资指导线，做好新就业形态下劳动者基本报酬权等权益保障"的发展目标。

人力资源市场工资价位和人工成本信息作为人力资源和社会保障事业基本公共服务的重要组成部分。早在 20 世纪 90 年代，北京市就开展了企业薪酬调查和信息发布的创新探索，成为我国较早发布人力资源市场工资指导价位及人工成本状况的地区之一。

在此背景下，北京作为有条件率先探索形成新发展格局的区域，在明确落实"建设国际科技创新中心"、"两区"建设、"数字经济""以供给侧结构性改革引领和创造新需求""深入推动以疏解北京非首都功能为'牛鼻子'的京津冀协同发展"的过程中，北京人力资源和社会保障事业与时俱进，不断提高就业、工资和劳动关系等基本公共服务水平，为落实首都城市战略定位和推动高质量发展提供有力保障。

近年来在市委、市政府领导下，北京市人力资源和社会保障局不断建立健全企业薪酬调查和信息发布制度，薪酬调查的专业性不断增强，数据挖掘方法的科学性不断提高，薪酬大数据的质量逐年提高，在服务首都企业和辅助政府工资宏观调控等工作中发挥了重要作用。

2020年新冠疫情，对北京市各行业企业的日常经营产生了一定的影响，但随着疫情得到有效管控，疫苗接种普及，经济从疫情初期低谷走出，企业经营逐步好转趋于正常，企业势必需要根据疫情变化，对组织结构和人员进行优化调整；与此同时，部分经营创新模式和经营方法以及岗位需求也在疫情考验中应运而生；整体上，与往年相比，企业和用人单位对于了解和掌握市场薪酬水平的迫切程度也进一步增加。

在此趋势下，《2021北京市人力资源市场薪酬大数据报告》的发布也较往年更具有指导和参考意义。

二、报告结构

本年度薪酬大数据报告共计分为5个部分，分别为行业篇、特色篇、职业篇、区域篇和群体篇。与往年相比，本年度报告新增加了特色篇，根据国家和北京十四五规划以及产业发展，选取了"三城一区""北京智造"等能够反映北京产业建设特色的内容，通过市场薪酬数据，鲜明反映北京城市建设发展状况。

（一）行业篇主要内容

行业篇以国民经济行业分类标准（GB/T4754-2017）作为统计分析口径，分析了北京地区所涉及的47个不同行业大类的职位薪酬数据。首先横向比较不同行业的整体薪酬情况，概要性分析行业薪酬特点。其次对13个重点行业门类进行纵向分析，根据企业较为常用的市场化岗位称呼习惯，分析展示了企业日常生产经营中较为常见的通用岗位薪酬状况。

（二）特色篇主要内容

本年度报告特色篇中的"三城一区""北京智造"均为具有北京建设发展特色的区域或产业，通过分析具有北京发展建设特色产业的薪酬状况，指导和促进人才流动，更好推动北京经济的高质量发展，为北京建设提供助力。

三城一区是指"中关村科学城、怀柔科学城、未来科技城和北京经济技术开发区""北京智造"主要包含航空航天、智能装备、新能源等高端制造产业。

本部分内容按照"三城一区""北京智造"两大主题分别根据其特点，进行薪酬数据分析，反映市场相关领域及群体的薪酬变化状况，增强薪酬数据信息及时性、指导性。

（三）职业篇主要内容

本部分内容按照中华人民共和国职业分类大典（2015版）标准作为分析统计口径，从

"企业单位负责人，专业技术人员，办事人员和有关人员，社会生产服务和生活服务人员，生产制造及有关人员，农、林、牧、渔业生产及辅助人员"六类职业大类维度整体上分析展示各职业大类的薪酬水平。

在本年度调研，特别针对《中华人民共和国职业分类大典（2015年版）》颁布以来发布的三批新职业（截至2020年12）月进行了工资价位调查。

（四）区域篇主要内容

区域篇对北京市包括各行政区域以及经济技术开发区在内17个区域企业薪酬大数据进行了分析统计，在分析统计口径上，本部分内容结合国民经济行业分类标准（GB/T4754-2017）和中华人民共和国职业分类大典（2015版）标准进行综合交叉，根据各行政区域的产业发展特点，展示了重点行业不同职业大类的薪酬状况。通过横向比较各区域薪酬水平，针对性地指导区域招人引才。

本篇还在往年关注行政区域的基础上，根据北京市城市发展规划，按照首都功能核心区、城市功能拓展区、城市发展新区、生态涵养发展区，发展布局规划对薪酬水进行分析。

（五）群体篇主要内容

本篇针对"应届生、技能人才、企业经营者、科学技术人员、海外留学归国人员"当前企业和社会较为关心的5大群体人群进行薪酬水平分析研究。应届生部分主要以北京市各重点行业为主线，结合应届生就业的特点，分"专科、本科、硕士及以上"三大学历，按"技术研发、销售、业务、支持"四大职能进行薪酬数据分析。技能人才、企业经营者和科学技术人才三部分内容均以行业及行政区域作为统计口径，区分等级，对"初、中、高级技能人才以及技师、高级技师"，"高级管理岗、一级部门管理岗、二级部门管理岗、其他管理岗"和"高级职称、中级职称、初级职称"分别进行了薪酬水平分析；海外留学归国人员部分则按照"本科、硕士及以上"学历分类，对不同行业的海外留学归国人员薪酬水平进行分析。

三、薪酬大数据报告对于政府企业个人的参考意义

建立并发布市场薪酬大数据制度，对于政府部门具有重大意义：一方面，通过调研、分析人力资源市场薪酬大数据，可以及时掌握市场薪酬的全面状况，跟踪市场变化趋势，有助于政府对未来发展做出研判，并据此制定相关的宏观调控政策，提高决策效率和水平。另一方面，发布市场薪酬信息是政府做好公共服务，全面正确履行政府职能的一项重要内容，有利于引导企业和劳动者双方树立合理的心理预期，提高人力资源流动配置效率。

对企业而言，政府部门公布的权威薪酬价位和人工成本信息，是制定招聘、培训、薪资等相应的人力资源政策的重要参考依据。企业可以更充分地掌握劳动力市场价位信息，了解本地区本行业其他企业的用工成本状况，合理开展人力资源规划和招聘管理工作，从而为企业的长期稳定发展提供支持。

对个人而言，寻找合适的工作机会，提高就业质量，一直是求职者的核心诉求，其中关键之一就是让劳动者知晓所在岗位、行业、区域的薪酬状况，从而进行工作转换或就业的科学决策。劳动者个人通过人力资源市场薪酬大数据报告，可以对自己进行合理职业定位，判断期望薪酬与当前薪酬的匹配程度，并做出相应的反应和调整，从而降低失业，促进就业，同时还可以根据市场的发展趋势选择职业培训内容，合理规划自己的职业生涯，未来获得更高收入、更有保障的工作。

四、报告数据来源及有效性说明

本报告在数据调查、处理和分析过程中高度重视数据的科学合理性和真实有效性。在数据处理和应用时，为体现数据调查的代表性，在数据清洗的过程中剔除了单项样本数30个以下的数据，并对显著不符合逻辑和经济学基本理论的异常数据进行筛查，保障数据的有效性和真实性。

本报告数据来源为北京市企业薪酬调查数据和前程无忧薪酬调查数据库信息，以上数据均不包含政府机关、事业单位的薪酬数据。

一、行业篇

1. 调查薪酬价位概况

《北京市国民经济和社会发展第十四个五年规划和二〇三五年远景目标纲要》明确提出，要立足首都城市战略定位，以深化供给侧结构性改革激发内生活力，以"两区"制度创新为先导，以抢占数字经济制高点为突破，以高精尖经济结构为关键支撑，以扩大内需为战略基点，夯实实体经济根基，保持制造业竞争优势，提升服务业质量和辐射力，进一步推动在更大范围内优化产业空间布局，在构建国内国际双循环中拿出北京行动。到 2025 年，基本建成创新引领型、服务主导型、协同发展型、全面开放型互融共促的现代化经济体系。在产业发展上，北京市按照"稳住二产、发展高端、加强融合"的思路，坚持产业基础高级化、产业链现代化，大力发展战略性新兴产业，推动高端制造业和现代服务业深度融合，筑牢以实体经济为根基的高精尖经济结构，塑造具有全球竞争力的"北京智造"、"北京服务"。到 2025 年，高精尖产业增加值占地区生产总值比重达到 30%，制造业增加值比重回升至 13%以上，力争达到 15%。

在此背景下，调查并发布北京市各行业（尤其是作为优先和重点发展的信息技术产业、现代服务业、高端智造等产业）薪酬价位信息，有助于企业合理确定和调整薪资水平，吸引和保留人才，增强产业竞争力，进一步促进北京市各行业发展。

数据显示，2020 年度北京市克服新冠肺炎疫情的不利影响，多数行业薪酬中位值较上年度有不同程度的增长。从薪酬中位值看，2020 年行业薪酬排名前五位的是货币金融服务（28.54 万元）、资本市场服务（27.06 万元）、互联网和相关服务（21.01 万元）、新闻和出版业（20.25 万元）、保险业（17.54 万元）。特别是为防控疫情，政府及企业进一步加大了包括医疗、数据中心等在内的新型基础设施建设的投入力度，医药制造业薪酬中位值也排名前列。

2020 年薪酬中位值排名最末五位的分别是商务服务业（6.20 万元）畜牧业（5.84 万元）、纺织服装、服饰业（5.52 万元）、餐饮业（5.38 万元）、居民服务业（4.68 万元）。受疫情影响，餐饮业和居民服务业中位值略有下降。

薪酬行业差距方面，薪酬中位值最高和最低的倍数差距为 6.09 倍。各行业薪酬下四分位值、中位值和上四分位值情况参见下表。

表 1-1.1.1　国民经济重点行业薪酬概况（元/年）

行业名称	下四分位值	中位值	上四分位值
农业	68357	98610	166562
畜牧业	40454	58440	86001
农副食品加工业	56083	67670	88245
食品制造业	64432	87106	132894
酒、饮料和精制茶制造业	77616	106114	125050
纺织服装、服饰业	43200	55200	72516
印刷和记录媒介复制业	66665	87338	130300
化学原料和化学制品制造业	82048	118180	168356
医药制造业	85413	145162	251168
非金属矿物制品业	76598	95646	145101
金属制品业	55116	71975	97598
通用设备制造业	66057	85682	124270
专用设备制造业	72586	105511	165712
汽车制造业	69997	94035	141828
电气机械和器材制造业	67145	87053	121925
计算机、通信和其他电子设备制造业	69142	91180	133646
仪器仪表制造业	61316	93822	144038
电力、热力、燃气及水生产和供应业	106585	137503	168646
房屋建筑业	86154	119605	175194
土木工程建筑业	92120	127110	184111
建筑安装业	69176	93644	140013
建筑装饰、装修和其他建筑业	68672	89901	133367
批发业	66000	94153	151526
零售业	54057	76279	104720

表 1-1.1.1 国民经济重点行业薪酬概况（元/年）（续表一）

行业名称	下四分位值	中位值	上四分位值
道路运输业	58881	95277	126491
装卸搬运和仓储业	61014	76486	98400
住宿业	46289	63634	85608
餐饮业	41600	53755	72162
互联网和相关服务	130742	210112	326400
软件和信息技术服务业	92860	135668	194470
货币金融服务	207482	285445	441797
资本市场服务	156864	270590	435600
保险业	111687	175407	271942
房地产开发	95684	142942	240234
物业管理	55643	80867	133294
租赁业	70440	96192	146380
商务服务业	44411	61986	89529
研究和试验发展	102649	143732	230131
专业技术服务业	91200	146473	241123
科技推广和应用服务业	56823	101478	180000
公共设施管理业	58365	75718	114258
居民服务业	34620	46842	89653
机动车、电子产品和日用产品修理业	65826	85102	114783
教育	64369	104639	182339
卫生	77102	121315	192695
新闻和出版业	123588	202483	285151
文化艺术业	60000	109135	240000

2. 主要行业市场通用岗位薪酬状况

（1）制造业通用岗位薪酬状况

根据前程无忧专业调查数据显示，制造业中层及以上管理人员通用岗位中，薪酬排行前五的岗位分别为技术研发总监、生产技术总监、生产总监、供应链总监、药品注册总监，该职业大类中岗位内部差距比为 4.79 倍，制造业中层及以上管理人员通用岗位薪酬情况参见下表。

表 1-1.2.1.1　制造业中层及以上管理人员通用岗位薪酬状况（元/年）

职业大类	通用岗位	下四分位值	中位值	上四分位值
中层及以上管理人员	采购总监	265689	398928	724064
	采购经理	150512	236331	380849
	供应商管理经理	140756	223501	368343
	招商总监	271167	405265	728050
	招商经理	131834	220980	429982
	技术研发总监	327853	519879	877955
	技术研发经理	180720	297312	431578
	工程｜设备经理	167977	251464	353266
	公关经理	154209	244793	373624
	电商运营经理	151035	238328	375206
	运维经理	139063	211549	344336
	网站营运经理	123284	187131	305497
	设备管理经理	154792	257258	416042
	工程造价经理	141799	227468	384164
	工程审计经理	147373	222001	335009
	客服总监	213218	275524	391570
	售前技术经理	129755	205567	345550
	技术服务经理	125160	197247	358805
	客服经理（非技术）	117870	187841	321300
	投资总监	262252	382039	693505
	财务总监	254650	379376	580146
	审计总监	239536	359334	514829
	财务经理	167951	253287	358654
	审计经理	152274	228459	335860

表 1-1.2.1.1　制造业中层及以上管理人员通用岗位薪酬状况（元/年）（续表一）

职业大类	通用岗位	下四分位值	中位值	上四分位值
中层及以上管理人员	成本经理	139791	212754	340135
	会计经理	140937	210669	324869
	资金经理	134712	203683	339097
	税务经理	126361	189252	311218
	法务经理	143826	221913	340147
	贸易经理	153540	243280	366921
	业务跟单经理	113403	175296	300751
	人力资源总监	248957	362976	552748
	人力资源经理	148890	238089	363403
	薪资福利经理	128222	195048	321123
	绩效考核经理	121169	181895	295494
	培训经理	116997	175382	281236
	招聘经理	116214	174881	280803
	生产技术总监	298571	449678	730724
	生产总监	282127	443843	651675
	生产运营总监	274627	412760	737471
	总工程师｜副总工程师	234070	333181	501201
	生产技术经理	184333	302342	426987
	工厂经理｜厂长	218450	299537	430675
	生产运营经理	188296	298381	407522
	工程经理	150537	238201	379203
	产品设计经理	140821	230447	370764
	生产计划经理	148968	225536	338588
	生产经理	129817	198154	325122
	PMC 经理	123167	196436	347375
	车间主任	100226	138713	176708
	药品注册总监	283049	441756	776703

表 1-1.2.1.1 制造业中层及以上管理人员通用岗位薪酬状况（元/年）（续表二）

职业大类	通用岗位	下四分位值	中位值	上四分位值
中层及以上管理人员	临床总监	270609	402474	721848
	临床项目经理	173591	270972	373932
	OTC销售经理	154781	262153	451293
	医药销售经理	143199	235044	470474
	医学数据分析经理	140595	234385	395804
	试剂研发经理	129547	209320	361654
	药品市场推广经理	124512	209256	425908
	药品注册经理	133911	207635	371101
	医疗设备注册经理	124043	192953	341062
	药物警戒经理	121620	187026	317944
	学术推广经理	115360	184618	323709
	运营总监	273951	411014	734651
	市场总监	259304	375931	685936
	品牌经理	164219	256451	389441
	业务发展经理	156911	245866	380568
	招投标经理	156299	241575	374120
	产品经理	152384	236699	382430
	市场经理	146464	230159	371161
	运营经理	141679	226946	361020
	业务分析经理	139565	221860	353461
	市场通路经理	138551	220631	367081
	营销经理	132856	215142	350209
	加盟经理	134063	212019	359976
	网络营销经理	133085	206455	368885
	供应链总监	284517	443585	778714
	物流总监	247766	345180	644938
	供应链经理	150555	237135	372310

表 1-1.2.1.1　制造业中层及以上管理人员通用岗位薪酬状况（元/年）（续表三）

职业大类	通用岗位	下四分位值	中位值	上四分位值
中层及以上管理人员	物料经理	132892	200427	320882
	物流经理	127873	200174	356153
	运输经理	101353	150613	276232
	仓库经理	98550	134904	214277
	冷链经理	103666	130152	233766
	物业管理经理	99729	140909	238659
	销售总监	277341	421539	772631
	渠道｜分销总监	237684	320158	552698
	平台招商经理	131934	221653	437917
	销售经理	135268	220314	452416
	商务经理	133069	211498	356601
	渠道｜分销经理	111115	184114	390530
	销售行政经理	116896	174136	293981
	区域销售经理	103861	172415	355797
	技术总监	287542	428849	716661
	项目总监	261196	381316	700668
	技术经理	174162	284812	429156
	信息技术经理	146080	240845	405216
	项目经理	152195	240001	389607
	软件测试经理	145432	234648	385727
	总经办主任	243322	360648	527656
	行政总监	225227	308550	446502
	行政经理	106114	153119	256195
	办公室主任	104701	150534	258953
	安防经理	92751	108521	184553
	质量总监	246715	339997	600266
	质量管理经理	137114	217545	365338

表 1-1.2.1.1 制造业中层及以上管理人员通用岗位薪酬状况（元/年）（续表四）

职业大类	通用岗位	下四分位值	中位值	上四分位值
中层及以上管理人员	测试经理	136210	216498	368114
	品控经理	123651	198129	345565
	安全｜健康｜环境经理	110352	164466	286903

制造业专业技术人员通用岗位中，薪酬排行前十的岗位分别为云计算架构师、高级软件工程师、医药技术研发管理人员、语音识别工程师、高级硬件工程师、系统架构设计师、系统分析员、图像识别工程师、技术研发主管、机器学习工程师，该职业大类中岗位内部差距比为 3.80 倍，制造业专业技术人员通用岗位薪酬情况参见下表。

表 1-1.2.1.2 制造业专业技术人员通用岗位薪酬状况（元/年）

职业大类	通用岗位	下四分位值	中位值	上四分位值
专业技术人员	FPGA 工程师	126029	182644	260079
	集成电路设计	153424	172379	220402
	模拟集成电路设计工程师	115944	170587	257942
	数字集成电路设计工程师	115360	170188	237726
	嵌入式软件开发	112222	167565	246998
	集成电路应用工程师	111917	163109	240785
	电子技术研发工程师	104371	156354	234474
	电子软件开发	104176	153084	228984
	电声｜音响工程师｜技术员	101086	152868	232186
	集成电路验证工程师	100094	147182	219887
	电气设计工程师	92436	139965	220847
	自动化工程师	87829	129576	203427
	嵌入式硬件开发	85929	125547	202355
	射频工程师	84733	119220	191828
	测试工程师	82839	117699	190161
	电池｜电源开发	83174	117659	188154
	现场应用工程师	88917	117419	181591

表 1-1.2.1.2　制造业专业技术人员通用岗位薪酬状况（元/年）（续表一）

职业大类	通用岗位	下四分位值	中位值	上四分位值
专业技术人员	电气工程师｜技术员	79059	108347	170812
	版图设计工程师	77206	104632	159329
	电路工程师｜技术员	76322	98487	158599
	德语翻译	116607	158357	197548
	法语翻译	110112	150729	201032
	日语翻译	104892	141292	188906
	英语翻译	98972	135663	187538
	韩语翻译	94251	130193	189809
	服装｜纺织设计	119020	162791	202815
	面料辅料开发	105580	145663	192404
	技术研发主管	153689	217164	292095
	产品工艺｜制程主管	130560	185434	275373
	科研人员	159590	183925	261740
	维修主管	123773	181270	268283
	工程｜设备主管	114899	161200	199673
	技术研发工程师	102274	148074	226489
	结构工程师	92450	135795	220065
	模具主管	95314	133118	232496
	机械工程师	91623	132726	218126
	机电工程师	86592	121503	188382
	实验室工程师	86524	121454	204388
	工程｜设备工程师	88018	121216	175231
	工业工程师	83860	120858	190219
	装配主管	85419	115486	196023
	注塑主管	83537	111440	181390
	产品规划工程师	80361	111382	179946
	维修工程师	79439	111308	164350

表 1-1.2.1.2 制造业专业技术人员通用岗位薪酬状况（元/年）（续表二）

职业大类	通用岗位	下四分位值	中位值	上四分位值
专业技术人员	产品工艺 I 制程工程师	79421	109608	166934
	电力工程师	78546	108175	162055
	数控机床工程师	77799	107219	166458
	光源与照明工程师	77430	105477	163527
	模具工程师	75832	103992	157376
	焊接工程师	75278	101854	155014
	铸造 I 锻造工程师	77715	101759	160367
	锅炉工程师	76909	100287	150842
	冲压工程师	75642	95533	147287
	注塑工程师	75757	94980	142688
	夹具工程师	75114	86076	130482
	工程 I 机械绘图员	67949	83361	121185
	工业设计师	94099	128981	189171
	工艺品 I 珠宝设计	88191	122812	175365
	家具 I 家居用品设计	88756	120605	172203
	包装设计	85871	118616	176948
	摄影师	86495	117507	172766
	多媒体设计	84790	114133	171055
	动画 I 3D 设计	81435	111081	164389
	陈列设计 I 展览设计	81563	110999	164532
	广告创意 I 设计师	79941	109762	176551
	玩具设计	79299	108669	162927
	后期制作	76442	104046	151089
	电商运营主管	112693	154896	202618
	运维主管	104186	141853	184928
	电商设计 I 美工	92104	127239	186093
	运维工程师	91761	127137	165254

表 1-1.2.1.2 制造业专业技术人员通用岗位薪酬状况（元/年）（续表三）

职业大类	通用岗位	下四分位值	中位值	上四分位值
专业技术人员	网站营运主管	88660	122990	156709
	网站策划	83848	117547	161585
	电商运营专员	81807	113585	163639
	网络工程师	79485	110125	170432
	页面设计｜美工	76146	104855	148135
	系统管理员｜网络管理员	75168	98916	143490
	网站编辑｜内容运营专员	70664	96058	142521
	网站营运专员	67059	83577	120782
	电气工程师	99450	148237	230154
	安全工程师	92915	136979	208248
	弱电工程师	80445	113584	172120
	安装工程师	79509	108296	181092
	设备管理工程师	77367	105125	158875
	安全员	68379	82093	115145
	技术服务主管	89989	119089	162594
	技术服务工程师	85950	117817	172948
	审计主管	116341	164252	201518
	资金主管	100684	139453	180900
	税务主管	100078	137343	173836
	财务主管	98907	136273	179507
	财务分析员	96865	132713	184088
	总账主管	96585	129179	172686
	投资专员	88172	120811	170736
	审计专员	85221	119497	164084
	成本主管	85729	113684	145944
	会计主管	84192	113473	142651
	总账会计	79519	110616	148545

表 1-1.2.1.2　制造业专业技术人员通用岗位薪酬状况（元/年）（续表四）

职业大类	通用岗位	下四分位值	中位值	上四分位值
专业技术人员	税务专员	71962	95320	138859
	资金专员	69577	93519	130642
	会计	66997	88303	124900
	成本会计	68520	87489	129041
	出纳员	61982	69781	98583
	统计员	61298	66198	92584
	知识产权｜专利顾问	139853	188988	219740
	法务主管	107856	148163	186720
	知识产权｜专利专员	90439	125837	168929
	法务专员	86837	118965	161626
	汽车设计工程师	108190	162450	253876
	汽车机构工程师	98546	146071	223869
	汽车电子工程师	99217	143196	218883
	汽车装配工艺工程师	81205	110590	173214
	汽车质量管理	75731	95864	139187
	HRBP	152000	173060	229079
	培训主管	87138	116845	150943
	薪资福利主管	85698	113553	146984
	招聘主管	85208	112517	145295
	人力资源主管	84680	110550	144933
	绩效考核主管	82824	109909	140274
	员工关系主管	82426	103584	134108
	人力资源专员	67797	88562	124050
	培训专员	63508	77974	110193
	薪资福利专员	63256	75837	105369
	企业文化专员	62185	75392	104829
	绩效考核专员	62418	72248	99167

表 1-1.2.1.2　制造业专业技术人员通用岗位薪酬状况（元/年）（续表五）

职业大类	通用岗位	下四分位值	中位值	上四分位值
专业技术人员	招聘专员	62360	71543	103778
	PMC 主管	90896	133304	216232
	项目主管（生产）	119412	155464	208112
	新产品导入主管	107894	155337	245559
	工程主管	108159	152326	197903
	生产计划主管	109242	151085	194248
	生产技术主管	102361	144694	240550
	生产运营主管	95281	131744	179185
	生产主管	95016	127303	164768
	环保工程师	86594	125338	200448
	项目工程师	84461	125077	176128
	石油天然气技术员	87858	122859	175687
	新产品导入工程师	83575	119968	194225
	涂料研发工程师	81682	110411	182092
	产品设计工程师	79438	108293	168442
	材料工程师	79801	108130	175157
	成本分析员	79858	108090	163756
	生产工程师	77373	107261	171268
	固废工程师	77919	106810	165980
	生产培训技师	79720	105243	149107
	污水处理工程师	76983	102889	163058
	环保检测	77469	102531	156258
	环境影响评价工程师	77894	102434	162692
	配色工程师	71009	87846	127832
	生产运营专员	63895	80927	116928
	生产计划协调员	62789	79505	110832
	PMC 专员	62183	75807	107768

表 1-1.2.1.2　制造业专业技术人员通用岗位薪酬状况（元/年）（续表六）

职业大类	通用岗位	下四分位值	中位值	上四分位值
专业技术人员	化验员	65601	71695	101611
	医药技术研发管理人员	174817	242495	303892
	临床研究主管	140044	199254	282625
	医药技术研发人员	126704	182963	249903
	化学分析	111726	155393	199972
	临床研究员	112576	152147	195361
	药库主任丨药剂师	107018	151224	251973
	医学编辑	94408	131533	187027
	化工实验室研究员	90302	131084	214548
	临床监察员	96358	130377	187735
	制剂研究员	91358	129406	209067
	生物工程师	85927	124429	198694
	试剂研发工程师	83788	120401	184446
	生物信息工程师	84015	119377	188488
	制药工程师	82680	119044	185963
	药物分析研究员	84765	118145	181988
	医学顾问	83313	115842	164941
	药理研究员	81511	115186	176971
	蛋白纯化研究员	80890	114753	180949
	有机合成研究员	80372	112361	181249
	实验员	82757	111414	166041
	细胞培养技术员	80288	109947	173859
	病理研究员	77881	109458	163993
	医学数据分析专员	76618	103373	155352
	药物合成研究员	77883	100755	163744
	医药学检验	74965	98604	146059
	动物实验技术员	75880	91937	142056

表 1-1.2.1.2　制造业专业技术人员通用岗位薪酬状况（元/年）（续表七）

职业大类	通用岗位	下四分位值	中位值	上四分位值
专业技术人员	药物警戒专员	76039	91426	138226
	医疗器械维修人员	71987	90607	134072
	微生物检验员	74242	84576	127570
	护理员	66515	78208	114108
	市场分析丨调研人员	84970	116366	170056
	内部培训师	83640	113362	169332
	通信技术工程师	112379	171312	243155
	移动通信工程师	104364	157933	231427
	电信网络工程师	101094	150401	233291
	电信交换工程师	97908	145097	225492
	数据通信工程师	97240	142213	217773
	无线通信工程师	94492	135871	215600
	有线传输工程师	92590	133009	211208
	通信电源工程师	83815	123928	187926
	云计算架构师	183881	251539	365427
	高级软件工程师	181423	245735	369330
	语音识别工程师	166087	234554	289848
	高级硬件工程师	168937	229136	325820
	系统架构设计师	169633	228043	329939
	系统分析员	167452	225515	322996
	图像识别工程师	154403	221405	279919
	机器学习工程师	147204	213993	273677
	UI 设计顾问	165090	211229	326736
	算法工程师	134675	193579	267789
	网络架构设计师	163732	188562	263966
	数据挖掘工程师	123957	184428	255841
	大数据工程师	124556	181031	254969

表 1-1.2.1.2 制造业专业技术人员通用岗位薪酬状况（元/年）（续表八）

职业大类	通用岗位	下四分位值	中位值	上四分位值
专业技术人员	云计算工程师	123830	180072	259727
	项目主管	130313	179576	215404
	软件测试主管	116760	168960	267506
	Java 软件工程师	107000	164001	250015
	前端开发工程师	111303	163038	256456
	软件工程师	110036	159115	245563
	交互设计工程师	109464	158749	242295
	系统工程师	103032	153916	230312
	数据库开发工程师	102820	150974	229457
	仿真应用工程师	98101	145072	223755
	软件 UI 工程师	99211	143253	226823
	信息安全工程师	93936	138772	214879
	技术主管	96925	138746	236747
	需求工程师	92681	136137	214838
	项目专员	92588	132211	170722
	搜索引擎优化工程师	90884	131862	213452
	硬件工程师	87859	130817	199244
	数据库工程师丨管理员	89492	129227	211243
	搜索引擎营销工程师	87811	126174	209343
	软件质量管理工程师	85522	121613	193822
	软件测试工程师	85022	119662	193797
	系统集成工程师	81883	118076	180359
	信息技术专员	79918	108504	158301
	硬件测试工程师	79949	108492	180683
	网站维护工程师	78288	107426	162797
	标准化工程师	77533	106623	159065
	多媒体开发工程师	78687	105098	163388

表 1-1.2.1.2 制造业专业技术人员通用岗位薪酬状况（元/年）（续表九）

职业大类	通用岗位	下四分位值	中位值	上四分位值
专业技术人员	数据分析	77437	103525	155923
	系统测试工程师丨员	77190	98774	150596
	语音丨视频开发工程师	76573	95265	142070
	信息技术主管	79781	91493	152238
	技术文员	71499	76726	107749
	测试主管	122425	176593	271665
	品控主管	120228	169013	276103
	质量管理主管	102358	143570	181606
	安全丨健康丨环境主管	102847	139832	182241
	认证工程师	83886	119589	185363
	故障分析工程师	81165	114344	176418
	可靠度工程师	81033	110889	179892
	计量工程师	77174	103686	163919
	质量管理工程师丨员	79071	102371	147510
	体系工程师	77515	101927	166183
	食品检验	76365	100031	151766
	测试工程师丨员	76064	98504	154536
	品控工程师	76626	96670	146046
	安全丨健康丨环境工程师	68444	95824	141211
	三坐标测量员	70124	87908	126320
	来料检验工程师丨员	74886	87200	134142
	检验员	68603	84250	122413
	水质检测员	66505	70348	99246

制造业办事人员和有关人员岗位中，公关主管的薪酬中位值最高（12.73万元），薪酬中位值最低的岗位是档案资料管理员（5.75万元），制造业办事人员和有关人员部分通用岗位薪酬情况参见下表。

表 1–1.2.1.3　制造业办事人员和有关人员通用岗位薪酬状况（元/年）

职业大类	通用岗位	下四分位值	中位值	上四分位值
办事人员 和有关人员	公关主管	91613	127343	171860
	公关专员	74030	98086	150825
	行政主管	83427	107812	136836
	经理助理｜秘书	66503	83404	119113
	后勤	58577	71790	107394
	办公文员	62460	70848	100043
	部门专员	61861	66640	94004
	行政专员	60066	64007	87135
	前台文员	50042	60471	82938
	档案资料管理员	49404	57541	77940

　　制造业社会生产服务和生活服务人员通用岗位中，薪酬中位值排行前十的岗位分别为OTC 销售主管、贸易主管、销售主管、招商主管、产品主管、渠道管理、医疗器械销售代表、品牌主管、医药销售主管、业务发展主管，该职业大类中岗位内部差距比为 3.49 倍，制造业社会生产服务和生活服务人员通用岗位薪酬情况参见下表。

表 1–1.2.1.4　制造业社会生产服务和生活服务人员通用岗位薪酬状况（元/年）

职业大类	通用岗位	下四分位值	中位值	上四分位值
社会生产服务 和生活服务 人员	供应商管理主管	116036	161759	206146
	采购主管	109938	154323	196654
	供应商开发	81891	115197	160854
	采购专员	73273	100005	148561
	供应商管理专员	72181	96814	147156
	招商主管	94949	167551	305692
	招商专员	79261	121197	344497
	面料辅料采购	97664	133214	175608
	电脑放码员	63324	81963	129878
	排唛员	58463	74456	114642

表1-1.2.1.4 制造业社会生产服务和生活服务人员通用岗位薪酬状况（元/年）

（续表一）

职业大类	通用岗位	下四分位值	中位值	上四分位值
社会生产服务和生活服务人员	平面设计	88115	124359	164930
	文案	67989	87318	127365
	短视频编导｜制作	81123	112208	161186
	设计协调员	80228	114660	155309
	售前技术主管	108930	152831	196927
	售前技术工程师	97894	136796	201331
	实施工程师	83472	113288	171230
	客服主管（非技术）	83110	110046	141029
	投诉处理主管	80975	98922	128984
	呼叫中心客服主管	81268	98094	129358
	在线客服主管	80487	95064	119177
	投诉专员	62218	71429	99421
	咨询热线｜呼叫中心服务人员	62022	70515	98209
	呼叫中心客服	61123	69444	101854
	在线客服	61475	66141	90366
	网店客服	60057	63229	87307
	资质专员	67655	86948	128262
	贸易主管	128518	178833	214843
	报关主管	113993	156681	198401
	外贸主管	79631	135039	253215
	贸易专员	84912	118917	167771
	报关员	69089	91689	136476
	单证员	62130	76137	109686
	汽车销售｜经纪人	81937	129106	314716
	OTC销售主管	110764	188853	322678
	医疗器械销售代表	107297	165438	363505
	医药销售主管	94021	162531	307411

表1-1.2.1.4 制造业社会生产服务和生活服务人员通用岗位薪酬状况(元/年)

（续表二）

职业大类	通用岗位	下四分位值	中位值	上四分位值
社会生产服务和生活服务人员	OTC销售代表	100052	154972	349860
	医学联络官	106464	148417	193485
	医药销售代表	90442	139651	331210
	药品注册员	102501	137849	178184
	医疗设备注册	93717	131854	174461
	医疗器械市场推广	84096	129069	338198
	学术推广专员	89222	124325	171991
	药品市场推广	79051	121095	316879
	临床协调员	74703	102074	149558
	实验室管理员	62603	75805	107638
	产品主管	116801	167143	208236
	品牌主管	119970	164809	206458
	业务发展主管	113946	162140	202800
	运营主管	109295	153231	196345
	营销主管	109645	149760	194027
	市场通路主管	102992	143301	188861
	招投标专员	98596	138732	179971
	市场主管	98646	133999	178066
	网络营销主管	93582	126314	173486
	加盟专员	80173	109928	156958
	市场专员	78472	108190	158278
	业务发展专员	76202	105831	159371
	品牌专员	77181	105820	153079
	业务分析专员	76290	104594	154477
	网络营销专员	76342	102704	151765
	产品专员	73803	101929	147862
	新媒体运营专员	70968	95583	142247

表1-1.2.1.4 制造业社会生产服务和生活服务人员通用岗位薪酬状况(元/年)

（续表三）

职业大类	通用岗位	下四分位值	中位值	上四分位值
社会生产服务和生活服务人员	营销专员	67617	88691	130578
	市场通路专员	65895	86353	123965
	运营专员	63429	80857	114594
	供应链主管	102517	144441	189273
	物流主管	94077	129322	175008
	运输主管	90572	124021	164891
	物料主管	87717	113906	151866
	货车司机	73036	95754	135311
	仓库主管	78585	88706	110566
	供应链专员	67412	87795	127068
	快递员	66283	87586	131340
	物流专员	65301	83612	121459
	订单管理员	61859	73369	103526
	调度员	57964	72377	107383
	物料专员	61823	70565	97524
	分拣员	56169	68661	104613
	冷链专员	59827	63386	89545
	打包丨配货员	54761	62324	91360
	仓库管理员	48947	58351	77754
	物业管理主管	81734	100781	127941
	消防安全主管	81612	97647	128974
	中控主管	80789	95458	122829
	消防安全工程师	72065	82556	116452
	消防安全员	60271	63785	91604
	物业管理专员丨助理	58678	61648	80805
	物业设施管理人员	54367	61204	89829
	物业维修人员	54685	60940	94412

表 1-1.2.1.4　制造业社会生产服务和生活服务人员通用岗位薪酬状况(元/年)

（续表四）

职业大类	通用岗位	下四分位值	中位值	上四分位值
社会生产服务和生活服务人员	绿化 l 养护工	53621	56529	81821
	停车场管理员	50953	54170	69912
	销售主管	95932	170415	306047
	渠道管理	96312	166469	304670
	销售工程师	88911	138823	330133
	商务主管	95279	130333	174210
	渠道 l 分销主管	75630	127798	247708
	销售行政主管	92969	127210	168387
	平台招商主管	75151	125487	239403
	平台招商专员	71378	110680	331109
	销售代表	70097	108628	315496
	电话销售主管	67253	106732	199511
	电话销售	61001	94231	278248
	渠道 l 分销专员	58376	88688	268436
	商务专员	67236	88633	126491
	销售助理	53695	67789	91883
	销售行政专员	60157	64456	85981
	后勤主任	81531	98283	125527
	司机	62007	80421	119821
	保安队长	57697	72741	107472
	清洁工	53768	57825	85903
	保安	53180	55931	79383
	防损员	56591	60863	76776
	客服专员（非技术）	60692	68713	96703

　　制造业生产制造及有关人员通用岗位中，薪酬中位值最高的岗位是服装打样 l 制版师（11.88 万），中位值最低的岗位是安防员（5.05 万元），岗位内部差距比为 2.35 倍，生产制造及有关人员职业大类通用岗位薪酬情况参见下表。

表 1-1.2.1.5 制造业生产制造及有关人员通用岗位薪酬状况（元/年）

职业大类	通用岗位	下四分位值	中位值	上四分位值
生产制造及有关人员	板房丨底格出格师	76337	106201	148560
	验货员	67355	87681	122981
	裁床	65800	85330	123791
	裁剪车缝熨烫	65315	84978	127179
	车板工	64706	84408	126643
	钳工丨钣金工	70402	91487	138338
	模具工	64992	85710	126794
	电焊工丨铆焊工	66400	85473	125558
	切割技工	64113	83518	121830
	叉车工	63988	83132	125488
	机修工	64053	82929	122885
	电工	63064	82291	120367
	技工	63051	81995	121482
	电梯工	62049	80234	121058
	数控操机	62248	79598	119953
	配料员	59591	76274	112026
	车工丨磨工丨铣工丨冲压工丨锣工	59585	76019	109347
	空调工	59131	75338	109404
	污水处理工	59003	74757	115534
	安装工	57775	72579	105248
	装配工	58647	72442	104036
	锅炉工	57982	70670	102895
	电子焊接工	57987	70504	104045
	水工丨木工丨油漆工	57927	70374	103045
	喷漆工	57436	69659	100286
	注塑工	56614	67851	97660
	搬运工	55196	65294	95004

表 1-1.2.1.5　制造业生产制造及有关人员通用岗位薪酬状况（元/年）（续表一）

职业大类	通用岗位	下四分位值	中位值	上四分位值
生产制造及有关人员	普工	54739	62837	92506
	包装工	54074	62664	91086
	施工员	65994	84112	124120
	资料员	60799	66797	94501
	安防员	47629	50483	65335
	汽车修理工	58166	69862	101090
	生产督导	73071	98557	143894
	生产领班丨线长	71314	94993	139001
	生产文员	55131	59741	71814
	中控员	58555	71851	107561
	服装打样丨制版师	86108	118811	162192

（2）建筑业通用岗位薪酬状况

建筑业中层及以上管理人员职业大类通用岗位中，薪酬排行前十的岗位分别为总建筑师、建筑总工程师、技术研发总监、供应链总监、销售总监、生产总监、技术总监、运营总监、生产运营总监、财务总监，该职业大类中岗位内部差距比为 4.19 倍，建筑业中层及以上管理人员通用岗位薪酬情况参见下表。

表 1-1.2.2.1　建筑业中层及以上管理人员通用岗位薪酬状况（元/年）

职业大类	通用岗位	下四分位值	中位值	上四分位值
中层及以上管理人员	采购总监	265192	389439	697068
	采购经理	151911	243759	379517
	供应商管理经理	137808	220144	372191
	技术研发总监	197847	430527	781726
	技术研发经理	175254	289888	435756
	工程丨设备经理	162653	242944	350256
	媒介总监	228266	327949	601326
	公关经理	155410	250875	370649

表 1-1.2.2.1　建筑业中层及以上管理人员通用岗位薪酬状况（元/年）（续表一）

职业大类	通用岗位	下四分位值	中位值	上四分位值
中层及以上管理人员	媒介经理	130950	199702	347968
	平面设计经理	139042	212422	345084
	运维经理	136514	204747	330999
	总建筑师	213475	471865	832972
	建筑总工程师	211608	435509	773386
	设备管理经理	156948	258522	423171
	建筑设计经理	151234	247492	416437
	建筑工程经理	154347	245032	363657
	工程审计经理	162371	240451	345734
	工程造价经理	146351	239608	394822
	项目总工	148142	237847	393819
	报批报建经理	141600	212438	338111
	安全经理	139549	193986	325180
	建筑工程管理	119474	183731	326129
	合约经理	121946	177053	323351
	融资经理	169482	267673	392708
	客服总监	179892	261234	383549
	售前技术经理	129954	208528	350253
	技术服务经理	129239	204436	364811
	呼叫中心客服经理	131942	184080	331424
	客服经理（非技术）	136689	183952	314144
	财务总监	259949	394002	581792
	投资总监	235549	370998	692542
	审计总监	237469	350261	503139
	财务经理	165681	252572	350231
	财务分析经理	162656	245325	346818
	审计经理	149141	227433	335849

表 1-1.2.2.1　建筑业中层及以上管理人员通用岗位薪酬状况（元/年）（续表二）

职业大类	通用岗位	下四分位值	中位值	上四分位值
中层及以上管理人员	投资经理	138117	219102	376467
	成本经理	139982	210481	340229
	会计经理	137239	205374	331390
	资金经理	132758	202195	318423
	税务经理	123419	185559	307316
	法务经理	145513	217369	343697
	人力资源总监	246665	371876	560085
	人力资源经理	121017	217698	319595
	薪资福利经理	128896	195336	320573
	绩效考核经理	119518	177893	285542
	招聘经理	113999	171147	300778
	培训经理	115197	170937	291617
	生产总监	202981	425981	616846
	生产运营总监	271210	397854	746406
	总工程师丨副总工程师	232769	336018	487616
	生产技术经理	181600	293153	428336
	工厂经理丨厂长	163314	288742	427848
	生产运营经理	180323	282967	389008
	工程经理	150527	241700	373948
	生产计划经理	140675	211955	337582
	生产经理	126204	189504	311196
	车间主任	103795	140196	179700
	运营总监	269877	399717	722738
	市场总监	238959	359975	650366
	品牌经理	164816	258091	372789
	招投标经理	159129	248196	380757
	市场经理	142730	225572	364524

表 1-1.2.2.1　建筑业中层及以上管理人员通用岗位薪酬状况（元/年）（续表三）

职业大类	通用岗位	下四分位值	中位值	上四分位值
中层及以上管理人员	运营经理	140732	224309	364451
	营销经理	140503	223722	347890
	选址开发经理	129000	182992	334167
	供应链总监	218666	427213	835594
	物流总监	208337	321828	559472
	供应链经理	154379	243365	373731
	物流经理	129397	203383	359834
	物料经理	128527	191097	325343
	运输经理	103467	156279	286030
	仓库经理	97644	133149	227208
	物业工程经理	107955	162291	305610
	物业管理经理	100681	140655	240554
	销售总监	195867	426033	794261
	销售经理	134993	226156	448705
	商务经理	137108	213817	369752
	区域销售经理	113904	174396	400961
	销售行政经理	115125	170719	302548
	技术总监	168780	416338	740373
	项目总监	198107	367042	663241
	技术经理	170288	284911	421885
	信息技术经理	146275	239261	405006
	项目经理	147922	235826	368603
	总经办主任	247446	373918	562920
	行政总监	157186	304581	439375
	办公室主任	107710	154356	273043
	行政经理	107305	153803	261910
	安防经理	88029	112619	179065
	质量总监	170777	341549	596958
	质量管理经理	133247	212289	369869
	安全｜健康｜环境经理	115032	171402	306562

建筑业专业技术人员职业大类岗位中,薪酬中位值最高的是建筑设计师(21.03万元),薪酬中位值最低的岗位是统计员(6.13万元),建筑业专业技术人员部分通用岗位薪酬情况参见下表。

表 1-1.2.2.2　建筑业专业技术人员通用岗位薪酬状况（元/年）

职业大类	通用岗位	下四分位值	中位值	上四分位值
专业技术人员	总账主管	99211	139028	175518
	总账会计	68917	101626	136902
	资金专员	66608	86778	127071
	资金主管	104600	144238	184623
	装潢工程师	84856	122217	188649
	智能大厦丨综合布线	63233	83146	127399
	质量管理主管	102203	139614	182856
	质量管理工程师丨员	73097	95518	143447
	招聘专员	52320	63342	88822
	招聘主管	86023	113355	144500
	运维主管	105598	147250	187145
	运维工程师	76170	112626	152302
	员工关系主管	82671	106894	136459
	页面设计丨美工	75606	94306	139869
	岩土工程师	77732	106361	169409
	信息技术专员	83503	98636	149922
	信息技术主管	80266	94597	154430
	信息安全工程师	100142	145796	228611
	薪资福利专员	54377	72002	100721
	薪资福利主管	83364	110926	141120
	项目专员	80667	118717	156473
	项目主管（生产）	108099	151188	196925
	项目主管	134286	185209	218163
	项目工程师	87423	124554	174953
	系统管理员丨网络管理员	73473	89565	137894

表1–1.2.2.2 建筑业专业技术人员通用岗位薪酬状况（元/年）（续表一）

职业大类	通用岗位	下四分位值	中位值	上四分位值
专业技术人员	维修主管	125264	182257	276803
	维修工程师	80392	112572	178327
	网站维护工程师	78717	108044	164976
	网站策划	75321	109469	148395
	网站编辑｜内容运营专员	71718	90250	135663
	网络工程师	81116	110267	176857
	土木｜土建工程师	100573	146039	219218
	土建预算主管	85686	118799	192371
	土建预算工程师	76356	95553	142842
	投资专员	80634	114554	156347
	投资主管	112432	160494	200647
	统计员	49574	61317	84379
	体系工程师	79284	106930	164476
	税务专员	68381	86212	124702
	税务主管	101003	139318	180738
	水电设计师	83242	117623	188059
	水电工程师	81690	116700	187078
	数据库开发工程师	103166	158176	234093
	数据库工程师｜管理员	92968	137073	219336
	数据分析	78218	105853	162757
	室内外装潢设计师	88665	130556	193353
	市场分析｜调研人员	70721	104549	154748
	生产主管	98903	136540	177917
	生产运营专员	57815	75578	108974
	生产运营主管	99583	137944	185241
	生产技术主管	103769	147942	255088
	生产计划主管	110945	159361	203063

表 1-1.2.2.2　建筑业专业技术人员通用岗位薪酬状况（元/年）（续表二）

职业大类	通用岗位	下四分位值	中位值	上四分位值
专业技术人员	生产计划协调员	53934	69366	96627
	生产工程师	79487	108595	167827
	审计专员	72451	102693	147478
	审计主管	121412	168367	204282
	设备管理工程师	81796	111725	180259
	弱电工程师	84165	119832	189819
	软件工程师	113892	167408	246154
	融资专员	78997	116283	159715
	认证工程师	86287	123806	203339
	人力资源专员	64138	77245	111984
	人力资源主管	88029	119908	153951
	前端开发工程师	113720	168193	250225
	企业文化专员	53458	70122	99345
	配套工程师	90076	130417	207659
	培训专员	53163	69996	97950
	培训主管	87296	114344	151416
	内部培训师	74660	107020	155118
	幕墙工程师	94404	139730	221533
	楼宇智能化工程师	67497	81819	116559
	来料检验工程师丨员	75541	89505	133633
	勘测工程师	87037	124942	190352
	景观设计师	94869	139628	223529
	景观工程师	78131	107717	166179
	精装设计师	83317	118560	191449
	结构工程师	93112	136241	212283
	交互设计工程师	112551	165568	240526
	建筑质量工程师	99909	147254	228715

表 1-1.2.2.2　建筑业专业技术人员通用岗位薪酬状况（元/年）（续表三）

职业大类	通用岗位	下四分位值	中位值	上四分位值
专业技术人员	建筑制图师	79970	108141	171077
	建筑设计师	141358	210323	271993
	建筑结构工程师	115868	175949	253647
	建筑工程验收	83904	117884	188451
	建筑工程师	117336	179982	258957
	绩效考核专员	53179	67049	92959
	绩效考核主管	83319	107756	137171
	技术主管	102839	148792	241835
	技术研发工程师	104156	154352	234302
	技术文员	62361	73551	102634
	技术服务主管	94801	128936	172770
	技术服务工程师	76842	110608	163523
	机电工程师	88119	125555	207536
	会计主管	85715	112343	145589
	会计	62533	80487	115258
	环保工程师	91395	129889	204848
	后期制作	75550	97524	144782
	合同管理工程师	77702	105169	165929
	工业工程师	85257	125811	195861
	工程主管	108267	152138	197028
	工程造价主管	124293	180167	269390
	工程造价工程师	104383	139071	223763
	工程预决算工程师	106439	142586	223539
	工程监理	86159	127502	170245
	工程丨设备主管	117141	160775	196735
	工程丨设备工程师	75915	111188	161171
	工程丨机械绘图员	58159	74185	106506

表 1-1.2.2.2 建筑业专业技术人员通用岗位薪酬状况（元/年）（续表四）

职业大类	通用岗位	下四分位值	中位值	上四分位值
专业技术人员	给排水｜暖通工程师	89014	128341	197625
	法务专员	74655	110481	154058
	法务主管	100903	139128	177820
	多媒体设计	73551	107500	156150
	动画｜3D 设计	74494	106387	154648
	电气设计工程师	112208	143187	223395
	电气工程师	109978	162957	243305
	电力工程师	77729	107612	171177
	出纳员	52289	62869	88159
	城市规划与设计师	95134	138430	220681
	成本主管	88026	120141	156091
	成本会计	68785	82002	117865
	成本分析员	69192	100201	151125
	陈列设计｜展览设计	71666	105553	149479
	测绘｜测量师	78106	100866	159577
	财务主管	95566	131307	170544
	财务分析主管	122928	182132	215684
	财务分析员	84859	121205	172849
	材料工程师	80473	114142	169117
	安装预算主管	83479	111060	185502
	安装预算工程师	77856	98395	149282
	安装工程师	84387	120775	195100
	安全员	58522	75885	110156
	安全工程师	93937	136875	218981
	安全｜健康｜环境主管	100451	133618	173863
	安全｜健康｜环境工程师	82064	99350	147317

建筑业办事人员和有关人员职业大类岗位中，薪酬中位值最高的是公关主管（13.48万元），薪酬中位值最低的岗位是前台文员（5.23万元），建筑业办事人员和有关人员部分通用岗位薪酬情况参见下表。

表 1-1.2.2.3　建筑业办事人员和有关人员通用岗位薪酬状况（元/年）

职业大类	通用岗位	下四分位值	中位值	上四分位值
办事人员和有关人员	公关主管	98628	134759	179714
	媒介主管	92214	127380	168489
	行政主管	85656	113467	147233
	公关专员	69364	91816	136991
	媒介专员	70800	89582	135053
	经理助理丨秘书	59081	78172	111744
	办公文员	53140	63286	88832
	后勤	49374	62766	93364
	部门专员	52222	61522	83163
	档案资料管理员	52147	59469	81033
	行政专员	48148	53766	72878
	前台文员	46620	52263	71178

建筑业社会生产服务和生活服务人员职业大类通用岗位中，薪酬中位值排行前五的岗位分别为建筑工程主管、品牌主管、精装工程师、销售主管、供应商管理主管，该职业大类中薪酬中位值排名后五的岗位分别是物业设施管理人员、物业维修人员（暖通）、物业维修人员、停车场管理员、绿化丨养护工，建筑业社会生产服务和生活服务人员通用岗位薪酬情况参见下表。

表 1-1.2.2.4　建筑业社会生产服务和生活服务人员通用岗位薪酬状况（元/年）

职业大类	通用岗位	下四分位值	中位值	上四分位值
社会生产服务和生活服务人员	资质专员	60723	79151	115842
	咨询热线丨呼叫中心服务人员	53261	65640	90191
	中控主管	81324	96380	122491
	招投标专员	87389	127639	160801
	在线客服主管	81237	97581	121796

表1-1.2.2.4　建筑业社会生产服务和生活服务人员通用岗位薪酬状况(元/年)

（续表一）

职业大类	通用岗位	下四分位值	中位值	上四分位值
社会生产服务和生活服务人员	在线客服	52749	62974	88700
	运营专员	60513	74479	106835
	运营主管	112051	157472	198964
	运输主管	93361	129825	175497
	营销专员	66549	81046	122180
	营销主管	108383	150208	194391
	新媒体运营专员	64556	83202	126161
	销售助理	51277	61872	83153
	销售主管	123548	169719	311996
	销售行政专员	51826	59491	80476
	销售行政主管	96742	132324	175812
	销售工程师	91786	122453	316262
	销售代表	83047	97718	292336
	消防安全主管	80874	98817	125968
	消防安全员	49322	60927	83916
	消防安全工程师	62374	76904	109481
	物业维修人员（弱电）	46207	54241	77498
	物业维修人员（暖通）	43727	49280	66549
	物业维修人员（工程）	49005	62444	91905
	物业维修人员（电气）	48962	54866	82431
	物业维修人员	43378	48954	65894
	物业设施管理人员	44907	50462	67674
	物业管理专员丨助理	50281	56484	73652
	物业管理主管	83291	110937	138467
	物业工程主管	82630	104642	134148
	物流专员	59689	77085	112836

表1-1.2.2.4 建筑业社会生产服务和生活服务人员通用岗位薪酬状况（元/年）

（续表二）

职业大类	通用岗位	下四分位值	中位值	上四分位值
社会生产服务和生活服务人员	物流主管	96223	133464	181405
	物料专员	52407	65211	89846
	物料主管	86762	117409	147737
	文案	66493	79310	119816
	投诉专员	52531	66649	91874
	投诉处理主管	78793	102831	128731
	停车场管理员	43439	48688	63582
	司机	58392	77292	117786
	售前技术主管	114264	162334	205544
	售前技术工程师	85224	122436	177971
	市场专员	73813	100595	146913
	市场主管	102656	142221	187780
	市场通路专员	63634	76636	115810
	市场通路主管	104598	148053	191292
	实施工程师	74040	107901	156674
	设计协调员	70481	102541	145688
	商务专员	62415	80783	116666
	商务主管	95464	133405	176803
	清洁工	45699	52254	73092
	平面设计	75066	108415	149894
	品牌专员	76239	98627	142304
	品牌主管	124997	175540	211786
	美工	71605	88993	129955
	绿化｜养护工	42806	47824	61662
	客服专员（非技术）	53143	62709	85879
	客服主管（非技术）	84555	111622	141056

表 1–1.2.2.4　建筑业社会生产服务和生活服务人员通用岗位薪酬状况（元/年）

（续表三）

职业大类	通用岗位	下四分位值	中位值	上四分位值
社会生产服务和生活服务人员	精装工程师	114602	170029	202200
	建筑工程主管	141098	193253	222779
	货车司机	55132	72812	109235
	活动专员	67317	89512	135044
	活动主管	89113	120438	163760
	环境主管	66522	87526	110128
	呼叫中心客服主管	81671	97779	124572
	呼叫中心客服	53009	65694	95988
	后勤主任	81247	103533	134996
	供应商开发	72556	107451	150487
	供应商管理专员	77659	92080	139323
	供应商管理主管	118509	165416	204726
	供应链专员	60238	79806	115309
	供应链主管	104879	145694	188346
	工程审计专员	76205	96831	138398
	工程审计主管	100609	137576	180312
	电话销售主管	86957	110109	209253
	电话销售	71057	88127	280427
	仓库主管	78841	93103	115663
	仓库管理员	47612	53874	72604
	采购专员	76723	90605	137569
	采购主管	105913	147333	193321
	报批报建专员	74440	109957	157309
	报批报建主管	107906	147770	186418
	保安队长	50791	67307	100287
	保安	48487	54234	79635

建筑业生产制造及有关人员职业大类岗位中，薪酬中位值最高的岗位是生产领班 | 线长（9.06 万元），薪酬中位值最低的岗位是"普工"（4.61 万元），该职业大类中岗位内部差距比为 1.96 倍，建筑业生产制造及有关人员部分通用岗位薪酬情况参见下表。

表 1-1.2.2.5　建筑业生产制造及有关人员通用岗位薪酬状况（元/年）

职业大类	通用岗位	下四分位值	中位值	上四分位值
生产制造及有关人员	塔吊司机	73232	86748	121932
	叉车工	64738	76299	115713
	电焊工	铆焊工	56531	67920	101936
	模具工	49966	66234	102650
	锅炉工	49924	65996	99328
	配料员	49165	64353	93047
	空调工	49098	63889	94036
	电工	49335	63321	91587
	泥瓦工	48696	62966	89228
	装配工	48169	62466	93412
	技工	48443	61832	87374
	机修工	48011	61404	89503
	喷漆工	50209	58072	83489
	电梯工	51637	57651	82463
	安装工	45890	53407	74200
	搬运工	45270	51460	73218
	普工	41030	46139	61160
	施工员	62675	77878	113423
	资料员	51847	61389	85084
	安防员	43973	49853	66661
	生产领班	线长	71793	90617	129762
	生产文员	47391	53835	65369
	中控员	49521	55271	79201

（3）批发和零售业通用岗位薪酬状况

批发和零售业中层及以上管理人员职业大类通用岗位中，薪酬中位值排行前十的岗位分别为销售总监、供应链总监、招商总监、渠道｜分销总监、运营总监、采购总监、财务总监、市场总监、总经办主任、人力资源总监，该职业大类中，薪酬中位值排行后五的岗位分别是运输经理、办公室主任、物业管理经理、仓库经理、安防经理，批发和零售业中层及以上管理人员职业大类通用岗位薪酬情况参见下表。

表 1–1.2.3.1　批发和零售业中层及以上管理人员通用岗位薪酬状况（元/年）

职业大类	通用岗位	下四分位值	中位值	上四分位值
中层及以上管理人员	采购总监	250530	360789	649577
	采购经理	132253	208306	360548
	供应商管理经理	125978	200284	336343
	招商总监	254299	366777	660254
	招商经理	131385	218050	443699
	媒介总监	180473	319904	571814
	公关经理	137228	220227	363544
	媒介经理	128791	172424	311084
	平面设计经理	121444	182322	294804
	广告创意｜设计经理	116672	175983	296883
	电商运营经理	139483	219604	373574
	网站营运经理	112156	166326	279221
	客服总监	132421	239300	334914
	售前技术经理	136536	184556	325850
	技术服务经理	121699	176324	314987
	客服经理（非技术）	105098	160618	297785
	呼叫中心客服经理	100890	152495	274031
	财务总监	232765	336769	486209
	审计总监	154287	297685	450623
	财务经理	144621	216166	345002
	财务分析经理	143046	214846	332469

表 1-1.2.3.1 批发和零售业中层及以上管理人员通用岗位薪酬状况（元/年）（续表一）

职业大类	通用岗位	下四分位值	中位值	上四分位值
中层及以上管理人员	审计经理	128437	195524	317974
	成本经理	121289	180471	307893
	会计经理	119099	176685	306456
	资金经理	117608	175532	290009
	税务经理	109969	160194	264267
	法务经理	125529	186748	305984
	贸易经理	145785	231358	379728
	外贸经理	143875	198449	434220
	进出口经理	116087	174258	321413
	业务跟单经理	103924	156822	307874
	品类经理	143601	228644	369683
	商户运营经理	128258	190641	333733
	卖场经理	111013	169367	314675
	商品经理	109762	168526	302737
	零售经理	110699	153653	354512
	人力资源总监	207590	325608	474618
	人力资源经理	111440	235057	345329
	薪资福利经理	116931	174579	281898
	招聘经理	106205	155196	275550
	绩效考核经理	106546	154703	271466
	培训经理	106844	153213	270145
	运营总监	236297	363515	663524
	市场总监	227448	333378	601012
	品牌经理	147581	228117	374426
	业务发展经理	139274	220342	368398
	产品经理	133159	212289	364879
	运营经理	128583	202753	359680

表 1-1.2.3.1　批发和零售业中层及以上管理人员通用岗位薪酬状况（元/年）（续表二）

职业大类	通用岗位	下四分位值	中位值	上四分位值
中层及以上 管理人员	业务分析经理	143506	197575	354027
	市场经理	144819	197147	341053
	市场通路经理	125885	193078	338723
	营销经理	130513	186808	327159
	加盟经理	127582	185777	337418
	网络营销经理	118598	181811	325601
	促销经理	116367	174588	321124
	活动经理	115245	173468	316168
	社群运营经理	120903	170134	303234
	跨境电商经理	94515	137139	248156
	供应链总监	267732	391207	705588
	物流总监	199453	317464	587759
	供应链经理	127949	203948	369319
	物料经理	118281	176327	299529
	物流经理	129172	175111	315697
	冷链经理	88798	143212	224514
	运输经理	94372	132875	239747
	仓库经理	94985	123263	204724
	物业工程经理	99264	145506	272677
	物业管理经理	95633	128005	218678
	销售总监	192266	411531	615866
	渠道丨分销总监	255359	365840	667448
	平台招商经理	130573	199244	412890
	销售经理	127341	194868	396380
	商务经理	123046	185847	323740
	渠道丨分销经理	120195	160299	350316
	销售行政经理	106046	155543	269518

表 1–1.2.3.1　批发和零售业中层及以上管理人员通用岗位薪酬状况（元/年）（续表三）

职业大类	通用岗位	下四分位值	中位值	上四分位值
中层及以上管理人员	区域销售经理	107768	151115	325542
	技术经理	152036	251821	411080
	信息技术经理	132163	210467	365585
	软件测试经理	127183	204445	357577
	项目经理	127740	202524	361387
	总经办主任	191944	328896	491970
	行政总监	159819	267186	386965
	行政经理	98888	133895	226742
	办公室主任	96458	130393	214124
	安防经理	76318	102388	157939
	质量总监	172959	320574	590871
	质量管理经理	130022	185452	330899
	品控经理	117735	177082	324781

　　在专业技术人员职业大类中，薪酬中位值排行前十的通用岗位分别高级软件工程师、系统分析员、系统架构设计师、广告创意丨设计主管、大数据工程师、IOS 开发工程师、python 开发工程师、财务分析主管、软件工程师、Android 开发工程师，薪酬中位值排行后五的岗位分别是薪资福利专员、招聘专员、绩效考核专员、出纳员、统计员，该职业大类中岗位内部差距比为 4.01 倍，通用岗位薪酬情况参见下表。

表 1–1.2.3.2　批发和零售业专业技术人员通用岗位薪酬状况（元/年）

职业大类	通用岗位	下四分位值	中位值	上四分位值
专业技术人员	德语翻译	90453	128715	174157
	法语翻译	87664	128564	172735
	日语翻译	85209	125837	176732
	英语翻译	80658	116509	165602
	韩语翻译	74477	109685	159415
	广告创意丨设计主管	122272	179150	273525

表 1-1.2.3.2　批发和零售业专业技术人员通用岗位薪酬状况（元/年）（续表一）

职业大类	通用岗位	下四分位值	中位值	上四分位值
专业技术人员	广告创意丨设计师	76910	105720	160573
	包装设计	70567	102189	150849
	摄影师	70332	100394	153669
	陈列设计丨展览设计	74849	98309	149070
	多媒体设计	80609	97919	149825
	动画丨3D 设计	81633	97407	146555
	后期制作	65870	85916	123677
	电商运营主管	93830	132074	177499
	网站营运主管	82902	107243	134981
	电商设计丨美工	72924	106656	152566
	网络工程师	76969	100263	161411
	网站策划	75366	98437	136595
	电商运营专员	71174	92905	140544
	页面设计丨美工	73526	87594	130383
	网站编辑丨内容运营专员	65439	81522	120094
	系统管理员丨网络管理员	61157	81057	120897
	网站营运专员	53950	70954	99554
	技术服务主管	83247	106911	140351
	技术服务工程师	75994	94443	135829
	财务分析主管	112875	154480	195569
	审计主管	96796	135487	174124
	资金主管	86603	117451	151137
	财务分析员	78798	115604	167800
	财务主管	86173	113647	148040
	税务主管	86485	113265	144607
	总账主管	84421	111757	144463
	成本主管	80451	97446	121225

表 1–1.2.3.2 批发和零售业专业技术人员通用岗位薪酬状况（元/年）（续表二）

职业大类	通用岗位	下四分位值	中位值	上四分位值
专业技术人员	审计专员	72440	96454	139372
	会计主管	78198	95089	120101
	总账会计	74550	90685	132368
	税务专员	63590	82237	120468
	资金专员	67026	80096	113730
	成本会计	56621	75158	107658
	会计	59599	75007	105519
	出纳员	51067	60960	82369
	统计员	50697	56661	78180
	法务主管	87949	119482	154757
	知识产权丨专利专员	70019	103193	146168
	法务专员	75629	95996	136789
	律师助理	67987	90038	132763
	培训主管	80379	99859	126601
	招聘主管	82392	97132	122705
	绩效考核主管	81244	96466	119979
	人力资源主管	81236	96237	120716
	薪资福利主管	70669	94165	116567
	员工关系主管	72386	90695	111643
	人力资源专员	54699	72485	103603
	培训专员	52520	65483	92598
	企业文化专员	52016	64693	89642
	薪资福利专员	52114	64568	87789
	招聘专员	50241	62046	83552
	绩效考核专员	52042	61234	82143
	内部培训师	79420	99564	148245
	市场分析丨调研人员	79567	96671	142142

表 1-1.2.3.2　批发和零售业专业技术人员通用岗位薪酬状况（元/年）（续表三）

职业大类	通用岗位	下四分位值	中位值	上四分位值
专业技术人员	高级软件工程师	154289	227064	327354
	系统分析员	116216	208747	296166
	系统架构设计师	128853	203224	295436
	大数据工程师	115017	175649	251138
	IOS 开发工程师	116615	169207	247198
	python 开发工程师	103113	154908	236534
	软件工程师	105638	148704	226116
	Android 开发工程师	102608	147949	235079
	前端开发工程师	104608	147798	236474
	项目主管	105010	142734	193406
	Java 软件工程师	97625	140629	218461
	软件测试主管	99431	140060	231024
	系统工程师	94409	139735	220536
	搜索引擎优化工程师	85344	125842	192847
	信息安全工程师	85006	123886	196094
	技术主管	88016	122513	218083
	数据库工程师｜管理员	83325	118973	186532
	搜索引擎营销工程师	81825	116161	185332
	软件测试工程师	80769	113556	176989
	项目专员	77929	112310	155320
	系统集成工程师	77351	106422	163062
	多媒体开发工程师	77418	100603	154378
	网站维护工程师	76921	98309	152366
	数据分析	77672	96164	149273
	系统测试工程师｜员	76835	92600	138533
	信息技术专员	75066	90921	132916
	信息技术主管	69677	84594	127827

表 1-1.2.3.2　批发和零售业专业技术人员通用岗位薪酬状况（元/年）（续表四）

职业大类	通用岗位	下四分位值	中位值	上四分位值
专业技术人员	品控主管	103103	147348	245222
	质量管理主管	87666	117107	157431
	品控工程师	70543	89458	134113
	食品检验	71965	85738	127057
	质量管理工程师｜员	71132	84217	121293
	来料检验工程师｜员	68887	83606	123715
	检验员	57811	68187	97573

　　在办事人员和有关人员职业大类中，薪酬中位值排行前五的岗位分别为公关主管、媒介主管、行政主管、公关专员、媒介专员，办事人员和有关人员职业大类通用岗位薪酬情况参见下表。

表 1-1.2.3.3　批发和零售业办事人员和有关人员通用岗位薪酬状况（元/年）

职业大类	通用岗位	下四分位值	中位值	上四分位值
办事人员和有关人员	公关主管	85781	112240	149387
	媒介主管	82572	105020	136425
	公关专员	64063	84936	129782
	媒介专员	61826	79002	117609
	行政主管	71567	93007	114988
	经理助理｜秘书	53955	70940	102627
	办公文员	47267	60699	81519
	部门专员	51363	57462	77313
	行政专员	50424	56467	75185
	档案资料管理员	45715	53750	80634
	前台文员	44454	51104	68680
	后勤	42156	48215	64415

　　在社会生产服务和生活服务人员职业大类中，薪酬中位值排行前十的岗位分别招商主管、贸易主管、销售主管、品牌主管、产品主管、渠道管理、供应商管理主管、业务发展

主管、报关主管、网店店长，薪酬中位值排行后五的岗位分别是分拣员、物业设施管理人员、仓库管理员、清洁工、保安，该职业大类中岗位内部差距比为 3.14 倍，社会生产服务和生活服务人员职业大类通用岗位薪酬情况参见下表。

表 1-1.2.3.4 批发和零售业社会生产服务和生活服务人员通用岗位薪酬状况（元/年）

职业大类	通用岗位	下四分位值	中位值	上四分位值
社会生产服务和生活服务人员	供应商管理主管	96703	133383	181231
	采购主管	89926	123690	165442
	供应商开发	74559	98020	145859
	供应商管理专员	65915	86016	132035
	采购专员	70537	85980	128290
	招商主管	102498	152958	294266
	招商专员	72865	105153	287000
	平面设计	70437	102986	144321
	文案	61182	72525	105390
	短视频编导丨制作	76210	93903	143019
	售前技术主管	91698	125285	165503
	售前技术工程师	77421	112598	164040
	客服主管（非技术）	81207	95905	118906
	实施工程师	77159	94209	141180
	投诉处理主管	68045	88434	107112
	呼叫中心客服主管	66818	87551	108787
	在线客服主管	64707	84673	97084
	咨询热线丨呼叫中心服务人员	47381	61220	82879
	投诉专员	48858	60600	85175
	呼叫中心客服	46379	60448	88753
	客服专员（非技术）	51419	57980	80871
	在线客服	50495	56884	77495
	网店客服	50826	56672	74217

表 1-1.2.3.4　批发和零售业社会生产服务和生活服务人员通用岗位薪酬状况（元/年）

（续表一）

职业大类	通用岗位	下四分位值	中位值	上四分位值
社会生产服务和生活服务人员	店员｜营业员｜导购	50352	56610	78490
	资质专员	54125	71530	100726
	贸易主管	106523	147670	194337
	报关主管	92653	126960	169650
	高级业务跟单	90674	124295	171321
	进出口主管	85420	116404	154394
	外贸主管	80505	111175	213697
	贸易专员	82112	97990	143315
	外贸专员	82343	96907	275433
	进出口专员	73614	95328	138614
	报关员	63753	78462	114652
	业务跟单	59991	75695	108983
	单证员	53539	66610	95643
	货运代理	46901	61516	88928
	网店店长	92321	126112	169673
	品类主管	92204	125256	169177
	商品主管	87440	116380	161372
	督导	86794	113034	156085
	店长	74207	105604	208712
	商户运营主管	82615	103873	133357
	选址拓展｜新店开发	72570	102332	147825
	商户运营专员	60024	76051	110942
	商品专员	53376	70376	103089
	品类专员	52834	68511	97519
	理货员｜陈列员	47072	55338	83644
	品牌主管	101167	140592	180928
	产品主管	99181	136091	182793

表 1-1.2.3.4　批发和零售业社会生产服务和生活服务人员通用岗位薪酬状况（元/年）

（续表二）

职业大类	通用岗位	下四分位值	中位值	上四分位值
社会生产服务和生活服务人员	业务发展主管	96560	132640	180988
	运营主管	91273	125236	169259
	市场通路主管	89714	123196	162803
	营销主管	87785	119208	158995
	市场主管	86382	110647	145348
	网络营销主管	83558	108747	138048
	买手	70564	103088	148423
	促销主管	72543	102099	130239
	活动主管	80324	98125	126283
	跨境电商主管	80217	94397	121658
	加盟专员	72950	92759	140152
	市场专员	68453	90967	137071
	品牌专员	76427	90765	137496
	业务分析专员	69189	89790	137646
	网络营销专员	73580	89512	135493
	选址开发专员	69017	89388	134925
	业务发展专员	67393	88225	133152
	产品专员	71058	85532	130296
	新媒体运营专员	61604	78948	118168
	活动专员	65627	78833	116454
	营销专员	61778	76975	110312
	社群运营专员	65234	76794	118019
	促销督导	62388	76585	109683
	市场通路专员	54066	71142	104336
	运营专员	52803	68922	98486
	跨境电商专员	52109	63051	90516
	供应链主管	89341	122181	161655

表 1-1.2.3.4　批发和零售业社会生产服务和生活服务人员通用岗位薪酬状况（元/年）

（续表三）

职业大类	通用岗位	下四分位值	中位值	上四分位值
社会生产服务和生活服务人员	物流主管	84091	110388	144999
	运输主管	72164	101383	133254
	物料主管	81098	96773	121063
	船务人员	71764	93910	136595
	集装箱业务员	71931	88007	254789
	仓库主管	67364	83490	94268
	快递员	69053	82289	126062
	海∣空运操作	69847	82254	121751
	货车司机	63481	79034	116516
	供应链专员	60407	75601	111836
	订单管理员	53065	64747	94932
	物料专员	51590	57970	79619
	调度员	47249	54792	78701
	打包∣配货员	49210	54746	79054
	仓库管理员	44016	51696	70090
	物业工程主管	69203	90549	114076
	物业管理主管	67611	89453	112134
	中控主管	66891	86175	106222
	消防安全主管	66236	85857	103902
	环境主管	62869	81106	89713
	消防安全工程师	57713	70136	95063
	收银员	48900	56243	80669
	物业管理专员∣助理	48765	54668	65820
	防损员	47039	54532	64851
	分拣员	46073	53779	80222
	物业设施管理人员	46285	53227	76164
	销售主管	107651	142519	263635

表 1-1.2.3.4　批发和零售业社会生产服务和生活服务人员通用岗位薪酬状况（元/年）

（续表四）

职业大类	通用岗位	下四分位值	中位值	上四分位值
社会生产服务和生活服务人员	渠道管理	97674	135762	270479
	销售工程师	78707	113555	299262
	销售行政主管	84848	111592	143602
	商务主管	83454	108517	142586
	渠道｜分销主管	79238	107398	206176
	平台招商主管	80638	106632	208930
	平台招商专员	76309	92444	294833
	电话销售主管	67979	89130	168060
	销售代表	73810	88016	273460
	电话销售	59439	77038	230169
	渠道｜分销专员	61563	75282	221364
	商务专员	54280	70972	104634
	销售行政专员	50278	57283	78651
	销售助理	50564	57243	77580
	后勤主任	70041	87666	107241
	保安队长	50895	67593	100343
	司机	51111	66707	103761
	清洁工	43691	49460	66093
	保安	43623	48693	66963

在生产制造及有关人员职业大类中薪酬中位值最高的是电工岗位（6.78万元），薪酬中位值最低的岗位是安防员（4.50万元）该职业大类中岗位内部差距比为1.51倍，生产制造及有关人员职业大类通用岗位薪酬情况参见下表。

表 1-1.2.3.5　批发和零售业生产制造及有关人员通用岗位薪酬状况（元/年）

职业大类	通用岗位	下四分位值	中位值	上四分位值
生产制造及有关人员	技工	56208	66851	99034
	叉车工	48864	63850	94054

表 1-1.2.3.5 批发和零售业生产制造及有关人员通用岗位薪酬状况（元/年）

（续表一）

职业大类	通用岗位	下四分位值	中位值	上四分位值
生产制造 及有关人员	安装工	46029	54057	77699
	普工	45333	52828	72944
	包装工	45347	51456	74230
	搬运工	45127	51384	75965
	安防员	39861	44980	55759
	电工	50859	67781	105444
	中控员	48196	56138	79631

（4）交通运输、仓储和邮政业通用岗位薪酬状况

在企业中层及以上管理人员通用岗位中，薪酬中位值排行前十的岗位分别是招商总监、销售总监、技术总监、运营总监、物流总监、采购总监、投资总监、财务总监、人力资源总监、总经办主任，薪酬中位值排行后五的岗位是办公室主任、物业管理经理、冷链经理、仓库经理、安防经理，交通运输、仓储和邮政业通用岗位薪酬情况参见下表。

表 1-1.2.4.1 交通运输、仓储和邮政业中层及以上管理人员通用岗位薪酬状况（元/年）

职业大类	通用岗位	下四分位值	中位值	上四分位值
中层及以上 管理人员	采购总监	249689	357456	639446
	采购经理	140249	224200	352136
	供应商管理经理	128946	203980	353962
	招商总监	265885	392399	735353
	招商经理	119946	204691	421888
	公关经理	140268	222294	355549
	电商运营经理	138280	218913	366588
	运维经理	130373	196812	323906
	网站营运经理	112213	165397	284275
	客服总监	133749	241738	346028
	技术服务经理	120238	184765	323545

表 1-1.2.4.1 交通运输、仓储和邮政业中层及以上管理人员通用岗位薪酬状况（元/年）（续表一）

职业大类	通用岗位	下四分位值	中位值	上四分位值
中层及以上管理人员	客服经理（非技术）	119257	171530	305264
	呼叫中心客服经理	121300	164794	304625
	投资总监	245274	356110	637615
	财务总监	242745	354258	516503
	审计总监	199188	318307	464944
	财务经理	145859	221107	343597
	财务分析经理	143226	220810	331527
	投资经理	131718	205570	365244
	审计经理	130254	196441	325755
	成本经理	123335	189018	308756
	资金经理	124091	186263	303298
	会计经理	122011	180687	306761
	税务经理	115693	172726	307140
	法务经理	130241	194713	326537
	进出口经理	128955	177274	321402
	业务跟单经理	106045	163115	293911
	人力资源总监	177699	341054	506061
	人力资源经理	117738	231920	302845
	薪资福利经理	120261	180257	294349
	招聘经理	108377	159779	274714
	绩效考核经理	109270	158873	283846
	培训经理	105406	153758	265011
	工厂经理｜厂长	150494	275758	397585
	运营总监	227890	375660	687123
	市场总监	178669	335559	595226
	品牌经理	153653	240975	379028

表 1-1.2.4.1 交通运输、仓储和邮政业中层及以上管理人员通用岗位薪酬状况（元/年）（续表二）

职业大类	通用岗位	下四分位值	中位值	上四分位值
中层及以上管理人员	业务发展经理	148498	232222	376636
	招投标经理	142549	224023	361633
	运营经理	132414	209813	357822
	市场经理	131682	206659	366746
	市场通路经理	130623	205871	362683
	营销经理	142298	194720	322399
	加盟经理	125026	189228	313782
	网络营销经理	136841	186276	337173
	活动经理	120797	179370	318937
	社群运营经理	116032	175324	316856
	物流总监	185122	358977	637994
	供应链经理	142285	225259	358430
	物料经理	121020	181683	298676
	物流经理	124257	180579	330272
	运输经理	96502	138689	254344
	冷链经理	91298	128518	213373
	仓库经理	94554	125973	207319
	物业工程经理	101729	151107	275755
	物业管理经理	96151	131115	218805
	销售总监	263572	389123	708026
	渠道｜分销总监	200923	304801	534810
	平台招商经理	123556	205622	431060
	销售经理	140339	197573	395929
	商务经理	122885	188585	335699
	渠道｜分销经理	119277	170341	386021
	区域销售经理	116442	162619	356283

表 1-1.2.4.1　交通运输、仓储和邮政业中层及以上管理人员通用岗位薪酬状况
（元/年）（续表三）

职业大类	通用岗位	下四分位值	中位值	上四分位值
中层及以上管理人员	销售行政经理	106021	156687	274071
	技术总监	226364	385927	656670
	技术经理	165595	266063	428754
	信息技术经理	135684	217237	375136
	总经办主任	220197	338009	497595
	行政总监	150557	273409	402991
	行政经理	99953	137651	235799
	办公室主任	97859	133132	222995
	安防经理	80601	107777	167054

信息化、集成化已经成为交通运输、仓储和邮政业的发展趋势。在专业技术人员通用岗位中，薪酬中位值排行前十的岗位多数为信息技术类岗位，分别是语音识别工程师、图像识别工程师、高级硬件工程师、系统架构设计师、算法工程师、数据挖掘工程师、网络架构设计师、大数据工程师、财务分析主管、前端开发工程师，该职业大类中岗位内部差距比为 3.85 倍，专业技术人员职业大类通用岗位薪酬情况参见下表。

表 1-1.2.4.2　交通运输、仓储和邮政业专业技术人员通用岗位薪酬状况（元/年）

职业大类	通用岗位	下四分位值	中位值	上四分位值
专业技术人员	德语翻译	93251	133958	173460
	法语翻译	101781	128973	173961
	日语翻译	86002	126746	169732
	英语翻译	81438	119758	169676
	韩语翻译	76076	112637	163057
	包装设计	70144	101519	149163
	陈列设计丨展览设计	78909	99804	141410
	动画丨3D 设计	80917	98555	151286
	电商运营主管	99098	136558	182695

表 1-1.2.4.2　交通运输、仓储和邮政业专业技术人员通用岗位薪酬状况（元/年）

（续表一）

职业大类	通用岗位	下四分位值	中位值	上四分位值
专业技术人员	运维主管	93477	128807	167517
	电商设计｜美工	76638	111014	164684
	网站营运主管	83228	110295	139187
	网络工程师	77627	107752	162225
	运维工程师	71468	104240	149114
	网站策划	83154	99854	143032
	电商运营专员	78799	93922	140917
	系统管理员｜网络管理员	66008	86193	130716
	网站编辑｜内容运营专员	66183	80435	119467
	网站营运专员	55256	72127	103698
	安全工程师	88338	129618	211160
	安全员	57378	71712	103556
	技术服务主管	85654	116421	156982
	技术服务工程师	69344	100366	146111
	财务分析主管	117115	163830	201688
	投资主管	105898	146844	191907
	审计主管	104756	144302	183931
	资金主管	96163	131707	171881
	信用控制员	94164	131012	161052
	财务分析员	81815	120521	175681
	税务主管	88609	119648	163074
	财务主管	87449	116753	152868
	总账主管	85414	113424	143533
	审计专员	70481	104114	143020
	投资专员	71448	103429	148028
	成本主管	82180	99702	125610

表1-1.2.4.2 交通运输、仓储和邮政业专业技术人员通用岗位薪酬状况（元/年）

（续表二）

职业大类	通用岗位	下四分位值	中位值	上四分位值
专业技术人员	会计主管	80920	99612	122713
	总账会计	79131	95305	134893
	税务专员	68929	82847	124056
	资金专员	63333	80846	114604
	成本会计	59394	76803	106137
	会计	57715	75149	106425
	出纳员	51322	58903	82585
	法务主管	93846	129117	171792
	法务专员	69491	101192	141107
	律师助理	73022	93106	137351
	编辑	72068	105445	156836
	培训主管	82615	107058	137161
	绩效考核主管	81191	102138	129661
	招聘主管	69025	102018	127945
	人力资源主管	73980	101704	124685
	薪资福利主管	81207	98970	125722
	员工关系主管	75443	93446	118670
	人力资源专员	57820	75222	103772
	培训专员	52798	67786	97889
	薪资福利专员	53302	65883	92119
	绩效考核专员	48654	61865	84798
	招聘专员	46181	61251	86355
	市场分析｜调研人员	77204	99957	146939
	语音识别工程师	155171	226826	279212
	图像识别工程师	150013	220563	274961
	高级硬件工程师	112359	210437	302859

表 1-1.2.4.2 交通运输、仓储和邮政业专业技术人员通用岗位薪酬状况（元/年）

（续表三）

职业大类	通用岗位	下四分位值	中位值	上四分位值
专业技术人员	系统架构设计师	130228	204466	301674
	算法工程师	130791	194976	258687
	数据挖掘工程师	122457	180854	252176
	网络架构设计师	122318	177227	242610
	大数据工程师	121852	177043	247375
	前端开发工程师	105309	154083	233503
	软件工程师	100508	151957	239743
	Java 软件工程师	104083	151842	228682
	数据库开发工程师	98563	151185	225107
	系统工程师	100108	150012	227938
	软件 UI 工程师	92295	136046	216445
	信息安全工程师	95968	133080	214766
	需求工程师	87963	129722	211305
	技术主管	89214	128310	208845
	搜索引擎营销工程师	85435	124639	194326
	数据库工程师	管理员	84609	120730	191157
	硬件工程师	84659	118752	199246
	软件测试工程师	82406	114261	184735
	系统集成工程师	77495	108850	169202
	硬件测试工程师	77418	108042	163120
	多媒体开发工程师	77455	105399	167928
	标准化工程师	77186	102927	158878
	网站维护工程师	77433	100494	153668
	数据分析	77523	97859	149974
	系统测试工程师	员	75879	93825	142787
	信息技术专员	68750	90433	132048

表 1-1.2.4.2　交通运输、仓储和邮政业专业技术人员通用岗位薪酬状况（元/年）

（续表四）

职业大类	通用岗位	下四分位值	中位值	上四分位值
专业技术人员	语音｜视频开发工程师	72455	89606	134011
	信息技术主管	72843	85865	131250
	技术文员	56821	68269	91787
	安全｜健康｜环境主管	90320	122843	156858
	体系工程师	77732	103203	162843
	安全｜健康｜环境工程师	71378	89492	131175

　　交通运输、仓储和邮政行业办事人员和有关人员通用岗位中，薪酬中位值最高的是行政主管（9.66 万元），薪酬中位值最低的岗位是前台文员（4.88 万元），办事人员和有关人员职业大类通用岗位薪酬情况参见下表。

表 1-1.2.4.3　交通运输、仓储和邮政业办事人员和有关人员通用岗位薪酬状况

（元/年）

职业大类	通用岗位	下四分位值	中位值	上四分位值
办事人员和有关人员	行政主管	81438	96574	119562
	经理助理｜秘书	60436	73115	103247
	办公文员	51846	61001	84693
	后勤	53319	59765	89969
	部门专员	51595	58056	79249
	行政专员	50713	56748	73547
	档案资料管理员	44207	52008	70015
	前台文员	41548	48804	65849

　　交通运输、仓储和邮政业的社会生产服务和生活服务人员通用岗位中，薪酬中位值排行前十的岗位分别是招商主管、销售主管、供应商管理主管、渠道管理、品牌主管、报关主管、运营主管、业务发展主管、采购主管、营销主管，薪酬中位值排行后五的岗位分别是打包｜配货员、绿化｜养护工、物业维修人员（暖通）、物业设施管理人员、停车场管理员，社会生产服务和生活服务人员职业大类通用岗位薪酬情况参见下表。

表 1-1.2.4.4　交通运输、仓储和邮政业社会生产服务和生活服务人员通用岗位薪酬状况（元/年）

职业大类	通用岗位	下四分位值	中位值	上四分位值
社会生产服务和生活服务人员	供应商管理主管	105206	148787	191742
	采购主管	100797	137096	184529
	供应商开发	69324	100460	145349
	采购专员	66353	88049	128037
	供应商管理专员	67154	87523	133680
	招商主管	118798	158419	285160
	招商专员	78733	107386	287986
	文案	55992	74237	106836
	短视频编导｜制作	81042	95683	142254
	客服主管（非技术）	81435	102891	130884
	实施工程师	79854	99021	146826
	投诉处理主管	75537	90634	111666
	在线客服主管	68616	89015	108622
	呼叫中心客服主管	66325	87882	107583
	呼叫中心客服	49831	61710	88962
	投诉专员	51441	61126	84798
	咨询热线｜呼叫中心服务人员	50143	60792	84996
	客服专员（非技术）	52000	59496	82943
	在线客服	51446	59205	82868
	资质专员	57626	75054	109245
	报关主管	98752	137941	181319
	高级业务跟单	91613	125119	172353
	进出口主管	89664	121753	164465
	贸易专员	69103	100591	145181
	进出口专员	76948	95831	142195
	业务跟单	62826	78797	116359

表 1-1.2.4.4 交通运输、仓储和邮政业社会生产服务和生活服务人员通用岗位薪酬状况（元/年）（续表一）

职业大类	通用岗位	下四分位值	中位值	上四分位值
社会生产服务和生活服务人员	供应商管理主管	105206	148787	191742
	采购主管	100797	137096	184529
	供应商开发	69324	100460	145349
	采购专员	66353	88049	128037
	供应商管理专员	67154	87523	133680
	招商主管	118798	158419	285160
	招商专员	78733	107386	287986
	文案	55992	74237	106836
	短视频编导｜制作	81042	95683	142254
	客服主管（非技术）	81435	102891	130884
	实施工程师	79854	99021	146826
	投诉处理主管	75537	90634	111666
	在线客服主管	68616	89015	108622
	呼叫中心客服主管	66325	87882	107583
	呼叫中心客服	49831	61710	88962
	投诉专员	51441	61126	84798
	咨询热线｜呼叫中心服务人员	50143	60792	84996
	客服专员（非技术）	52000	59496	82943
	在线客服	51446	59205	82868
	资质专员	57626	75054	109245
	报关主管	98752	137941	181319
	高级业务跟单	91613	125119	172353
	进出口主管	89664	121753	164465
	贸易专员	69103	100591	145181
	进出口专员	76948	95831	142195
	业务跟单	62826	78797	116359

表 1-1.2.4.4 交通运输、仓储和邮政业社会生产服务和生活服务人员通用岗位薪酬状况（元/年）（续表二）

职业大类	通用岗位	下四分位值	中位值	上四分位值
社会生产服务和生活服务人员	报关员	62354	78508	115119
	货运代理	53071	65410	95765
	单证员	53060	64944	95209
	美工	65339	83382	121998
	品牌主管	103144	142236	189380
	运营主管	98847	137862	179537
	业务发展主管	98821	137179	184997
	营销主管	96272	132804	178691
	社会责任主管	96282	132188	176648
	市场通路主管	91387	126920	168280
	市场主管	90931	120639	166880
	招投标专员	82440	120473	162244
	网络营销主管	87513	113595	152041
	活动主管	83483	109607	142969
	加盟专员	75882	93866	136466
	品牌专员	70641	92848	136056
	业务分析专员	69954	92514	139990
	选址开发专员	77706	91847	137469
	业务发展专员	77391	91779	136764
	市场专员	70986	91723	137092
	网络营销专员	73739	91140	138749
	活动专员	67436	82013	123194
	社群运营专员	64723	80904	121536
	新媒体运营专员	64866	80409	124584
	市场通路专员	61819	75400	109950
	营销专员	56405	74825	109192

表 1-1.2.4.4　交通运输、仓储和邮政业社会生产服务和生活服务人员通用岗位薪酬状况（元/年）（续表三）

职业大类	通用岗位	下四分位值	中位值	上四分位值
社会生产服务和生活服务人员	运营专员	53014	69312	100658
	供应链主管	94242	128073	175064
	物流主管	88596	117108	160491
	运输主管	84970	112604	146718
	物料主管	81947	104021	129089
	船务人员	76748	95221	135117
	集装箱业务员	77009	91254	281163
	海｜空运操作	64261	84701	125881
	仓库主管	69969	84636	96043
	货车司机	62348	78903	119051
	供应链专员	61175	75499	106977
	物流专员	54654	71761	106406
	快递员	57179	67598	101890
	订单管理员	51759	63688	93577
	物料专员	48143	60635	83558
	冷链专员	50628	56780	79652
	调度员	48436	56476	83040
	分拣员	48131	56086	80344
	仓库管理员	43447	50540	69188
	打包｜配货员	44158	49453	67206
	物业工程主管	81263	95692	122166
	物业管理主管	72467	94234	117808
	消防安全主管	69710	90394	116428
	中控主管	67710	87913	111653
	环境主管	67122	84560	96860
	消防安全工程师	61282	72487	103440

表 1-1.2.4.4 交通运输、仓储和邮政业社会生产服务和生活服务人员通用岗位薪酬状况（元/年）（续表四）

职业大类	通用岗位	下四分位值	中位值	上四分位值
社会生产服务和生活服务人员	消防安全员	51029	56876	79168
	物业管理专员|助理	49273	55686	70885
	物业维修人员	45872	53042	75363
	绿化|养护工	43834	49245	69531
	物业设施管理人员	41777	47045	57911
	停车场管理员	39950	45490	50925
	销售主管	106238	156442	288001
	渠道管理	102559	145430	291715
	商务主管	89089	120293	160275
	销售工程师	81803	117380	305394
	渠道|分销主管	92392	116415	216473
	销售行政主管	86847	115657	147109
	平台招商主管	86552	114319	226281
	电话销售主管	79498	97103	180663
	平台招商专员	74591	96618	283544
	销售代表	70945	93355	268772
	电话销售	65690	79189	242944
	渠道|分销专员	59592	76833	230271
	商务专员	58947	75451	111790
	销售助理	51251	59594	81043
	销售行政专员	50867	58086	77242
	后勤主任	68077	89574	112731
	保安队长	52991	59084	86897
	司机	49835	56579	83505
	保安	45430	51697	72729
	清洁工	45414	51114	71904

表 1-1.2.4.4 交通运输、仓储和邮政业社会生产服务和生活服务人员通用岗位薪酬状况（元/年）（续表五）

职业大类	通用岗位	下四分位值	中位值	上四分位值
社会生产服务和生活服务人员	物业维修人员（工程）	48135	56595	80628
	物业维修人员（电气）	49421	55751	78858
	物业维修人员（弱电）	44872	50611	69453
	物业维修人员（暖通）	43664	48908	65223

交通运输、仓储和邮政业的生产制造通用岗位中，整体薪资差异不大，薪酬中位值最高的叉车工（6.76万元）相当于最低安防员（4.54万元）的1.49倍。生产制造及有关人员职业大类通用岗位薪酬情况参见下表。

表 1-1.2.4.5 交通运输、仓储和邮政业生产制造及有关人员通用岗位薪酬状况（元/年）

职业大类	通用岗位	下四分位值	中位值	上四分位值
生产制造及有关人员	叉车工	48126	67636	90813
	技工	47702	61076	86736
	安装工	51298	59916	90242
	普工	44441	49516	68122
	包装工	43417	48911	62853
	搬运工	43233	48745	64307
	安防员	40091	45406	58780
	汽车修理工	50563	56183	80779
	中控员	47322	53415	77015

（5）住宿和餐饮业通用岗位薪酬状况

在企业中层及以上管理人员职业大类中薪酬中位值排名前十的岗位分别是销售总监、项目总监、总经办主任、运营总监、采购总监、投资总监、财务总监、行政总厨、行政总监、市场总监，住宿和餐饮业通用岗位薪酬情况参见下表。

表 1-1.2.5.1　住宿和餐饮业中层及以上管理人员通用岗位薪酬状况（元/年）

职业大类	通用岗位	下四分位值	中位值	上四分位值
中层及以上管理人员	行政总厨	168061	267390	400575
	采购总监	176398	281805	510077
	采购经理	101390	162646	276670
	供应商管理经理	100131	160291	272077
	公关经理	107357	169202	290986
	会务经理	99053	145462	256346
	广告创意｜设计经理	90667	135600	244870
	电商运营经理	108796	175679	288861
	运维经理	95606	144877	240331
	行政主厨｜厨师长	91197	134569	237656
	宾馆｜酒店经理	83722	128102	235062
	大堂经理	76686	102663	178879
	楼面经理	73432	101491	183327
	客房服务经理	75562	99825	170359
	客服总监	116310	187880	267878
	技术服务经理	104110	142034	253152
	客服经理（非技术）	83948	126670	234516
	呼叫中心客服经理	82883	126585	235307
	投资总监	189430	277677	493366
	财务总监	159469	267890	481929
	财务经理	111163	170124	258965
	投资经理	102077	162796	285534
	审计经理	101818	151622	244261
	资金经理	97630	146670	234276
	成本经理	95726	143877	237507
	税务经理	87104	127211	213535
	法务经理	99682	151014	244208

表 1-1.2.5.1　住宿和餐饮业中层及以上管理人员通用岗位薪酬状况（元/年）（续表一）

职业大类	通用岗位	下四分位值	中位值	上四分位值
中层及以上管理人员	品类经理	117262	182335	295194
	商户运营经理	101892	144442	263407
	人力资源总监	148178	255332	452069
	人力资源经理	104926	167779	213895
	薪资福利经理	87995	132071	223003
	绩效考核经理	86734	126873	225458
	招聘经理	84922	122022	206293
	培训经理	83218	121370	212812
	工程经理	105476	170797	294229
	运营总监	162899	288775	538681
	市场总监	172456	258866	390689
	品牌经理	114462	181399	286220
	业务发展经理	111540	173969	300959
	招投标经理	108987	172795	281526
	产品经理	105198	166063	295408
	市场经理	103462	165994	291504
	运营经理	118433	159066	279536
	营销经理	111322	151274	265234
	网络营销经理	101758	149340	264662
	加盟经理	102890	147330	263814
	活动经理	103039	139914	258348
	社群运营经理	89117	136314	249722
	促销经理	99897	133234	235030
	供应链经理	106045	164827	298448
	物流经理	94322	145070	263344
	物料经理	93920	138830	236014
	仓库经理	73415	104982	171400

表 1-1.2.5.1　住宿和餐饮业中层及以上管理人员通用岗位薪酬状况（元/年）（续表二）

职业大类	通用岗位	下四分位值	中位值	上四分位值
中层及以上 管理人员	物业工程经理	110240	146291	264965
	销售总监	222598	367142	692230
	平台招商经理	122194	204938	426262
	销售经理	130487	197426	419391
	商务经理	132428	188628	327711
	渠道｜分销经理	108237	166332	354581
	区域销售经理	101338	150935	325567
	销售行政经理	103050	149611	258658
	项目总监	196993	349760	625396
	信息技术经理	133107	210816	368436
	项目经理	130671	206391	369339
	总经办主任	163886	310046	457073
	行政总监	165914	264252	386876
	办公室主任	96438	130124	218240
	行政经理	88341	120925	210417
	质量管理经理	113922	154527	230720
	品控经理	92349	137503	228090

　　在专业技术人员职业大类中，薪酬中位值排行前十的岗位分别高级软件工程师、数据挖掘工程师、广告创意｜设计主管、大数据工程师、财务分析主管、品控主管、德语翻译、法语翻译、电商运营主管、Java 软件工程师，专业技术人员职业大类通用岗位薪酬情况参见下表。

表 1-1.2.5.2　住宿和餐饮业专业技术人员通用岗位薪酬状况（元/年）

职业大类	通用岗位	下四分位值	中位值	上四分位值
专业技术人员	德语翻译	95750	141340	221186
	法语翻译	94889	139467	221772
	日语翻译	81150	118980	169885

表 1-1.2.5.2　住宿和餐饮业专业技术人员通用岗位薪酬状况（元/年）（续表一）

职业大类	通用岗位	下四分位值	中位值	上四分位值
专业技术人员	英语翻译	77164	114136	166344
	韩语翻译	75766	110408	158608
	广告创意丨设计主管	119117	169216	268355
	广告创意丨设计师	77014	100829	153917
	摄影师	68755	100409	152099
	后期制作	70788	84528	125574
	电商运营主管	94897	137575	219845
	运维主管	86961	114396	149649
	电商设计丨美工	74488	107494	156963
	运维工程师	73548	104377	146995
	网络工程师	77351	101790	151669
	网站策划	82331	98450	138213
	电商运营专员	76423	95141	140392
	页面设计丨美工	74451	89522	130580
	网站编辑丨内容运营专员	61192	80981	121687
	系统管理员丨网络管理员	59956	79749	114879
	给排水丨暖通工程师	81852	118195	188703
	水电设计师	78220	108968	169690
	弱电工程师	78573	106732	165786
	装潢工程师	77897	104562	165435
	安装工程师	77104	103474	162005
	水电工程师	76939	100439	156586
	合同管理工程师	75563	94822	145978
	技术服务主管	81460	102179	134993
	技术服务工程师	72809	96261	139895
	财务分析主管	105289	147218	188742
	信用控制员	88607	127573	157820
	资金主管	88973	120003	156812

表 1-1.2.5.2 住宿和餐饮业专业技术人员通用岗位薪酬状况（元/年）（续表二）

职业大类	通用岗位	下四分位值	中位值	上四分位值
专业技术人员	财务主管	85701	113571	146962
	税务主管	83538	111054	139760
	财务分析员	75386	110951	166493
	总账主管	82870	108297	138647
	会计主管	82822	99682	126674
	审计专员	76854	99467	140162
	投资专员	82416	98488	142186
	成本主管	81143	96120	123519
	总账会计	67095	89127	129467
	税务专员	63964	78767	115909
	资金专员	63420	77053	109802
	成本会计	58151	75123	108093
	会计	54899	72560	102347
	出纳员	51420	57931	78858
	统计员	50890	56840	73755
	法务专员	82084	98504	134768
	律师助理	64115	85012	122973
	编辑	78852	99149	150173
	培训主管	74476	101450	131893
	薪资福利主管	81566	99008	125486
	招聘主管	81450	96765	120684
	人力资源主管	80777	95927	118173
	绩效考核主管	80718	95012	117515
	人力资源专员	55532	73789	104172
	薪资福利专员	52414	66062	91175
	培训专员	53492	65442	90877
	企业文化专员	52280	63125	87115

表 1-1.2.5.2　住宿和餐饮业专业技术人员通用岗位薪酬状况（元/年）（续表三）

职业大类	通用岗位	下四分位值	中位值	上四分位值
专业技术人员	绩效考核专员	51174	59746	81936
	招聘专员	51586	58277	81673
	内部培训师	78306	95935	142244
	市场分析｜调研人员	80766	95791	140101
	高级软件工程师	117192	215988	322838
	数据挖掘工程师	125478	170717	251763
	大数据工程师	111488	163920	236015
	Java 软件工程师	87572	129050	170826
	前端开发工程师	87208	128277	175364
	搜索引擎优化工程师	84356	118647	191248
	数据库工程师｜管理员	81184	114387	183256
	搜索引擎营销工程师	80668	113094	176809
	软件测试工程师	80608	111070	171094
	项目专员	79449	110924	157390
	网站维护工程师	77485	99280	146373
	多媒体开发工程师	77276	97513	142866
	数据分析	76277	93670	146303
	信息技术专员	65999	87391	126324
	信息技术主管	67945	85284	126273
	技术文员	51183	66383	89104
	品控主管	100746	146314	227564
	品控工程师	76658	91657	140957
	食品检验	64820	85020	125723
	质量管理工程师｜员	62767	83075	117403
	来料检验工程师｜员	68737	82518	119773
	检验员	57463	70619	102860

在办事人员和有关人员职业大类中薪酬中位值最高的是公关主管（11.10 万元），薪

酬中位值最低的岗位是后勤人员（4.80万元），办事人员和有关人员职业大类通用岗位薪酬情况参见下表。

表 1-1.2.5.3　住宿和餐饮业办事人员和有关人员通用岗位薪酬状况（元/年）

职业大类	通用岗位	下四分位值	中位值	上四分位值
办事人员和有关人员	公关主管	84624	111027	143744
	公关专员	67513	84499	127735
	行政主管	71924	94658	116704
	经理助理｜秘书	53409	70553	96808
	办公文员	51749	58975	80691
	部门专员	51410	58196	79765
	行政专员	49682	56165	74115
	前台文员	43385	50111	66908
	档案资料管理员	44033	49243	67813
	后勤人员	41480	47987	62845

　　住宿和餐饮业作为主流服务业，通用岗位在社会生产服务和生活服务人员职业大类中的数量较多，薪酬中位值排行前十的岗位分别渠道管理、销售主管、供应商管理主管、品牌主管、品类主管、采购主管、产品主管、业务发展主管、运营主管、网店店长，该职业大类中岗位内部差距比为3.05倍，社会生产服务和生活服务人员通用岗位薪酬情况参见下表。

表 1-1.2.5.4　住宿和餐饮业社会生产服务和生活服务人员通用岗位薪酬状况（元/年）

职业大类	通用岗位	下四分位值	中位值	上四分位值
社会生产服务和生活服务人员	供应商管理主管	98684	136137	181967
	采购主管	93501	128546	171443
	供应商开发	76695	97845	145259
	采购专员	70522	86662	132742
	供应商管理专员	68715	83739	125641
	会务主管	85830	114972	156345
	会务专员	53916	71570	102933

表 1-1.2.5.4　住宿和餐饮业社会生产服务和生活服务人员通用岗位薪酬状况（元/年）
（续表一）

职业大类	通用岗位	下四分位值	中位值	上四分位值
社会生产服务和生活服务人员	平面设计	71500	103026	147011
	文案	54014	71252	104756
	短视频编导｜制作	77817	96016	139150
	化妆师｜造型师	78507	96326	144405
	预定部主管	80594	95196	117477
	厨师	59976	77962	117871
	餐饮｜娱乐领班	60374	76021	122931
	礼仪｜迎宾	52793	58718	88893
	预定员	49455	55549	68773
	前厅接待	48327	55519	82739
	票务服务	48848	55452	67381
	行李员	47279	54921	79840
	切配	45530	52405	72292
	客房服务员｜楼面服务员	45512	50816	70352
	清洁服务人员	44468	49441	68221
	服务员	43596	49031	68158
	客服主管（非技术）	81247	96512	118624
	投诉处理主管	69970	87003	99881
	呼叫中心客服主管	66348	85925	103307
	在线客服主管	65521	85405	97216
	投诉专员	45415	60332	84155
	客服专员（非技术）	51538	58966	81447
	呼叫中心客服	51016	58593	83731
	咨询热线｜呼叫中心服务人员	51810	58528	80588
	网店客服	50468	56617	72605
	在线客服	50278	56130	73185
	资质专员	60434	73172	101754

表 1-1.2.5.4 住宿和餐饮业社会生产服务和生活服务人员通用岗位薪酬状况(元/年)
(续表二)

职业大类	通用岗位	下四分位值	中位值	上四分位值
社会生产服务和生活服务人员	美工	67893	82212	119573
	品类主管	95104	129089	176396
	网店店长	92216	125782	171998
	督导	87307	116115	159162
	店长	81890	110148	204117
	选址拓展丨新店开发	76342	99900	144046
	商户运营主管	81621	99403	130504
	商户运营专员	61316	73945	105266
	品类专员	53569	66486	95869
	收银员	42683	47951	62574
	品牌主管	98023	133859	176377
	产品主管	92336	128362	173286
	业务发展主管	93411	128057	176241
	运营主管	93295	127414	173144
	营销主管	88463	118401	158655
	招投标专员	78797	115765	159304
	市场主管	84447	109241	143651
	网络营销主管	83694	108063	141920
	促销主管	69593	101133	131313
	活动主管	79951	101089	132476
	加盟专员	72257	91547	136774
	品牌专员	68841	89822	135070
	选址开发专员	69267	89285	132990
	业务分析专员	72260	88901	133242
	市场专员	69913	88243	129137
	业务发展专员	69743	86294	127862
	产品专员	69704	86008	130032

表 1-1.2.5.4　住宿和餐饮业社会生产服务和生活服务人员通用岗位薪酬状况（元/年）
（续表三）

职业大类	通用岗位	下四分位值	中位值	上四分位值
社会生产服务和生活服务人员	网络营销专员	66309	85878	129982
	活动专员	61730	81524	122087
	新媒体运营专员	65190	79765	117900
	社群运营专员	64989	78201	114133
	营销专员	56983	74750	110144
	促销督导	55327	72425	106323
	运营专员	52587	67962	94826
	供应链主管	86176	112575	152708
	物流主管	82536	104528	135978
	物料主管	82224	98431	122097
	仓库主管	68931	82574	91293
	物流专员	60193	72336	106831
	供应链专员	54138	71930	107054
	物料专员	51610	59157	80687
	仓库管理员	43247	50799	67735
	打包丨配货员	43267	48475	63283
	场馆运营主管	83590	108576	141901
	物业管理主管	73856	90295	111107
	物业工程主管	72134	90288	114792
	消防安全主管	70067	88058	109236
	中控主管	71610	86519	105396
	环境主管	65486	81170	93828
	消防安全工程师	60774	71936	99940
	场馆运营专员	53148	65712	96971
	消防安全员	50551	56470	78650
	物业管理专员丨助理	49425	55554	70169
	物业维修人员（暖通）	44228	49933	70384

表 1-1.2.5.4　住宿和餐饮业社会生产服务和生活服务人员通用岗位薪酬状况(元/年)

（续表四）

职业大类	通用岗位	下四分位值	中位值	上四分位值
社会生产服务和生活服务人员	绿化丨养护工	44418	49853	66613
	物业维修人员（工程）	44328	49373	69404
	物业维修人员（电气）	43305	48939	63339
	物业维修人员（弱电）	42323	48428	65778
	物业设施管理人员	41515	47040	57278
	物业维修人员	40100	46769	54087
	停车场管理员	39729	46432	54969
	渠道管理	105643	140049	268598
	销售主管	110118	138586	267920
	渠道丨分销主管	75219	109588	209826
	商务主管	83458	108818	141490
	销售行政主管	82305	105721	134238
	平台招商主管	80509	105310	198254
	平台招商专员	77006	92736	273801
	电话销售主管	66919	87563	176920
	销售代表	69792	86313	266017
	电话销售	61335	79234	234937
	商务专员	62228	74399	110466
	渠道丨分销专员	55998	73273	220332
	销售助理	49532	56341	77414
	销售行政专员	49915	56094	73657
	后勤主任	67631	87921	109874
	保安队长	50360	58273	89089
	司机	46346	54312	81427
	保安	39745	46589	54329
	清洁工	39217	45900	53918
	防损员	47255	54331	64354

（6）信息传输、软件和信息技术服务业通用岗位薪酬状况

信息传输、软件和信息技术服务业属于高科技产业，因此企业中层及以上管理人员岗位的薪酬中位值整体较高，技术总监的薪酬中位值达到了61.87万元，中位值最低的岗位是办公室主任（15.23万元），企业中层及以上管理人员职业大类通用岗位薪酬情况参见下表。

表1-1.2.6.1 信息传输、软件和信息技术服务业中层及以上管理人员
通用岗位薪酬状况（元/年）

职业大类	通用岗位	下四分位值	中位值	上四分位值
中层及以上管理人员	采购总监	261667	482140	973066
	采购经理	202782	291601	392048
	供应商管理经理	189793	274047	389841
	公关经理	207071	298354	402874
	电商运营经理	146676	274914	385764
	网站营运经理	118961	234244	351235
	运维经理	142524	217852	454722
	客服总监	183977	332818	487289
	售前技术经理	172612	249129	397043
	技术服务经理	157634	231089	384242
	呼叫中心客服经理	108325	212672	380573
	财务总监	226720	489810	699878
	投资总监	203185	480895	1025957
	财务经理	184981	301376	371111
	成本经理	162197	249716	362444
	法务经理	131477	260695	350271
	品类经理	213642	308869	414986
	商户运营经理	172616	248251	373981
	人力资源总监	226748	459719	692512
	人力资源经理	190313	273441	394701
	薪资福利经理	121583	240146	367445
	招聘经理	125654	219935	339649

表 1-1.2.6.1 信息传输、软件和信息技术服务业中层及以上管理人员通用岗位薪酬状况（元/年）（续表一）

职业大类	通用岗位	下四分位值	中位值	上四分位值
中层及以上管理人员	绩效考核经理	127172	218274	348943
	培训经理	119640	209446	334602
	运营总监	249333	502088	923270
	市场总监	201322	443549	856297
	品牌经理	215493	312063	403021
	招投标经理	207914	299933	401879
	市场经理	191851	282641	391043
	运营经理	150280	274655	387528
	营销经理	182646	263727	385987
	跨境电商经理	129989	255736	362496
	网络营销经理	174088	250814	378187
	加盟经理	161976	241119	374226
	社群运营经理	159774	232096	386337
	物流经理	133498	188094	349023
	销售总监	208647	557194	1019461
	渠道｜分销总监	192390	444884	852557
	销售经理	193881	308157	417895
	平台招商经理	176886	272950	466732
	渠道｜分销经理	178848	255886	388701
	商务经理	172681	249726	382045
	销售行政经理	138827	209657	328772
	区域销售经理	134975	208183	457160
	技术总监	269183	618737	989755
	项目总监	219090	466174	699089
	技术经理	236121	358389	467500
	产品经理（IT）	199485	311682	450763

表 1-1.2.6.1　信息传输、软件和信息技术服务业中层及以上管理人员
通用岗位薪酬状况（元/年）（续表二）

职业大类	通用岗位	下四分位值	中位值	上四分位值
中层及以上管理人员	信息技术经理	195161	295711	443221
	软件测试经理	189491	292459	437389
	项目经理	190583	275165	403394
	测试经理	162519	247098	418589
	行政总监	250287	377851	585748
	行政经理	132367	186155	335839
	办公室主任	125911	152311	321384

　　作为高科技行业，在信息传输、软件和信息技术服务业专业技术人员职业大类中，薪酬中位值排名前十的岗位均为开发类技术人员，具体岗位分别是系统架构设计师、云计算架构师、语音识别工程师、高级软件工程师、系统分析员、高级硬件工程师、图像识别工程师、UI 设计顾问、机器学习工程师、算法工程师，例如语音识别工程师、图像识别工程师、机器学习工程师等岗位均为近年来的新型岗位。专业技术人员职业大类通用岗位薪酬情况参见下表。

表 1-1.2.6.2　信息传输、软件和信息技术服务业专业技术人员通用岗位
薪酬状况（元/年）

职业大类	通用岗位	下四分位值	中位值	上四分位值
专业技术人员	FPGA 工程师	125762	213165	282388
	数字集成电路设计工程师	144193	197418	265103
	模拟集成电路设计工程师	138849	194021	259551
	嵌入式软件开发	135824	192845	257838
	集成电路设计	142892	192507	269911
	集成电路应用工程师	138389	190130	265823
	电子技术研发工程师	127186	172897	264090
	集成电路验证工程师	123975	170281	256978
	电气设计工程师	112221	156023	243137
	自动化工程师	107397	149211	244077

表 1-1.2.6.2 信息传输、软件和信息技术服务业专业技术人员通用岗位薪酬状况（元/年）（续表一）

职业大类	通用岗位	下四分位值	中位值	上四分位值
专业技术人员	嵌入式硬件开发	107067	144812	242359
	测试工程师	102223	140067	226882
	射频工程师	101794	139691	235385
	电池｜电源开发	100058	137510	251886
	现场应用工程师	92865	124215	190518
	电路工程师｜技术员	84054	115898	190416
	德语翻译	116526	159514	190003
	法语翻译	114467	155605	189586
	产品工艺｜制程主管	130153	221963	300122
	维修主管	115742	212191	297433
	工程｜设备主管	142641	192380	214439
	机械工程师	112567	158830	244005
	模具主管	109630	154313	263497
	结构工程师	111412	151108	245201
	机电工程师	105052	144895	249959
	维修工程师	92055	124654	204568
	数控机床工程师	87674	115823	201209
	广告创意｜设计师	96431	134849	230589
	摄影师	87640	123841	174074
	包装设计	87021	121130	175862
	多媒体设计	84885	117914	176455
	动画｜3D 设计	82071	115767	166908
	后期制作	77400	107603	169635
	电商运营主管	139473	188619	216811
	运维主管	130516	177223	208667
	游戏策划师	122872	166232	258409

表 1–1.2.6.2　信息传输、软件和信息技术服务业专业技术人员通用岗位薪酬状况（元/年）（续表二）

职业大类	通用岗位	下四分位值	中位值	上四分位值
专业技术人员	网站营运主管	114245	155249	196357
	游戏界面设计师	99668	134523	241912
	运维工程师	92048	132257	161555
	电商设计｜美工	90767	128673	173589
	网络工程师	95431	127207	223861
	电商运营专员	82019	115947	160723
	页面设计｜美工	78019	107464	172428
	系统管理员｜网络管理员	73364	101843	166238
	网站编辑｜内容运营专员	71962	100455	151614
	网站营运专员	75698	89280	128277
	安全工程师	113972	158877	245251
	技术服务主管	110318	150960	201232
	技术服务工程师	89432	121398	194206
	财务分析主管	136628	217640	258595
	审计主管	117079	205159	249700
	税务主管	127340	172325	205132
	财务主管	121542	164418	204315
	总账主管	120828	162916	202521
	信用控制员	113870	159486	197418
	财务分析员	104241	142162	194038
	成本主管	104785	140080	191090
	会计主管	100653	137016	191312
	审计专员	86688	120653	157414
	会计	68222	90736	129634
	出纳员	56767	70745	97965
	知识产权｜专利顾问	112024	222508	277761

表 1-1.2.6.2　信息传输、软件和信息技术服务业专业技术人员通用岗位薪酬状况（元/年）（续表三）

职业大类	通用岗位	下四分位值	中位值	上四分位值
专业技术人员	法务主管	129593	176239	207170
	法务专员	87155	125033	158853
	知识产权｜专利专员	87207	124476	157251
	编辑	88929	123722	172185
	培训主管	103584	139190	193940
	人力资源主管	101970	137958	192550
	招聘主管	102332	137800	188874
	薪资福利主管	103591	136186	197190
	绩效考核主管	98329	133655	185158
	员工关系主管	94102	125128	171571
	人力资源专员	69102	88929	128930
	培训专员	60252	80081	112424
	薪资福利专员	59084	78734	114191
	企业文化专员	58743	78029	111198
	招聘专员	57346	72799	105749
	绩效考核专员	57437	72674	106621
	PMC 主管	146130	212867	266384
	新产品导入主管	134800	184957	270249
	生产技术主管	126907	173543	268951
	生产运营主管	119308	166107	206225
	生产主管	113163	162795	202434
	项目工程师	105198	144287	194975
	新产品导入工程师	101114	139983	238596
	材料工程师	93180	127718	215661
	生产工程师	90921	122284	208829
	内部培训师	84690	118260	164646

表 1–1.2.6.2 信息传输、软件和信息技术服务业专业技术人员通用岗位薪酬状况（元/年）（续表四）

职业大类	通用岗位	下四分位值	中位值	上四分位值
专业技术人员	市场分析｜调研人员	84818	116862	172212
	通信技术工程师	137905	190337	264929
	移动通信工程师	125426	173654	259750
	电信网络工程师	126206	172788	256702
	电信交换工程师	127616	171097	259886
	数据通信工程师	114708	163121	253101
	无线通信工程师	115462	160245	245251
	有线传输工程师	113061	155090	257127
	通信电源工程师	100096	137051	239237
	系统架构设计师	191859	311704	426947
	云计算架构师	204060	301292	433047
	语音识别工程师	165125	282362	326918
	高级软件工程师	181415	276432	428382
	系统分析员	149024	272094	398884
	高级硬件工程师	143059	271202	417677
	图像识别工程师	141568	265917	298395
	UI 设计顾问	174318	256024	423267
	机器学习工程师	153909	247801	286990
	算法工程师	146622	236779	286963
	项目主管	125440	219696	263456
	云计算工程师	147969	217187	278198
	IOS 开发工程师	113503	214778	272599
	大数据工程师	146083	214225	275482
	数据挖掘工程师	134322	213970	268945
	网络架构设计师	124757	213144	322729
	C++软件工程师	143240	210215	276338

表 1-1.2.6.2 信息传输、软件和信息技术服务业专业技术人员通用岗位薪酬状况（元/年）（续表五）

职业大类	通用岗位	下四分位值	中位值	上四分位值
专业技术人员	ERP 实施顾问	141817	208599	292678
	ERP 技术开发	119628	202816	274277
	软件测试主管	124106	202524	283007
	Android 开发工程师	141128	195148	268629
	前端开发工程师	138523	190845	261022
	软件工程师	138819	190155	261564
	python 开发工程师	136992	189533	258429
	交互设计工程师	136787	188398	261528
	Java 软件工程师	135771	187891	262900
	系统工程师	132489	182918	264751
	数据库开发工程师	130318	180355	259271
	软件 UI 工程师	127294	172766	254334
	技术主管	123304	169551	272328
	仿真应用工程师	124122	168326	254924
	.net 软件工程师	119613	163435	249155
	搜索引擎优化工程师	117912	161591	250233
	信息安全工程师	114341	159738	253130
	需求工程师	115508	158337	258504
	ERP 实施工程师	110285	152051	239587
	C#开发工程师	111735	151927	251943
	搜索引擎营销工程师	110789	150750	252735
	数据库工程师丨管理员	106260	150638	242841
	Php 软件工程师	106410	147092	244811
	软件质量管理工程师	106585	145758	239251
	硬件工程师	106344	145715	245274
	软件测试工程师	103959	143900	241755

表 1-1.2.6.2　信息传输、软件和信息技术服务业专业技术人员通用岗位薪酬状况（元/年）（续表六）

职业大类	通用岗位	下四分位值	中位值	上四分位值
专业技术人员	项目专员	94905	135021	164924
	系统集成工程师	99548	134494	225497
	硬件测试工程师	93251	129312	217794
	多媒体开发工程师	92271	125842	213129
	网站维护工程师	93652	124220	215969
	产品专员（IT）	88867	122092	163733
	标准化工程师	88541	118545	203744
	数据分析	87123	118523	189262
	系统测试工程师丨员	85587	116792	194386
	信息技术专员	78532	108906	173421
	语音丨视频开发工程师	84852	108444	180177
	信息技术主管	79237	107374	191057
	技术文员	64852	80622	119907
	测试主管	111203	208907	291580
	品控主管	139510	194741	286474
	认证工程师	100705	139666	235415
	故障分析工程师	97419	135345	239343
	可靠度工程师	96596	131480	235775
	体系工程师	89860	124433	203288
	测试工程师丨员	83120	110646	184464
	品控工程师	85868	110316	183532
	质量管理工程师丨员	78233	106404	162653
	检验员	62978	80317	124292

在办事人员和有关人员职业大类中薪酬中位值最高的是行政主管（13.37万元），薪酬中位值最低的岗位是前台文员（6.26万元），本行业办事人员和有关人员通用岗位薪酬情况参见下表。

表 1–1.2.6.3　信息传输、软件和信息技术服务业办事人员和有关人员通用
岗位薪酬状况（元/年）

职业大类	通用岗位	下四分位值	中位值	上四分位值
办事人员 和有关人员	公关专员	73826	103201	157261
	行政主管	98334	133654	191760
	经理助理｜秘书	70941	87099	127517
	办公文员	56685	71546	102811
	后勤	55039	70383	108866
	部门专员	56028	67845	101275
	行政专员	54137	64805	95660
	前台文员	47189	62598	86425

　　在社会生产服务和生活服务人员职业大类中，薪酬中位值排行前十的岗位分别是销售主管、品牌主管、渠道管理、品类主管、产品主管、业务发展主管、报关主管、网店店长、售前技术主管、采购主管，社会生产服务和生活服务人员职业大类通用岗位薪酬情况参见下表。

表 1–1.2.6.4　信息传输、软件和信息技术服务业社会生产服务和生活服务
人员通用岗位薪酬状况（元/年）

职业大类	通用岗位	下四分位值	中位值	上四分位值
社会生产 服务和生活 服务人员	采购主管	138769	188756	216260
	供应商开发	83622	117532	158798
	采购专员	75210	103723	149788
	供应商管理专员	70474	100415	154578
	会务主管	103024	140400	199594
	会务专员	70125	85533	131866
	平面设计	89171	125991	155930
	文案	68698	90962	144393
	短视频编导｜制作	83252	116221	164437
	售前技术主管	137397	190955	217830
	售前技术工程师	102219	141338	188143

表 1-1.2.6.4 信息传输、软件和信息技术服务业社会生产服务和生活服务人员通用岗位薪酬状况（元/年）（续表一）

职业大类	通用岗位	下四分位值	中位值	上四分位值
社会生产服务和生活服务人员	采购主管	138769	188756	216260
	供应商开发	83622	117532	158798
	采购专员	75210	103723	149788
	供应商管理专员	70474	100415	154578
	会务主管	103024	140400	199594
	会务专员	70125	85533	131866
	平面设计	89171	125991	155930
	文案	68698	90962	144393
	短视频编导｜制作	83252	116221	164437
	售前技术主管	137397	190955	217830
	售前技术工程师	102219	141338	188143
	客服主管（非技术）	102040	136368	194411
	投诉处理主管	94369	123383	172025
	呼叫中心客服主管	91627	119981	158147
	实施工程师	88244	118832	190617
	在线客服主管	88683	111958	142844
	投诉专员	57437	74097	103854
	呼叫中心客服	56190	70920	105590
	咨询热线｜呼叫中心服务人员	56828	70865	103386
	客服专员（非技术）	56841	70083	102544
	网店客服	55081	66630	99255
	在线客服	54607	66403	95549
	资质专员	76297	91183	134627
	报关主管	141375	193916	217040
	报关员	72589	93514	154177
	美工	72104	102285	147883
	品类主管	142617	198794	220761

表 1-1.2.6.4 信息传输、软件和信息技术服务业社会生产服务和生活服务人员通用岗位薪酬状况（元/年）（续表二）

职业大类	通用岗位	下四分位值	中位值	上四分位值
社会生产服务和生活服务人员	网店店长	140658	191172	216716
	商户运营主管	105300	143174	194585
	商户运营专员	74779	93299	148400
	品类专员	66535	82879	128366
	品牌主管	115507	203961	263340
	产品主管	141715	198779	220695
	业务发展主管	145417	198228	218966
	运营主管	140311	188515	216897
	营销主管	129381	182959	213554
	市场主管	123271	168431	206177
	网络营销主管	118473	163879	206032
	活动主管	111845	147793	200342
	招投标专员	101810	142263	171231
	买手	95083	128208	170847
	加盟专员	81427	113330	163092
	市场专员	78723	111411	160553
	业务分析专员	78225	110107	154286
	业务发展专员	77978	109460	160468
	品牌专员	78367	108858	157357
	网络营销专员	78305	108057	160900
	产品专员	70436	101551	150745
	活动专员	74346	98109	152463
	新媒体运营专员	79293	97186	151430
	社群运营专员	76279	94714	148003
	营销专员	75666	92712	149051
	运营专员	69350	82944	124850

表 1-1.2.6.4　信息传输、软件和信息技术服务业社会生产服务和生活服务人员通用岗位薪酬状况（元/年）（续表三）

职业大类	通用岗位	下四分位值	中位值	上四分位值
社会生产服务和生活服务人员	供应链主管	130995	176349	215410
	物流主管	118865	160954	205793
	运输主管	113909	152960	202478
	物料主管	102554	136722	193312
	仓库主管	80034	105573	139709
	物流专员	70198	84832	128671
	订单管理员	56936	74980	111440
	物料专员	56232	71102	101508
	物业工程主管	91548	122903	168078
	中控主管	87024	112687	148712
	环境主管	74690	102140	135046
	消防安全工程师	68150	87407	134668
	销售主管	119826	205421	332844
	渠道管理	119616	203783	319364
	商务主管	121584	162871	207501
	销售行政主管	115535	157185	198419
	渠道丨分销主管	103286	155177	303155
	平台招商主管	103945	154071	298152
	销售工程师	108068	137836	304696
	电话销售主管	102025	128551	286598
	平台招商专员	83848	111523	293182
	销售代表	79746	110867	307053
	电话销售	72783	94614	285263
	商务专员	70864	91223	148323
	渠道丨分销专员	74109	90127	289377
	销售行政专员	55564	65616	93888
	后勤主任	92212	124328	168778

（7）金融业通用岗位薪酬状况

整体而言，金融业整体薪酬领先于其他行业，在企业中层及以上管理人员职业大类中，薪酬中位值最高的项目经理已经达到 56.28 万元，而薪酬中位值最低的岗位销售行政经理，其中位值接近 19 万元/年。金融业企业中层及以上管理人员职业大类通用岗位薪酬情况参见下表。

表 1-1.2.7.1　金融业中层及以上管理人员通用岗位薪酬状况（元/年）

职业大类	通用岗位	下四分位值	中位值	上四分位值
中层及以上管理人员	采购经理	208408	302494	397007
	供应商管理经理	147123	276663	385917
	公关经理	203442	304039	406433
	运维经理	132454	262488	358945
	投资丨基金项目经理	237641	384397	444395
	融资经理	220312	324404	408406
	保险业务经理	147859	228235	478535
	客服总监	190407	323938	496733
	技术服务经理	165002	241528	382780
	客服经理（非技术）	145191	236139	377334
	呼叫中心客服经理	155048	222883	366544
	财务总监	226850	501802	693860
	投资总监	230555	464476	901408
	审计总监	223688	444481	709597
	财务经理	160840	308033	385379
	财务分析经理	180676	297696	391932
	投资经理	183928	285008	404185
	资金经理	178452	279790	372020
	审计经理	154044	273448	371790
	会计经理	159019	251107	361887
	法务经理	159690	263216	365972
	人力资源总监	242978	457035	682318
	人力资源经理	202098	320037	421953

表 1-1.2.7.1　金融业中层及以上管理人员通用岗位薪酬状况（元/年）（续表一）

职业大类	通用岗位	下四分位值	中位值	上四分位值
中层及以上管理人员	薪资福利经理	135868	243690	350590
	绩效考核经理	113631	226896	353551
	培训经理	140133	218484	343836
	市场总监	221549	460461	946328
	运营总监	247915	451353	868140
	产品经理	216563	316373	414363
	品牌经理	195720	313667	419669
	招投标经理	212401	303599	419992
	市场经理	201672	291021	401703
	营销经理	190694	290057	479827
	运营经理	196784	286468	385757
	业务分析经理	189650	272984	404155
	社群运营经理	163276	234281	385103
	销售总监	249778	503748	986055
	平台招商经理	194702	283865	397890
	销售经理	182647	274897	495823
	商务经理	160456	250758	381366
	客户经理（金融）	155879	233901	366653
	销售行政经理	137804	187063	338155
	项目总监	286383	562757	1004930
	技术经理	240522	370683	483219
	信息技术经理	188873	299607	434255
	软件测试经理	192046	291657	417471
	项目经理	166883	283414	404398
	招聘经理	145320	207691	362788
	总经办主任	201990	460001	694023
	行政总监	261659	386484	570790

表 1–1.2.7.1　金融业中层及以上管理人员通用岗位薪酬状况（元/年）（续表二）

职业大类	通用岗位	下四分位值	中位值	上四分位值
中层及以上管理人员	行政经理	131701	202010	353722
	咨询总监	235292	498969	985239
	咨询项目经理	205158	317789	454137
	咨询经理	213529	312543	411087

在专业技术人员职业大类中，薪酬中位值排行前十的岗位分别财务顾问、高级软件工程师、语音识别工程师、金融丨经济研究员、证券分析师、基金分析师、保险精算师、融资主管、投资银行业务、股票丨期货操盘手，多数岗位为金融业专业岗位，该职业大类中岗位内部差距比为 3.95 倍，专业技术人员职业大类中通用岗位薪酬情况参见下表。

表 1–1.2.7.2　金融业专业技术人员通用岗位薪酬状况（元/年）

职业大类	通用岗位	下四分位值	中位值	上四分位值
专业技术人员	德语翻译	123680	172991	192292
	法语翻译	108681	156393	189765
	日语翻译	108280	153524	182313
	英语翻译	103280	149158	184849
	多媒体设计	84141	123504	170155
	运维主管	131208	181048	205755
	运维工程师	92984	136179	158863
	网络工程师	92399	133718	207878
	页面设计丨美工	74958	110030	160600
	系统管理员丨网络管理员	76002	105641	166373
	网站编辑丨内容运营专员	76608	102482	148514
	金融丨经济研究员	167182	268353	411259
	证券分析师	139126	261348	402984
	基金分析师	130691	256053	393684
	保险精算师	133148	239085	361617
	融资主管	124399	234604	277956

表 1-1.2.7.2　金融业专业技术人员通用岗位薪酬状况（元/年）（续表一）

职业大类	通用岗位	下四分位值	中位值	上四分位值
专业技术人员	投资银行业务	142280	220735	350290
	股票丨期货操盘手	133745	220467	279118
	资产评估丨分析师	115485	207511	305297
	外汇交易	127637	185171	225189
	证券丨期货丨外汇经纪人	114764	181000	316551
	风险控制	116329	168631	200062
	理财顾问丨财务规划师	105099	160451	314908
	信贷管理员	107971	157119	175061
	进出口丨信用证结算	97512	142393	167573
	融资专员	95528	139934	168415
	信用调查丨分析人员	94513	139569	165906
	清算人员	81648	123765	150236
	银行卡丨电子银行业务推广	83009	106501	185989
	银行柜员	71765	97360	130440
	技术服务主管	113608	158150	199502
	技术服务工程师	90689	132627	179675
	财务顾问	157115	331014	466041
	财务分析主管	119701	212983	254238
	投资主管	108411	202440	223206
	审计主管	111130	200052	220953
	资金主管	130460	184966	208739
	税务主管	123525	174006	206547
	总账主管	125158	173143	203260
	财务主管	121835	172880	203752
	信用控制员	113088	167718	196402
	财务分析员	101272	147092	192233
	会计主管	100089	142358	192271

表 1-1.2.7.2　金融业专业技术人员通用岗位薪酬状况（元/年）（续表二）

职业大类	通用岗位	下四分位值	中位值	上四分位值
专业技术人员	成本主管	96761	140205	189113
	审计专员	85981	129364	155091
	投资专员	86431	126450	159011
	总账会计	81886	122045	156486
	税务专员	71699	108104	147795
	资金专员	80849	104642	141742
	成本会计	72164	100684	149499
	会计	70500	97619	135504
	出纳员	56922	83855	103014
	法务主管	125564	178095	207084
	知识产权丨专利专员	93703	136981	162038
	法务专员	87182	129458	158157
	编辑	90069	131208	172986
	HRBP	135075	199971	278740
	培训主管	102047	145314	188816
	招聘主管	101792	144526	189351
	薪资福利主管	102791	142807	188240
	绩效考核主管	103796	142614	193408
	人力资源主管	99234	137481	186541
	员工关系主管	95590	133069	173903
	人力资源专员	68917	96270	132484
	薪资福利专员	65874	94147	113503
	绩效考核专员	59241	92784	110605
	培训专员	58536	89411	110705
	企业文化专员	56208	86563	101906
	招聘专员	56655	85412	105389
	内部培训师	90247	127990	176319

表 1-1.2.7.2 金融业专业技术人员通用岗位薪酬状况（元/年）（续表三）

职业大类	通用岗位	下四分位值	中位值	上四分位值
专业技术人员	市场分析 l 调研人员	84154	121612	166012
	高级软件工程师	168047	306209	421181
	语音识别工程师	146368	285640	316757
	大数据工程师	117399	211574	280028
	软件测试主管	120758	200284	278967
	系统工程师	131863	193267	258650
	软件工程师	130985	191033	254919
	数据库开发工程师	133715	188559	250515
	软件 UI 工程师	121080	175284	249418
	信息安全工程师	120890	172090	257776
	技术主管	122083	171635	286050
	搜索引擎优化工程师	122428	170947	255322
	需求工程师	118320	169289	242813
	搜索引擎营销工程师	114663	159997	259013
	数据库工程师 l 管理员	109066	158116	243032
	项目专员	96598	143788	169492
	系统集成工程师	96595	137375	229137
	网站维护工程师	93855	134109	212518
	多媒体开发工程师	86777	128124	199282
	数据分析	87162	123633	187274
	系统测试工程师 l 员	87220	121104	180241
	语音 l 视频开发工程师	85365	114874	180111
	信息技术专员	78975	113751	167288
	信息技术主管	82032	110575	183835

在办事人员和有关人员职业大类中，薪酬中位值最高的是公关主管（16.03 万元），薪酬中位值最低的岗位是后勤人员（5.85 万元），办事人员和有关人员职业大类通用岗位薪酬情况参见下表。

表 1-1.2.7.3　金融业办事人员和有关人员通用岗位薪酬状况（元/年）

职业大类	通用岗位	下四分位值	中位值	上四分位值
办事人员和有关人员	公关主管	115107	160318	203889
	公关专员	73820	102959	157120
	行政主管	97079	129492	172942
	经理助理｜秘书	68041	87346	126463
	办公文员	57334	71657	104852
	部门专员	55179	67458	94560
	行政专员	54128	64120	92485
	前台文员	49996	62788	86151
	后勤人员	50092	58459	81707

在社会生产服务和生活服务人员职业大类中薪酬中位值前十的岗位是专业培训师、供应商管理主管、渠道管理、品牌主管、销售主管、产品主管、采购主管、咨询顾问、营销主管、业务发展主管，薪酬中位值排行后五的岗位分别是呼叫中心客服、在线客服、销售助理、销售行政专员、保安，社会生产服务和生活服务人员职业大类各通用岗位薪酬情况参见下表。

表 1-1.2.7.4　金融业社会生产服务和生活服务人员通用岗位薪酬状况（元/年）

职业大类	通用岗位	下四分位值	中位值	上四分位值
社会生产服务和生活服务人员	供应商管理主管	124591	203381	225696
	采购主管	140213	191728	217857
	供应商开发	84072	119560	160932
	供应商管理专员	73950	103452	151201
	采购专员	71840	101944	159980
	平面设计	90135	125653	154191
	文案	74111	87711	137541
	保险业务主管	136647	182413	332212
	保险理赔	74395	104813	155032
	保险核保	74174	104254	151401
	保险客户服务	66460	80576	116841

表 1-1.2.7.4　金融业社会生产服务和生活服务人员通用岗位薪酬状况（元/年）

（续表一）

职业大类	通用岗位	下四分位值	中位值	上四分位值
社会生产服务和生活服务人员	供应商管理主管	124591	203381	225696
	采购主管	140213	191728	217857
	供应商开发	84072	119560	160932
	供应商管理专员	73950	103452	151201
	采购专员	71840	101944	159980
	平面设计	90135	125653	154191
	文案	74111	87711	137541
	保险业务主管	136647	182413	332212
	保险理赔	74395	104813	155032
	保险核保	74174	104254	151401
	保险客户服务	66460	80576	116841
	保险内勤	58626	78055	112049
	售前技术主管	136702	185443	216806
	客户主管（金融）	132798	178825	328129
	售前技术工程师	104575	145958	195762
	客服主管（非技术）	99106	132244	195646
	投诉处理主管	92340	124308	174326
	客户专员（金融）	96502	122319	297219
	实施工程师	88734	121739	181343
	呼叫中心客服主管	89638	118289	160329
	在线客服主管	89028	111664	146480
	投诉专员	57447	72642	104820
	咨询热线|呼叫中心服务人员	57131	71802	105606
	客服专员（非技术）	56962	71331	100711
	呼叫中心客服	55956	69929	103276
	在线客服	56428	69002	101912
	资质专员	73594	92335	142078

表1-1.2.7.4 金融业社会生产服务和生活服务人员通用岗位薪酬状况（元/年）

（续表二）

职业大类	通用岗位	下四分位值	中位值	上四分位值
社会生产服务和生活服务人员	美术指导	113754	152409	196770
	美工	74290	105358	146706
	品牌主管	113726	200773	223505
	产品主管	141857	196429	220716
	营销主管	137364	187545	215971
	业务发展主管	137763	187005	217894
	运营主管	134197	184633	210951
	市场主管	119569	164033	209480
	网络营销主管	118560	158395	201557
	活动主管	109082	146665	200447
	招投标专员	102241	143170	171297
	品牌专员	78182	111691	162365
	网络营销专员	77824	110152	155610
	业务发展专员	76931	109932	154724
	市场专员	76272	109801	152493
	业务分析专员	76400	107400	158564
	产品专员	73296	106722	156798
	新媒体运营专员	73788	97732	155235
	活动专员	73142	95577	149124
	社群运营专员	70532	93688	147150
	营销专员	70119	90079	147951
	运营专员	68316	84373	132906
	中控主管	89943	114533	150761
	中控员	62939	81811	127920
	渠道管理	117697	201587	335210
	销售主管	114605	200065	315506
	销售行政主管	118220	159072	200177

表1-1.2.7.4　金融业社会生产服务和生活服务人员通用岗位薪酬状况（元/年）

（续表三）

职业大类	通用岗位	下四分位值	中位值	上四分位值
社会生产服务和生活服务人员	商务主管	115793	158538	200548
	平台招商主管	113485	149554	305549
	销售工程师	99930	139717	306514
	电话销售主管	97626	124383	267075
	平台招商专员	78408	110893	284117
	销售代表	80503	109816	291068
	电话销售	75796	92744	304959
	商务专员	72491	89371	141186
	销售助理	55177	67674	93665
	销售行政专员	54834	66199	94433
	后勤主任	91231	118771	160553
	司机	73125	96601	130046
	保安队长	62022	82595	123258
	保安	50940	64216	100747
	专业培训师	148436	271139	418047
	咨询顾问	138465	191124	217196
	情报信息分析人员	91696	128916	158972

（8）房地产业通用岗位薪酬状况

房地产业中层及以上管理人员通用岗位中，薪酬排行前十的岗位分别为销售总监、财务总监、前期开发总监、总建筑师、建筑总工程师、投资总监、招商总监、运营总监、采购总监、市场总监，该职业大类中岗位内部差距比为5.65倍，建筑业中层及以上管理人员通用岗位薪酬情况参见下表。

表 1-1.2.8.1 房地产业中层及以上管理人员通用岗位薪酬状况（元/年）

职业大类	通用岗位	下四分位值	中位值	上四分位值
中层及以上管理人员	销售总监	307325	658767	1333728
	采购总监	200533	433789	778055
	采购经理	164843	259342	384022
	供应商管理经理	152664	242197	370761
	前期开发总监	251108	552074	983652
	招商总监	201197	490198	839037
	房地产销售经理	183434	349603	538848
	房地产项目经理	171852	323910	459839
	招商经理	186961	282646	367037
	前期开发经理	175523	274630	381991
	商场运营经理	113945	172141	310064
	工程｜设备经理	188816	280488	367756
	公关经理	166449	267023	380580
	会务经理	130116	193894	353307
	平面设计经理	151478	226466	345820
	广告创意｜设计经理	142827	198871	352117
	网站营运经理	142271	206884	327191
	运维经理	132493	196676	327525
	总建筑师	265851	510951	892904
	建筑总工程师	246940	510033	901079
	建筑设计经理	233529	368602	484752
	项目总工	147574	307465	488480
	建筑工程经理	153532	290684	424932
	工程造价经理	155550	255260	423202
	报批报建经理	169993	251548	351335
	建筑工程管理	134705	212600	381069
	合约经理	118758	179816	330192

表 1-1.2.8.1　房地产业中层及以上管理人员通用岗位薪酬状况（元/年）（续表一）

职业大类	通用岗位	下四分位值	中位值	上四分位值
中层及以上管理人员	融资经理	183979	285531	389957
	客服总监	153532	334400	430627
	客服经理（非技术）	142984	199563	358064
	呼叫中心客服经理	130486	198086	353586
	财务总监	275931	649493	1214937
	投资总监	221702	505661	892687
	审计总监	259719	395226	507538
	财务经理	179847	312122	493723
	资金经理	182531	269392	359794
	投资经理	168942	261859	387145
	审计经理	160505	241237	361474
	会计经理	152890	230075	344816
	成本经理	153754	228419	334059
	税务经理	137897	209982	335732
	法务经理	158804	241583	345553
	商户运营经理	131362	206431	351521
	人力资源总监	210247	408941	597449
	人力资源经理	182360	281393	401099
	招聘经理	131164	194630	338390
	培训经理	126984	193888	309425
	绩效考核经理	131831	193695	325151
	运营总监	202167	487573	852377
	市场总监	203811	412464	774463
	营销经理	132959	287532	503959
	运营经理	173348	273178	390757
	业务分析经理	173662	267618	404525
	招投标经理	165608	265759	385881

表 1-1.2.8.1　房地产业中层及以上管理人员通用岗位薪酬状况（元/年）（续表二）

职业大类	通用岗位	下四分位值	中位值	上四分位值
中层及以上管理人员	市场经理	158523	252870	374768
	活动经理	133637	212448	347791
	社群运营经理	133922	210528	352267
	物流经理	158306	247491	364890
	仓库经理	98309	135517	221264
	场馆运营经理	143869	226729	370331
	物业工程经理	122301	176018	307405
	物业管理经理	104276	153166	273252
	平台招商经理	148878	248091	464237
	区域销售经理	127077	214880	431818
	销售行政经理	141087	211614	335215
	商务经理	134676	210534	369912
	信息技术经理	157302	262715	418528
	安全经理	139559	220251	378213
	总经办主任	175045	406771	602191
	行政总监	170534	297185	486496
	行政经理	114076	166882	291135
	办公室主任	106546	154845	274310
	安防经理	81340	116669	189620

在专业技术人员职业大类中，薪酬中位值排行前十的岗位分别是建筑设计师、城市规划与设计师、融资主管、建筑结构工程师、景观设计师、土木｜土建工程师、工程造价主管、资金主管、审计主管、工程｜设备主管，专业技术人员职业大类各通用岗位薪酬情况参见下表。

表 1-1.2.8.2　房地产业专业技术人员通用岗位薪酬状况（元/年）

职业大类	通用岗位	下四分位值	中位值	上四分位值
专业技术人员	工程丨设备主管	132005	190077	258131
	结构工程师	118570	178401	255137
	机电工程师	103921	150387	224346
	工程丨设备工程师	82590	121242	174373
	维修工程师	83750	120747	195222
	运维主管	105526	154782	228785
	网络工程师	82996	115854	192907
	电商设计丨美工	78188	112381	164218
	运维工程师	76553	109417	149259
	网站策划	73097	106909	148258
	电商运营专员	72120	105484	150079
	网站编辑丨内容运营专员	69534	89817	135196
	网站营运专员	60426	80329	114708
	系统管理员丨网络管理员	60689	79593	115236
	建筑设计师	156810	225852	294611
	城市规划与设计师	152246	224436	277981
	建筑结构工程师	114700	212417	253021
	景观设计师	143775	205594	271953
	土木丨土建工程师	115595	203399	230039
	工程造价主管	121983	201303	266082
	勘测工程师	129438	184801	265051
	电气工程师	126382	184604	271756
	建筑质量工程师	129565	184401	276036
	室内外装潢设计师	126691	175904	208402
	幕墙工程师	115478	173936	239368
	安全工程师	122115	170614	209679
	工程监理	112326	170412	246721

表 1-1.2.8.2　房地产业专业技术人员通用岗位薪酬状况（元/年）（续表一）

职业大类	通用岗位	下四分位值	中位值	上四分位值
专业技术人员	工程预决算工程师	109265	163540	246493
	工程造价工程师	115330	161392	204963
	配套工程师	109821	161100	238494
	安装工程师	106648	158811	230723
	给排水｜暖通工程师	108355	158411	233331
	土建预算主管	105547	153426	187107
	水电设计师	106765	151162	186533
	建筑工程验收	100828	150415	228418
	土建预算工程师	102099	148483	232768
	安装预算工程师	95030	139059	215812
	建筑制图师	89255	131422	201320
	水电工程师	96749	130746	205709
	岩土工程师	88659	129312	172594
	设备管理工程师	84288	123286	201187
	景观工程师	84202	121357	195585
	弱电工程师	85598	119749	196378
	合同管理工程师	80644	112343	176766
	测绘｜测量师	79744	110218	172372
	融资主管	147792	213990	272053
	融资专员	94248	126305	160191
	技术服务主管	122138	168531	210271
	技术服务工程师	83576	122708	173896
	资金主管	145468	199717	223678
	审计主管	134625	192997	283961
	财务主管	116546	176693	259632
	总账主管	117742	163783	200056
	成本主管	90500	121637	160395

表 1-1.2.8.2 房地产业专业技术人员通用岗位薪酬状况（元/年）（续表二）

职业大类	通用岗位	下四分位值	中位值	上四分位值
专业技术人员	投资专员	82208	121579	163196
	会计主管	87586	119628	154272
	审计专员	74494	109235	147514
	总账会计	71341	104860	145495
	税务专员	68194	90148	130665
	资金专员	71376	89853	132224
	成本会计	67929	81465	120296
	会计	66970	80219	116562
	法务主管	119863	180539	255169
	法务专员	77633	113740	150082
	编辑	90254	126067	168786
	培训主管	93890	135207	188827
	招聘主管	89996	124341	163780
	员工关系主管	89923	124327	160680
	人力资源主管	87543	119858	152479
	薪资福利主管	88781	119019	155305
	人力资源专员	76011	90532	136373
	工程主管	121155	185516	260106
	市场分析 | 调研人员	74290	106606	157983
	软件工程师	126143	185969	254555
	需求工程师	130942	179003	211153
	数据库工程师 | 管理员	104601	157641	240415
	多媒体开发工程师	84595	120532	192884
	网站维护工程师	81492	112781	183369
	数据分析	79066	107446	166830

在办事人员和有关人员职业大类中薪酬中位值最高的是行政主管（11.89万元），薪酬中位值最低的岗位是档案资料管理员（5.37万元），办事人员和有关人员职业大类各通

用岗位薪酬情况参见下表。

表 1–1.2.8.3　房地产业办事人员和有关人员通用岗位薪酬状况（元/年）

职业大类	通用岗位	下四分位值	中位值	上四分位值
办事人员和有关人员	公关专员	79575	93917	138941
	行政主管	86962	118870	154318
	部门专员	52891	65806	90871
	办公文员	53131	65706	91889
	行政专员	51716	61190	83543
	前台文员	48061	55930	76535
	档案资料管理员	48164	53680	72534

在社会生产服务和生活服务人员职业大类中，薪酬中位值排行前十的岗位分别是建筑工程主管、房地产项目主管、房地产销售主管、前期开发主管、房地产评估师、报批报建主管、招商主管、运营主管、供应商管理主管、工程审计主管，均为房地产业特有岗位，行业特点非常突出，社会生产服务和生活服务人员职业大类通用岗位薪酬情况参见下表。

表 1–1.2.8.4　房地产业社会生产服务和生活服务人员通用岗位薪酬状况（元/年）

职业大类	通用岗位	下四分位值	中位值	上四分位值
社会生产服务和生活服务人员	供应商管理主管	124981	173952	211263
	采购主管	114851	158394	201849
	供应商开发	84588	108049	152036
	采购专员	75451	95498	140992
	供应商管理专员	76678	90697	136847
	房地产项目主管	119098	210195	325045
	房地产销售主管	134918	196926	326301
	前期开发主管	134725	187803	219926
	房地产评估师	128761	180243	213916
	招商主管	115596	174771	317179

表 1-1.2.8.4 房地产业社会生产服务和生活服务人员通用岗位薪酬状况（元/年）

（续表一）

职业大类	通用岗位	下四分位值	中位值	上四分位值
社会生产服务和生活服务人员	商场运营主管	88717	120878	158513
	招商专员	91189	120417	306665
	房地产销售	84590	116604	293290
	前期开发专员	76148	109881	155392
	房地产销售助理	57018	76479	101990
	商场运营专员	52820	75643	104024
	权证专员	50508	62468	77024
	会务主管	84852	113928	151252
	会务专员	54392	77114	103781
	文案	67158	82474	122659
	建筑工程主管	144035	214568	265318
	报批报建主管	120396	177431	237144
	报批报建专员	80005	116702	160935
	工程审计专员	72418	102503	147735
	前厅接待	51980	72822	103367
	清洁服务人员	48655	54379	78515
	工程审计主管	115403	165310	202267
	销售行政主管	106612	146535	186755
	客服主管（非技术）	86309	114533	147612
	投诉处理主管	82599	107395	139905
	呼叫中心客服主管	82725	106923	138085
	在线客服主管	81721	98018	122316
	呼叫中心客服	53071	70718	93801
	客服专员（非技术）	53137	69071	90791
	在线客服	51615	66591	85579
	资质专员	61963	79787	114918
	收银员	50697	63230	86014

表 1-1.2.8.4 房地产业社会生产服务和生活服务人员通用岗位薪酬状况（元/年）

（续表二）

职业大类	通用岗位	下四分位值	中位值	上四分位值
社会生产服务和生活服务人员	运营主管	126062	174423	210662
	营销主管	113828	163503	205692
	市场主管	107408	147346	193543
	网络营销主管	104008	142983	186481
	活动主管	92542	126898	172602
	招投标专员	86079	124334	163136
	品牌专员	76598	98245	140645
	网络营销专员	74112	97256	141916
	活动专员	66522	88681	131350
	新媒体运营专员	73383	88476	135539
	社群运营专员	72902	87103	131814
	运营专员	60225	79257	116725
	货车司机	73731	87951	130221
	仓库管理员	47192	60050	73933
	物业顾问	83176	119388	318331
	场馆运营主管	87546	117132	154758
	物业管理主管	83366	110993	139855
	物业工程主管	85228	110317	146696
	消防安全主管	83287	106964	142290
	中控主管	80381	103504	134543
	环境主管	71590	89113	113054
	消防安全工程师	62598	79955	115754
	场馆运营专员	55105	77570	107926
	物业维修人员（电气）	48540	66629	91818
	物业维修人员（工程）	48580	66442	87042
	物业维修人员（暖通）	48447	66348	90306
	消防安全员	52371	64991	86035

表 1-1.2.8.4　房地产业社会生产服务和生活服务人员通用岗位薪酬状况（元/年）

（续表三）

职业大类	通用岗位	下四分位值	中位值	上四分位值
社会生产 服务和生活 服务人员	物业维修人员	50308	62143	80363
	绿化丨养护工	47316	54807	79217
	物业设施管理人员	48292	54037	78245
	停车场管理员	43278	48497	66974
	平台招商主管	97041	136279	270200
	商务主管	93442	126842	175063
	电话销售主管	93255	120829	227380
	平台招商专员	78873	108943	300838
	电话销售	70630	86181	266202
	商务专员	62497	80356	125474
	销售助理	51007	69959	89354
	销售行政专员	46322	66666	84962
	司机	65896	80822	121122
	保安队长	50309	70100	98755
	清洁工	46787	54026	77577
	保安	45000	50259	74330

在生产制造及有关人员职业大类中，整体薪资差异不大，薪酬中位值最高的电工（7.81万元）与最低的锅炉工（6.25万元），生产制造及有关人员职业大类通用岗位薪酬情况参见下表。

表 1-1.2.8.5　房地产业生产制造及有关人员通用岗位薪酬状况（元/年）

职业大类	通用岗位	下四分位值	中位值	上四分位值
生产制造 及有关人员	电工	65250	78071	118448
	电梯工	57514	76078	115834
	技工	59610	75297	112797
	空调工	59233	71929	108536
	安装工	52551	63581	88328

表 1-1.2.8.5　房地产业生产制造及有关人员通用岗位薪酬状况（元/年）（续表一）

职业大类	通用岗位	下四分位值	中位值	上四分位值
生产制造及有关人员	锅炉工	48917	62531	91747
	安防员	51763	68476	99959
	施工员	50196	66775	102008
	中控员	56555	69606	103780

（9）租赁和商务服务业通用岗位薪酬状况

租赁和商务服务业中层及以上管理人员通用岗位中，薪酬排行前十的岗位分别为客户总监、销售总监、项目总监、运营总监、采购总监、财务总监、人力资源总监、市场总监、总经办主任、媒介采购总监，中层及以上管理人员职业大类各通用岗位薪酬情况参见下表。

表 1-1.2.9.1　租赁和商务服务业中层及以上管理人员通用岗位薪酬状况（元/年）

职业大类	通用岗位	下四分位值	中位值	上四分位值
中层及以上管理人员	采购总监	264221	383343	638870
	采购经理	148169	231050	380124
	供应商管理经理	135646	216003	363912
	媒介总监	189132	317439	567467
	公关经理	144634	227591	390806
	会务经理	139721	192073	337790
	媒介经理	130251	191155	334804
	艺术｜设计经理	149854	251292	407043
	广告客户经理	150371	234824	376225
	电商运营经理	160463	237772	349744
	运维经理	130631	193828	318456
	网站营运经理	120221	179364	299000
	客服总监	159542	259687	376063
	售前技术经理	147182	197216	337906
	技术服务经理	135508	187047	329325
	客服经理（非技术）	117341	173540	324991

表 1-1.2.9.1　租赁和商务服务业中层及以上管理人员通用岗位薪酬状况（元/年）

（续表一）

职业大类	通用岗位	下四分位值	中位值	上四分位值
中层及以上管理人员	呼叫中心客服经理	119852	167628	314672
	财务总监	248591	377251	556353
	财务经理	131942	242578	291552
	资金经理	127650	193549	318943
	法务经理	136820	207665	331282
	贸易经理	157710	246623	381977
	品类经理	152075	243491	360665
	商户运营经理	142947	197637	344668
	人力资源总监	245366	362402	548254
	人力资源经理	140196	222818	372929
	招聘经理	110376	163732	277535
	培训经理	110343	162270	279966
	运营总监	167357	400650	663270
	市场总监	213495	350370	631228
	媒介采购总监	166585	324530	579706
	业务发展经理	152940	242009	369684
	招投标经理	145056	230240	372459
	产品经理	132375	226282	420659
	市场经理	137030	215845	354669
	运营经理	139299	215421	352745
	营销经理	130743	209783	359665
	业务分析经理	129185	207284	357136
	加盟经理	133010	196277	339290
	网络营销经理	138773	196078	345201
	社群运营经理	122815	184973	327826
	活动经理	126751	184542	334021

表 1–1.2.9.1　租赁和商务服务业中层及以上管理人员通用岗位薪酬状况（元/年）

（续表二）

职业大类	通用岗位	下四分位值	中位值	上四分位值
中层及以上管理人员	供应链经理	143450	226668	367891
	物流经理	136547	188570	332800
	场馆运营经理	139301	219844	367036
	客户总监	220452	500115	822201
	销售总监	181283	479331	758140
	销售经理	164836	274255	511252
	平台招商经理	128595	212700	430374
	商务经理	124277	200232	359824
	销售行政经理	110847	163368	295770
	项目总监	201842	452854	703895
	信息技术经理	138948	222256	378134
	项目经理	135458	218833	354475
	总经办主任	212164	335819	489007
	行政总监	166712	295639	428254
	行政经理	100700	139675	243743
	品控经理	136951	191188	349888

　　租赁和商务服务业专业技术人员通用岗位中，薪酬排行前十的岗位分别为项目主管、投资主管、电商运营主管、资金主管、法语翻译、德语翻译、法务主管、网站营运主管、技术服务主管、电商设计｜美工，专业技术人员职业大类各通用岗位薪酬情况参见下表。

表 1–1.2.9.2　租赁和商务服务业专业技术人员通用岗位薪酬状况（元/年）

职业大类	通用岗位	下四分位值	中位值	上四分位值
专业技术人员	法语翻译	107212	147601	193662
	德语翻译	104550	145752	186972
	日语翻译	97032	138248	171171
	英语翻译	87329	126329	174078

表 1-1.2.9.2 租赁和商务服务业专业技术人员通用岗位薪酬状况（元/年）

（续表一）

职业大类	通用岗位	下四分位值	中位值	上四分位值
专业技术人员	韩语翻译	81917	121194	170782
	广告创意丨设计师	81998	117565	178287
	摄影师	75106	109349	158810
	包装设计	73563	107192	158406
	多媒体设计	70940	103550	150671
	动画丨3D 设计	72374	103204	154168
	陈列设计丨展览设计	70691	102231	147992
	电商运营主管	126337	178455	212295
	电商设计丨美工	94152	139034	175439
	运维工程师	76932	112606	155846
	网络工程师	79674	111464	179333
	网站策划	71187	105352	146321
	电商运营专员	69066	101758	146671
	系统管理员丨网络管理员	69134	91223	131800
	网站编辑丨内容运营专员	67047	86787	127391
	网站营运专员	59862	83121	112970
	技术服务主管	97453	141416	181426
	技术服务工程师	72382	104200	158960
	投资主管	113153	206514	301875
	资金主管	106817	148410	193098
	财务主管	98523	134028	176316
	总账主管	96087	131667	172800
	投资专员	76519	112234	159432
	成本主管	84020	111472	142281
	会计主管	82457	106584	135375
	审计专员	71838	104543	145265

表 1-1.2.9.2 租赁和商务服务业专业技术人员通用岗位薪酬状况（元/年）

（续表二）

职业大类	通用岗位	下四分位值	中位值	上四分位值
专业技术人员	会计	56237	71734	97357
	出纳员	52804	68109	86794
	法务主管	103245	143853	181661
	法务专员	75714	109479	150144
	培训主管	84408	114273	147748
	人力资源主管	84542	110341	143432
	招聘主管	84012	109665	142258
	人力资源专员	64167	82080	111400
	培训专员	53560	74787	99100
	招聘专员	53549	68820	90258
	内部培训师	74998	110312	163169
	市场分析｜调研人员	71611	105397	153290
	项目主管	148241	212743	288866
	网站营运主管	113595	142463	220017
	数据库工程师｜管理员	88776	131509	205636
	搜索引擎营销工程师	87472	126470	203624
	项目专员	88267	119554	160660
	网站维护工程师	79637	112176	182015
	多媒体开发工程师	78119	106721	167175
	信息技术专员	71272	94536	138314
	信息技术主管	74022	89297	142667
	技术文员	61334	77502	102868
	质量管理主管	93932	126434	169232
	认证工程师	85660	125901	200423
	质量管理工程师｜员	77986	93673	132942

在办事人员和有关人员职业大类中，薪酬中位值最高的是媒介主管（12.31万元），薪酬中位值最低的岗位是档案资料管理员（5.09万元），办事人员和有关人员职业大类通

用岗位薪酬情况参见下表。

表 1-1.2.9.3　租赁和商务服务业办事人员和有关人员通用岗位薪酬状况（元/年）

职业大类	通用岗位	下四分位值	中位值	上四分位值
办事人员和有关人员	媒介主管	91239	123084	164790
	公关专员	67694	86996	131193
	媒介专员	71402	84362	127096
	行政主管	82551	106717	135519
	经理助理 I 秘书	61630	76533	111421
	办公文员	53038	63042	88074
	部门专员	52014	59163	83423
	行政专员	51487	57953	80037
	前台文员	46682	53905	73087
	后勤	45450	53468	80506
	档案资料管理员	43944	50860	67051

在社会生产服务和生活服务人员职业大类通用岗位中，薪酬中位值最高的岗位是销售主管（16.65 万元），薪酬中位值最低的是清洁工（4.79 万元），该职业大类中岗位内部差距比为 3.48 倍，专业技术人员职业大类各通用岗位薪酬情况参见下表。

表 1.2.9.4　租赁和商务服务业社会生产服务和生活服务人员通用岗位薪酬状况（元/年）

职业大类	通用岗位	下四分位值	中位值	上四分位值
社会生产服务和生活服务人员	采购主管	103189	142954	188791
	会务主管	90454	124046	172121
	会务专员	59157	75934	112163
	广告客户主管	108487	151113	290226
	广告客户专员	72634	90079	271497
	文案	60430	77962	115921
	售前技术主管	102941	144946	190711

表 1.2.9.4 租赁和商务服务业社会生产服务和生活服务人员通用岗位薪酬状况（元/年）（续表一）

职业大类	通用岗位	下四分位值	中位值	上四分位值
社会生产服务和生活服务人员	售前技术工程师	89288	125189	178744
	客服主管（非技术）	83132	110347	140322
	投诉处理主管	80960	97175	123522
	在线客服主管	80094	95473	117594
	呼叫中心客服主管	72448	95249	120586
	场馆运营专员	53307	70228	104191
	单证员	53487	69180	103401
	呼叫中心客服	53359	64537	93713
	咨询热线丨呼叫中心服务人员	53173	62760	84848
	客服专员（非技术）	50922	61213	83765
	在线客服	45895	60042	85346
	网店客服	52611	59627	81135
	资质专员	61924	77693	112267
	业务跟单	71718	86007	130723
	报关员	67730	82284	125904
	督导	90304	124456	167589
	商户运营主管	84310	108651	143506
	商户运营专员	65026	80078	120203
	产品主管	109920	155585	197817
	业务发展主管	107151	149525	193203
	营销主管	106427	145528	187307
	市场主管	98328	135659	179529
	网络营销主管	91565	122867	169948
	招投标专员	83241	122321	161008
	活动主管	84967	113485	150840
	市场专员	79094	97105	143616
	品牌专员	78020	96522	138416

表 1.2.9.4　租赁和商务服务业社会生产服务和生活服务人员通用岗位薪酬状况（元/年）（续表二）

职业大类	通用岗位	下四分位值	中位值	上四分位值
社会生产服务和生活服务人员	业务分析专员	72948	96267	145358
	业务发展专员	70310	92964	137736
	媒介采购专员	76390	90056	135478
	产品专员	67319	89577	134827
	活动专员	68698	86347	128575
	社群运营专员	66044	84604	127490
	新媒体运营专员	63631	81598	123594
	营销专员	67794	81235	120987
	物流主管	87222	117172	158792
	货车司机	69661	82500	122457
	物流专员	62949	78881	114519
	调度员	56002	68369	105408
	订单管理员	53050	66298	90542
	仓库管理员	46773	53793	72417
	场馆运营主管	87197	117890	155304
	中控主管	80513	94744	122953
	消防安全工程师	61871	77511	108928
	货运代理	53158	65438	96736
	消防安全员	51840	58711	82678
	物业维修人员（工程）	51580	58396	85094
	物业设施管理人员	45336	52188	74083
	绿化｜养护工	43803	49299	68571
	停车场管理员	43161	48173	63778
	销售主管	114055	166458	314616
	渠道管理	111108	159680	297484
	平台招商主管	97959	125339	242421

表 1.2.9.4　租赁和商务服务业社会生产服务和生活服务人员通用岗位薪酬状况（元/年）（续表三）

职业大类	通用岗位	下四分位值	中位值	上四分位值
社会生产服务和生活服务人员	商务主管	90900	124572	170930
	销售工程师	88946	123484	194571
	电话销售主管	72388	105974	201825
	平台招商专员	79815	101158	200673
	电话销售	70348	85867	263140
	渠道丨分销专员	66171	79645	231360
	商务专员	63673	77583	114414
	销售助理	45934	60577	83982
	销售行政专员	51080	58053	77083
	加盟专员	82334	98725	146631
	销售代表	78012	97717	198983
	保安队长	59521	85534	89886
	司机	54863	71239	107216
	保安	42878	48127	64295
	清洁工	42948	47890	61519

（10）科学研究和技术服务业通用岗位薪酬状况

科学研究和技术服务业中层及以上管理人员通用岗位中，薪酬排行前十的岗位分别为技术总监、咨询总监、销售总监、运营总监、财务总监、项目总监、采购总监、人力资源总监、市场总监、质量总监，中层及以上管理人员职业大类各通用岗位薪酬情况参见下表。

表 1-1.2.10.1　科学研究和技术服务业中层及以上管理人员通用岗位薪酬状况（元/年）

职业大类	通用岗位	下四分位值	中位值	上四分位值
中层及以上管理人员	财务总监	215952	418805	610250
	财务分析经理	174152	259761	354772

表 1-1.2.10.1 科学研究和技术服务业中层及以上管理人员通用岗位薪酬状况（元/年）（续表一）

职业大类	通用岗位	下四分位值	中位值	上四分位值
中层及以上管理人员	财务总监	215952	418805	610250
	财务分析经理	174152	259761	354772
	财务经理	176350	258854	358369
	投资经理	139333	224467	368667
	成本经理	144734	221020	328145
	会计经理	143775	219648	344700
	税务经理	136853	201709	346333
	采购总监	270035	395916	747051
	供应商管理经理	158311	252509	375254
	采购经理	151078	240180	383251
	公关经理	164550	256353	377277
	媒介经理	142524	222684	365718
	会务经理	127666	200198	350044
	运维经理	155491	232833	345185
	网站营运经理	140346	211699	331027
	客服总监	161540	286090	422017
	售前技术经理	140709	222941	374806
	技术服务经理	132622	210603	367371
	客服经理（非技术）	140411	193633	337305
	呼叫中心客服经理	140878	191672	326608
	法务经理	151133	229560	344014
	人力资源总监	257832	392374	569498
	人力资源经理	138831	240728	338575
	薪资福利经理	134381	207758	325995
	绩效考核经理	126694	189551	310669
	招聘经理	122588	185940	302207

表 1-1.2.10.1 科学研究和技术服务业中层及以上管理人员通用岗位薪酬状况（元/年）（续表二）

职业大类	通用岗位	下四分位值	中位值	上四分位值
中层及以上管理人员	培训经理	121098	182746	314768
	运营总监	220643	429913	788711
	市场总监	266336	385791	698648
	招投标经理	164324	263728	384086
	业务发展经理	165648	262341	397213
	市场经理	156578	245649	379688
	运营经理	152601	239029	387944
	产品经理	148976	236611	376005
	营销经理	147994	233825	367101
	市场通路经理	146287	229100	390361
	业务分析经理	141427	222464	388317
	网络营销经理	135356	216906	364992
	活动经理	133188	212846	358405
	社群运营经理	143418	193922	342183
	销售总监	201842	439418	778966
	销售经理	135560	232048	437614
	商务经理	143607	224496	390947
	销售行政经理	122938	182331	281908
	区域销售经理	120526	181582	401348
	技术总监	261596	487831	814139
	项目总监	163839	404836	765205
	技术经理	196251	316269	441940
	项目经理	160495	255566	374930
	信息技术经理	155448	254497	411389
	总经办主任	242238	356558	528160
	行政总监	165034	324472	491204

表 1-1.2.10.1 科学研究和技术服务业中层及以上管理人员通用岗位薪酬状况（元/年）（续表三）

职业大类	通用岗位	下四分位值	中位值	上四分位值
中层及以上管理人员	行政经理	110952	162219	276247
	办公室主任	108274	158330	281460
	安防经理	87517	114917	191467
	质量总监	248228	356738	633030
	质量管理经理	143281	227084	366861
	测试经理	135146	221463	384591
	品控经理	126768	202370	345559
	咨询总监	248885	455434	800698
	咨询经理	170744	268736	400984
	咨询项目经理	142696	228471	354047

在专业技术人员职业大类中，薪酬中位值最高的岗位是云计算架构师（28.28 万元），薪酬中位值最低的岗位是出纳员（6.34 万元），该职业大类中岗位内部差距比为 4.46 倍，专业技术人员职业大类中通用岗位薪酬情况参见下表。

表 1-1.2.10.2 科学研究和技术服务业专业技术人员通用岗位薪酬状况（元/年）

职业大类	通用岗位	下四分位值	中位值	上四分位值
专业技术人员	德语翻译	101361	148901	183971
	法语翻译	98851	142051	179027
	日语翻译	98776	135473	178874
	英语翻译	85301	126331	172127
	韩语翻译	93468	122745	170879
	运维主管	120734	165429	203136
	网站营运主管	101259	140259	180084
	电商设计丨美工	82614	122194	171586
	运维工程师	83140	120958	157366
	网络工程师	82332	115927	185813

表 1-1.2.10.2 科学研究和技术服务业专业技术人员通用岗位薪酬状况（元/年）

（续表一）

职业大类	通用岗位	下四分位值	中位值	上四分位值
专业技术人员	网站策划	85280	111344	149820
	页面设计｜美工	75144	97661	144988
	系统管理员｜网络管理员	74858	93598	140162
	网站编辑｜内容运营专员	71750	88081	133162
	网站营运专员	61615	78645	114861
	金融｜经济研究员	140949	218083	323205
	资产评估｜分析师	117174	177070	244881
	技术服务主管	97118	135411	175197
	技术服务工程师	74229	108517	163571
	财务分析主管	139596	189292	220262
	审计主管	125284	173165	208397
	投资主管	113952	159361	204156
	税务主管	104025	144768	184096
	财务主管	101294	142015	180056
	总账主管	101478	140837	176661
	财务分析员	91677	126150	173414
	成本主管	90355	123948	160007
	会计主管	87289	120183	154411
	投资专员	75366	109828	155616
	审计专员	72979	106165	148022
	总账会计	68956	101020	143603
	税务专员	76730	90469	129656
	成本会计	64773	80429	112937
	会计	64768	79827	115480
	出纳员	52109	63404	89957
	知识产权｜专利顾问	144748	196674	223522

表 1-1.2.10.2 科学研究和技术服务业专业技术人员通用岗位薪酬状况（元/年）

（续表二）

职业大类	通用岗位	下四分位值	中位值	上四分位值
专业技术人员	法务主管	108964	149516	186557
	知识产权丨专利专员	79541	117034	153218
	法务专员	78753	114241	152517
	律师助理	71076	102072	149892
	编辑	79200	113805	168495
	培训主管	90916	124925	164175
	招聘主管	88953	118805	152025
	人力资源主管	88506	118379	152632
	薪资福利主管	87229	116658	155440
	员工关系主管	85148	111790	143864
	绩效考核主管	84418	111055	142919
	人力资源专员	61439	80602	116374
	薪资福利专员	54230	77616	100216
	企业文化专员	53603	75446	98812
	培训专员	53760	73927	99878
	招聘专员	52159	71449	93061
	环保工程师	88557	129065	201445
	环境影响评价工程师	78288	109019	171321
	环保检测	75997	95358	145451
	市场分析丨调研人员	73534	106780	156477
	内部培训师	74411	106280	157660
	通信技术工程师	117808	170037	258951
	电信网络工程师	106001	153652	240124
	数据通信工程师	104300	150957	231149
	云计算架构师	173245	282775	394530
	高级软件工程师	139328	270809	385956

表 1-1.2.10.2 科学研究和技术服务业专业技术人员通用岗位薪酬状况（元/年）

（续表三）

职业大类	通用岗位	下四分位值	中位值	上四分位值
专业技术人员	语音识别工程师	134831	254023	300875
	图像识别工程师	158523	239070	285283
	高级硬件工程师	151567	238977	350443
	系统架构设计师	154116	234328	340241
	UI 设计顾问	146279	230962	340416
	系统分析员	152874	230208	341512
	算法工程师	145315	215255	268730
	机器学习工程师	148145	214816	270171
	项目主管	108937	200738	228300
	网络架构设计师	139345	198688	278027
	IOS 开发工程师	132604	197021	260795
	云计算工程师	134144	196350	264517
	软件测试主管	133441	194214	278376
	大数据工程师	127488	194207	257807
	ERP 实施顾问	134478	191473	274636
	数据挖掘工程师	127636	188217	261080
	ERP 技术开发	123576	187709	260380
	C++软件工程师	129932	182675	259446
	Android 开发工程师	122027	179457	251356
	交互设计工程师	117654	176271	256631
	python 开发工程师	114826	175630	254781
	前端开发工程师	116496	175161	251186
	软件工程师	111820	164857	247980
	系统工程师	113654	164444	254994
	Java 软件工程师	109511	164028	248725
	数据库开发工程师	106431	161663	243306

表 1-1.2.10.2 科学研究和技术服务业专业技术人员通用岗位薪酬状况（元/年）

（续表四）

职业大类	通用岗位	下四分位值	中位值	上四分位值
专业技术人员	技术主管	108075	155302	270313
	.net 软件工程师	105765	152762	235053
	软件 UI 工程师	105113	152225	228237
	仿真应用工程师	101582	146427	230919
	搜索引擎优化工程师	98320	142397	217618
	需求工程师	112791	142314	227058
	信息安全工程师	97109	141460	222232
	C#开发工程师	109160	139494	219319
	ERP 实施工程师	94987	139443	226495
	搜索引擎营销工程师	95853	137222	221215
	Php 软件工程师	93986	136016	213312
	软件测试工程师	91673	133990	215255
	软件质量管理工程师	92544	133246	207196
	数据库工程师｜管理员	94939	133091	211648
	项目专员	83712	122534	162893
	系统集成工程师	84293	116136	196448
	网站维护工程师	81348	114225	184488
	多媒体开发工程师	79940	110652	172419
	产品专员（IT）	75597	109975	161398
	标准化工程师	79426	109630	174537
	系统测试工程师｜员	78039	104415	158673
	数据分析	77934	104107	164207
	语音｜视频开发工程师	77590	98593	149603
	信息技术专员	76285	96728	148627
	信息技术主管	71572	93866	153382
	技术文员	56555	71628	101498

表 1-1.2.10.2　科学研究和技术服务业专业技术人员通用岗位薪酬状况（元/年）

（续表五）

职业大类	通用岗位	下四分位值	中位值	上四分位值
专业技术人员	测试主管	128514	187522	271333
	品控主管	119208	168237	263665
	质量管理主管	106231	149747	194109
	故障分析工程师	87087	126994	204136
	认证工程师	83164	120361	187587
	可靠度工程师	82212	114933	188260
	体系工程师	76810	107175	168147
	测试工程师 I 员	77732	99766	157484
	品控工程师	76266	99273	156037
	食品检验	82966	98791	144066
	质量管理工程师 I 员	77725	93337	135795
	检验员	59565	76976	113471
	水质检测员	50538	75641	94509

　　在办事人员和有关人员职业大类中薪酬中位值最高的是行政主管（11.01万元），薪酬中位值最低的岗位是前台文员（5.31万元），办事人员和有关人员职业大类通用岗位薪酬情况参见下表。

表 1-1.2.10.3　科学研究和技术服务业办事人员和有关人员通用岗位薪酬状况

（元/年）

职业大类	通用岗位	下四分位值	中位值	上四分位值
办事人员和有关人员	行政主管	83120	110148	140704
	经理助理 I 秘书	60652	77885	113223
	办公文员	53230	65083	91322
	部门专员	51277	61342	84423
	行政专员	52263	59748	82063
	档案资料管理员	48831	55381	77221
	前台文员	45588	53056	71856

在社会生产服务和生活服务人员职业大类通用岗位中，薪酬排行前十的岗位分别为专业培训师、销售主管、品牌主管、咨询顾问、业务发展主管、产品主管、营销主管、运营主管、售前技术主管、采购主管，该职业大类中岗位内部差距比为 4.43 倍，社会生产服务和生活服务人员职业大类各通用岗位薪酬情况参见下表。

表 1-1.2.10.4　科学研究和技术服务业社会生产服务和生活服务人员通用岗位薪酬状况（元/年）

职业大类	通用岗位	下四分位值	中位值	上四分位值
社会生产服务和生活服务人员	采购主管	109012	149943	193899
	供应商开发	75114	110625	155461
	采购专员	67587	89371	133792
	文案	62186	81396	121512
	短视频编导丨制作	73907	106542	151669
	售前技术主管	110857	153528	196736
	售前技术工程师	84557	122458	178856
	客服主管（非技术）	84924	112526	147452
	投诉处理主管	83029	106090	135437
	呼叫中心客服主管	82766	103536	138913
	实施工程师	71128	103348	155889
	在线客服主管	78780	100537	126863
	咨询热线丨呼叫中心服务人员	53099	66187	91233
	投诉专员	52576	65739	90864
	呼叫中心客服	52658	64507	95726
	客服专员（非技术）	52906	63455	88928
	在线客服	51773	61157	85102
	资质专员	70708	84799	122615
	美工	71669	91624	133495
	品牌主管	126582	171703	208698
	业务发展主管	123047	166406	205851
	产品主管	116664	161773	209451

表 1-1.2.10.4 科学研究和技术服务业社会生产服务和生活服务人员通用岗位薪酬状况（元/年）（续表一）

职业大类	通用岗位	下四分位值	中位值	上四分位值
社会生产服务和生活服务人员	营销主管	114236	158454	199445
	运营主管	113101	157483	200580
	市场主管	104895	143865	187405
	网络营销主管	97672	134361	180196
	招投标专员	93631	127125	163203
	活动主管	90642	125348	168069
	市场专员	69142	100231	147924
	业务发展专员	82831	98457	138652
	网络营销专员	80963	96314	142443
	品牌专员	74187	96302	142480
	业务分析专员	76586	92665	141080
	产品专员	76330	92300	135397
	活动专员	74347	88052	133635
	社群运营专员	67121	86097	131548
	新媒体运营专员	71284	84982	126271
	营销专员	64550	80887	122934
	运营专员	55716	74208	108162
	场馆运营主管	84774	113676	149915
	场馆运营专员	53667	70181	104510
	销售主管	128515	176842	313823
	商务主管	101053	140680	181849
	销售行政主管	97354	132448	174902
	销售工程师	100556	127811	309539
	电话销售主管	92282	116240	219623
	销售代表	69043	101129	288266
	电话销售	66882	87142	272150

表 1-1.2.10.4　科学研究和技术服务业社会生产服务和生活服务人员通用
岗位薪酬状况（元/年）（续表二）

职业大类	通用岗位	下四分位值	中位值	上四分位值
社会生产服务和生活服务人员	商务专员	65813	79856	120400
	销售助理	45466	60359	85314
	销售行政专员	51893	59325	81578
	后勤主任	83934	107525	142743
	司机	57131	70508	106660
	保安队长	48525	60596	89712
	清洁工	45293	52089	76651
	保安	43893	49623	67323
	专业培训师	141305	220020	328679
	咨询顾问	114163	167616	202144
	情报信息分析人员	79077	115010	153927

（11）居民服务、修理和其他服务业通用岗位薪酬状况

整体而言，居民服务、修理和其他服务业整体薪酬相对落后于其他行业，在企业中层及以上管理人员职业大类中，薪酬中位值最高的销售总监为 37.46 万元，而薪酬中位值最低的岗位安防经理，其中位值为 11.21 万元/年。中层及以上管理人员职业大类通用岗位薪酬情况参见下表。

表 1-1.2.11.1　居民服务、修理和其他服务业中层及以上管理人员通用
岗位薪酬状况（元/年）

职业大类	通用岗位	下四分位值	中位值	上四分位值
中层及以上管理人员	采购总监	229154	345810	639342
	采购经理	129571	203281	348783
	供应商管理经理	144354	197867	354607
	客服总监	119824	233939	327209
	售前技术经理	132059	181954	328757
	技术服务经理	117211	172064	319683

表 1-1.2.11.1　居民服务、修理和其他服务业中层及以上管理人员通用岗位薪酬状况（元/年）（续表一）

职业大类	通用岗位	下四分位值	中位值	上四分位值
中层及以上管理人员	客服经理（非技术）	114948	162385	290791
	呼叫中心客服经理	104723	160619	303591
	财务总监	190883	333158	486163
	财务经理	139250	213018	333464
	审计经理	133563	201113	330273
	成本经理	122484	182070	298662
	会计经理	116932	177484	302608
	法务经理	124669	187273	306877
	品类经理	143431	225313	374505
	商户运营经理	128498	182577	320209
	人力资源总监	169830	317752	465556
	人力资源经理	110763	201984	303418
	薪资福利经理	116675	172641	300789
	招聘经理	106967	156350	260685
	绩效考核经理	106480	153458	268920
	培训经理	106096	151490	268179
	运营总监	216495	351654	612070
	市场总监	185795	318587	563653
	品牌经理	143954	226478	374454
	招投标经理	138507	217681	357988
	业务发展经理	134051	215017	354491
	产品经理	132997	207655	370436
	市场经理	128361	202793	357325
	业务分析经理	140352	199185	344101
	运营经理	138216	197093	344188
	营销经理	127974	188722	330159

表 1-1.2.11.1 居民服务、修理和其他服务业中层及以上管理人员通用
岗位薪酬状况（元/年）（续表二）

职业大类	通用岗位	下四分位值	中位值	上四分位值
中层及以上管理人员	加盟经理	121312	181094	328934
	社群运营经理	129012	174047	294612
	活动经理	118730	171652	319569
	场馆运营经理	141459	195897	337497
	销售总监	258835	374568	688537
	平台招商经理	134035	198324	422117
	销售经理	141343	192523	412677
	销售行政经理	107741	154650	277675
	区域销售经理	112474	149067	330766
	产品经理（IT）	136175	221584	380346
	信息技术经理	133212	209742	371049
	总经办主任	101741	267790	337233
	行政总监	134366	258171	370989
	行政经理	98668	136569	230360
	办公室主任	95702	128187	225248
	安防经理	73266	112118	159011

在专业技术人员通用岗位中，薪酬排行前十的岗位分别为算法工程师、数据挖掘工程师、大数据工程师、财务分析主管、软件工程师、审计主管、法务主管、项目专员、税务主管、财务主管，专业技术人员职业大类各通用岗位薪酬情况参见下表。

表 1-1.2.11.2 居民服务、修理和其他服务业专业技术人员通用岗位薪酬状况
（元/年）

职业大类	通用岗位	下四分位值	中位值	上四分位值
专业技术人员	摄影师	69348	101310	149121
	技术服务主管	69647	101743	129986

表 1-1.2.11.2 居民服务、修理和其他服务业专业技术人员通用岗位薪酬状况（元/年）（续表一）

职业大类	通用岗位	下四分位值	中位值	上四分位值
专业技术人员	技术服务工程师	77146	95498	145244
	财务分析主管	107841	148911	188435
	审计主管	100335	134234	173705
	税务主管	85238	111391	142870
	财务主管	83465	111107	139653
	总账主管	82671	109277	139019
	财务分析员	74366	108229	162359
	成本主管	77412	94986	116046
	审计专员	80294	94914	135780
	会计主管	76085	92207	113844
	总账会计	72194	88811	129321
	税务专员	62946	79687	116244
	成本会计	56355	74079	108203
	会计	54014	71978	102825
	出纳员	51557	58817	78947
	统计员	50989	57765	79201
	法务主管	85961	116334	154317
	法务专员	69668	92422	136670
	培训主管	72342	100196	126595
	招聘主管	82195	97800	122467
	人力资源主管	74504	93201	114484
	员工关系主管	68395	91055	113049
	绩效考核主管	71282	90911	110655
	薪资福利主管	67584	90066	111189
	人力资源专员	58885	72869	102954
	培训专员	53472	65305	92280

表 1-1.2.11.2 居民服务、修理和其他服务业专业技术人员通用岗位薪酬状况
（元/年）（续表二）

职业大类	通用岗位	下四分位值	中位值	上四分位值
专业技术人员	薪资福利专员	52942	64152	88188
	招聘专员	52019	59792	80777
	绩效考核专员	51228	58356	79651
	算法工程师	118862	180827	250873
	数据挖掘工程师	109014	164810	239434
	大数据工程师	112272	162064	242048
	软件工程师	96466	140836	226247
	项目专员	78021	113918	159737
	产品专员（IT）	69236	101452	146349
	信息技术专员	74252	89994	132270
	信息技术主管	68947	83970	120569

在办事人员和有关人员职业大类中，薪酬中位值最高的岗位是行政主管（9.03 万元），薪酬中位值最低的岗位是后勤人员（4.88 万元），办事人员和有关人员职业大类通用岗位薪酬情况参见下表。

表 1-1.2.11.3 居民服务、修理和其他服务业办事人员和有关人员通用
岗位薪酬状况（元/年）

职业大类	通用岗位	下四分位值	中位值	上四分位值
办事人员和有关人员	行政主管	71414	90259	110922
	经理助理丨秘书	53476	69604	97565
	办公文员	52186	59557	79746
	部门专员	51402	57928	76938
	行政专员	47645	55884	72371
	前台文员	45383	52724	69432
	后勤人员	43309	48798	66508

在社会生产服务和生活服务人员职业大类通用岗位中，薪酬中位值最高的是品牌主管（14.15万元），薪酬中位值最低的岗位是停车场管理员（4.58万元），职业大类中岗位内部差距比为3.09，社会生产服务和生活服务人员职业大类通用岗位薪酬情况参见下表。

表1-1.2.11.4　居民服务、修理和其他服务业社会生产服务和生活服务人员通用岗位薪酬状况（元/年）

职业大类	通用岗位	下四分位值	中位值	上四分位值
社会生产服务和生活服务人员	采购主管	89858	122282	163583
	供应商开发	74934	95904	139074
	采购专员	63784	83287	125861
	会务主管	84320	111474	146776
	会务专员	53425	68127	99789
	平面设计	71890	100966	141914
	文案	55104	73343	108178
	化妆师丨造型师	72343	93332	141627
	厨师	62415	81849	123909
	美容化妆顾问	69425	81736	242399
	礼仪丨迎宾	52258	58900	86876
	服务员	42240	53525	59494
	清洁服务人员	39500	49039	55762
	售前技术主管	91149	124339	171242
	售前技术工程师	77052	112054	166264
	客服主管（非技术）	75373	91867	112784
	投诉处理主管	66268	86286	100932
	呼叫中心客服主管	68685	85782	103370
	在线客服主管	64740	84693	95149
	投诉专员	51912	59949	81759
	呼叫中心客服	51457	58470	82546
	咨询热线丨呼叫中心服务人员	51060	58164	79380
	在线客服	51456	57210	75881

表 1-1.2.11.4 居民服务、修理和其他服务业社会生产服务和生活服务人员通用岗位薪酬状况（元/年）（续表一）

职业大类	通用岗位	下四分位值	中位值	上四分位值
社会生产服务和生活服务人员	网店店长	90159	124214	162015
	品类主管	90439	123724	170118
	督导	86244	112316	150975
	店长	70085	102615	196503
	商户运营主管	77075	95226	120741
	商户运营专员	56376	74698	110513
	品类专员	52320	65524	94659
	品牌主管	102264	141464	184840
	业务发展主管	95519	131857	176551
	产品主管	91707	125415	170646
	运营主管	90929	125058	169826
	营销主管	88850	122091	160242
	市场通路主管	86503	113948	155825
	招投标专员	77395	112633	159695
	市场主管	84304	110898	143263
	网络营销主管	76518	100152	129179
	活动主管	82784	99654	128672
	加盟专员	77739	93167	138964
	市场专员	74590	91892	137691
	选址开发专员	75562	90335	139641
	业务分析专员	68743	89489	133546
	网络营销专员	68288	89259	135307
	业务发展专员	73198	88334	132213
	品牌专员	72183	86386	133376
	产品专员	64706	82705	123733
	活动专员	66302	79859	120850

表 1-1.2.11.4 居民服务、修理和其他服务业社会生产服务和生活服务人员通用岗位薪酬状况（元/年）（续表二）

职业大类	通用岗位	下四分位值	中位值	上四分位值
社会生产服务和生活服务人员	新媒体运营专员	63329	77813	114413
	社群运营专员	58217	75238	115260
	营销专员	63305	74713	109305
	市场通路专员	53125	70785	101289
	运营专员	52911	66203	97639
	快递员	57489	68017	101058
	分拣员	45244	52408	76685
	打包｜配货员	41843	50878	59933
	场馆运营主管	82766	106457	138256
	中控主管	73333	87765	107100
	环境主管	63739	80369	88977
	场馆运营专员	52942	64942	89861
	绿化｜养护工	40643	46592	57404
	停车场管理员	40357	45794	52849
	销售主管	103347	131252	258803
	销售工程师	84861	109875	293294
	平台招商主管	82650	106086	202168
	销售行政主管	82726	104826	132149
	销售代表	74733	90933	252426
	平台招商专员	76467	90446	269454
	电话销售主管	73479	89689	168582
	电话销售	60594	79192	243759
	销售助理	50010	57521	78099
	销售行政专员	50979	56655	74463
	司机	49696	55891	79829
	保安队长	43913	79952	97541

表 1–1.2.11.4 居民服务、修理和其他服务业社会生产服务和生活服务人员
通用岗位薪酬状况（元/年）（续表三）

职业大类	通用岗位	下四分位值	中位值	上四分位值
社会生产服务和生活服务人员	清洁工	40858	48953	63398
	保安	40416	47913	53135
	客服专员（非技术）	50906	58715	78588
	汽车修理工	48546	85260	100607
	中控员	45102	60598	70140

（12）教育业通用岗位薪酬状况

受 2020 年疫情影响较大，教育业整体薪酬水平在各行业中排名靠后，在企业中层及以上管理人员职业大类中，薪酬中位值排名前十的岗位分别是销售总监、教学｜教研总监、运营总监、财务总监、校长、市场总监、人力资源总监、总经办主任、客服总监、行政总监，薪酬中位值最低的岗位是行政经理，其中位值仅为 12.99 万元/年。中层及以上管理人员职业大类通用岗位薪酬情况参见下表。

表 1–1.2.12.1 教育业中层及以上管理人员通用岗位薪酬状况（元/年）

职业大类	通用岗位	下四分位值	中位值	上四分位值
中层及以上管理人员	公关经理	152675	243831	368562
	网站营运经理	126224	189135	309789
	教学｜教研总监	189966	407356	775938
	校长	149152	371165	561872
	课程研发经理	143560	226417	365239
	教研主任	133837	212968	365548
	教务主任	102823	157192	289327
	客服总监	147327	273024	406582
	技术服务经理	137260	193872	334223
	客服经理（非技术）	119486	182800	331955
	呼叫中心客服经理	117946	176632	318204
	财务总监	254730	387815	576604

表 1-1.2.12.1　教育业中层及以上管理人员通用岗位薪酬状况（元/年）（续表一）

职业大类	通用岗位	下四分位值	中位值	上四分位值
中层及以上管理人员	财务经理	164316	245289	361329
	成本经理	137764	208213	333941
	会计经理	137571	207732	332945
	法务经理	146678	218033	331513
	人力资源经理	131834	249684	332668
	人力资源总监	200457	351091	436683
	薪资福利经理	127910	193469	331553
	绩效考核经理	120340	178511	304371
	招聘经理	119240	178352	304800
	培训经理	116786	174530	304371
	运营总监	180478	400453	737995
	市场总监	253270	365569	665455
	品牌经理	166847	260995	383259
	业务发展经理	160169	249989	376823
	产品经理	155763	243083	367936
	市场经理	146339	232984	373470
	运营经理	144488	227668	365264
	业务分析经理	136925	219040	372971
	营销经理	137229	215070	371182
	网络营销经理	134620	212908	365168
	加盟经理	131719	208467	364222
	社群运营经理	130201	199793	359660
	活动经理	146950	198858	350798
	销售总监	217337	421921	752740
	平台招商经理	141938	236033	477332
	销售经理	136447	231059	450762
	商务经理	136594	215794	360810

表 1-1.2.12.1　教育业中层及以上管理人员通用岗位薪酬状况（元/年）（续表二）

职业大类	通用岗位	下四分位值	中位值	上四分位值
中层及以上管理人员	信息技术经理	150748	206665	402296
	总经办主任	207880	308098	559420
	行政总监	184500	271193	433603
	办公室主任	105924	134199	262682
	行政经理	93522	129886	261709

在专业技术人员通用岗位中，薪酬排行前十的岗位分别为高级软件工程师、系统架构设计师、算法工程师、大数据工程师、数据挖掘工程师、知识产权丨专利顾问、IOS 开发工程师、Android 开发工程师、教研员、软件工程师，专业技术人员职业大类各通用岗位薪酬情况参见下表。

表 1-1.2.12.2　教育业专业技术人员通用岗位薪酬状况（元/年）

职业大类	通用岗位	下四分位值	中位值	上四分位值
专业技术人员	多媒体设计	73710	105900	158900
	陈列设计丨展览设计	72177	104632	157899
	动画丨3D 设计	70986	101831	148780
	后期制作	79086	95915	144761
	电商运营主管	119712	162823	205876
	运维主管	102097	141392	182210
	网站营运主管	89633	121190	158643
	电商设计丨美工	86881	120024	168886
	网络工程师	80031	113219	181751
	运维工程师	74010	107689	145757
	页面设计丨美工	74406	92620	135547
	系统管理员丨网络管理员	71987	88859	132394
	网站编辑丨内容运营专员	71934	87214	132227
	网站营运专员	56116	73507	104120
	教研员	111247	167853	196614
	师资开发丨管理专员	103543	142838	186019

表 1-1.2.12.2 教育业专业技术人员通用岗位薪酬状况（元/年）（续表一）

职业大类	通用岗位	下四分位值	中位值	上四分位值
专业技术人员	专职教师	93028	164373	176773
	课程编辑	69024	101176	142551
	助教	59332	77502	105912
	教务专员丨班主任	53292	68727	98298
	技术服务主管	91041	121380	163601
	技术服务工程师	74899	106481	156806
	财务主管	99468	137872	178262
	总账主管	97926	132346	174186
	会计主管	86925	117009	157840
	成本主管	86033	112550	147008
	总账会计	74282	98383	136088
	税务专员	70713	88448	121914
	成本会计	66135	80160	115470
	会计	63691	80139	113002
	出纳员	50181	61109	83671
	统计员	52304	59479	81606
	知识产权丨专利顾问	133451	185099	215392
	法务主管	102566	139190	181796
	知识产权丨专利专员	75838	112213	150426
	法务专员	74063	109141	150669
	编辑	74005	109046	160411
	招聘主管	87133	118890	152811
	培训主管	86491	118544	151395
	薪资福利主管	85715	115723	154415
	绩效考核主管	83991	111482	142049
	员工关系主管	83498	111402	141158
	人力资源主管	83315	108252	138636

表 1–1.2.12.2 教育业专业技术人员通用岗位薪酬状况（元/年）（续表二）

职业大类	通用岗位	下四分位值	中位值	上四分位值
专业技术人员	人力资源专员	67252	80256	114165
	培训专员	53698	70908	98806
	薪资福利专员	53455	68854	96894
	企业文化专员	52885	66122	92851
	绩效考核专员	52608	62977	85635
	招聘专员	53098	62884	86957
	内部培训师	70568	104045	156902
	市场分析丨调研人员	71163	103585	154949
	高级软件工程师	139916	252232	374186
	系统架构设计师	144462	225607	323621
	算法工程师	136357	196012	257243
	大数据工程师	128801	191553	254900
	数据挖掘工程师	126579	187129	258045
	IOS 开发工程师	121780	182335	252260
	Android 开发工程师	115957	172061	257159
	软件工程师	112476	167071	246535
	Java 软件工程师	111620	165296	251852
	前端开发工程师	112118	164427	243617
	交互设计工程师	109101	159980	239717
	数据库开发工程师	102355	149973	230659
	软件 UI 工程师	100397	148002	223945
	信息安全工程师	94405	137417	217647
	数据库工程师丨管理员	91968	134305	213032
	搜索引擎优化工程师	90778	133618	212967
	搜索引擎营销工程师	89621	130102	206217
	软件测试工程师	84977	123620	194789
	网站维护工程师	79795	110610	181825

表 1-1.2.12.2　教育业专业技术人员通用岗位薪酬状况（元/年）（续表三）

职业大类	通用岗位	下四分位值	中位值	上四分位值
专业技术人员	多媒体开发工程师	77502	104819	165430
	数据分析	77912	102206	157880
	信息技术专员	73361	96001	141831
	语音｜视频开发工程师	76847	155207	245227
	信息技术主管	72008	89389	147089

在办事人员和有关人员职业大类中薪酬中位值最高的是公关主管（12.78万元），薪酬中位值最低的岗位是后勤人员（4.95万元），办事人员和有关人员职业大类通用岗位薪酬情况参见下表。

表 1-1.2.12.3　教育业办事人员和有关人员通用岗位薪酬状况（元/年）

职业大类	通用岗位	下四分位值	中位值	上四分位值
办事人员和有关人员	公关主管	92896	127799	178271
	公关专员	77104	92069	141064
	媒介专员	67366	83057	126804
	行政主管	84129	111605	142319
	经理助理｜秘书	56485	74655	107291
	办公文员	52555	62635	87998
	部门专员	51973	61771	82629
	行政专员	51562	58438	82617
	前台文员	48871	55577	74835
	档案资料管理员	44254	50846	68764
	后勤人员	43603	49549	95217

在社会生产服务和生活服务人员职业大类通用岗位中，薪酬中位值最高的是渠道管理（16.68万元），薪酬中位值最低的岗位是清洁工（4.94万元），职业大类中岗位内部差距比为3.38，社会生产服务和生活服务人员职业大类通用岗位薪酬情况参见下表。

表 1-1.2.12.4　教育业社会生产服务和生活服务人员通用岗位薪酬状况（元/年）

职业大类	通用岗位	下四分位值	中位值	上四分位值
社会生产服务和生活服务人员	招商主管	119533	163703	325623
	招商专员	80617	115631	303501
	平面设计	78539	112949	156864
	文案	63138	79034	118393
	短视频编导丨制作	70778	102438	149545
	厨师	70489	82475	103532
	客服主管（非技术）	84252	114620	145118
	投诉处理主管	80646	102060	128916
	呼叫中心客服主管	82432	98513	124970
	在线客服主管	75247	94825	117370
	呼叫中心客服	53353	64912	93142
	投诉专员	53282	64126	89577
	咨询热线丨呼叫中心服务人员	52783	63571	87898
	在线客服	50402	61911	82040
	客服专员（非技术）	47712	61287	84500
	资质专员	59218	78677	115509
	业务发展主管	117112	166259	205397
	品牌主管	119328	164889	206412
	产品主管	115723	161717	202783
	运营主管	112966	160383	203896
	营销主管	109713	152806	194726
	市场主管	98330	135410	185391
	网络营销主管	89817	123138	162967
	活动主管	86380	116058	151677
	加盟专员	68135	100237	146303
	网络营销专员	77974	98346	144481
	业务分析专员	77827	97541	146999

表 1-1.2.12.4 教育业社会生产服务和生活服务人员通用岗位薪酬状况（元/年）

（续表一）

职业大类	通用岗位	下四分位值	中位值	上四分位值
社会生产服务和生活服务人员	选址开发专员	78379	97251	142226
	市场专员	78680	97137	143551
	品牌专员	81347	96120	136618
	业务发展专员	80582	95613	140510
	产品专员	69882	92299	135853
	媒介采购专员	69962	90510	133876
	活动专员	68749	85637	130579
	社群运营专员	68144	85049	125518
	新媒体运营专员	70453	90567	128355
	营销专员	67693	82516	121461
	市场通路专员	61755	76676	114723
	运营专员	54196	72011	104146
	渠道管理	121080	166828	305765
	课程咨询主管	107495	144815	283139
	商务主管	97408	135065	176492
	销售行政主管	90158	124697	163098
	平台招商主管	92937	123311	245350
	课程咨询顾问（线下）	76788	108409	237582
	电话销售主管	76799	106857	193744
	课程咨询顾问（线上）	82761	104443	193902
	平台招商专员	83561	98903	279111
	电话销售	66764	86388	264284
	商务专员	65498	77210	111337
	课程接待员	53085	59629	81540
	后勤主任	74933	101157	130171
	司机	63125	82323	127970
	保安	48490	56522	82925
	清洁工	43450	49375	66259

（13）文化、体育和娱乐业通用岗位薪酬状况

在企业中层及以上管理人员职业大类中，薪酬中位值排名前十的岗位分别是总编丨副总编、平面设计总监、广告客户总监、艺术丨设计总监、销售总监、财务总监、人力资源总监、发行总监、总经办主任、采购总监，薪酬中位值排名后五位是培训经理、安防经理、行政经理、办公室主任、仓库经理，中层及以上管理人员职业大类通用岗位薪酬情况参见下表。

表 1-1.2.13.1　文化、体育和娱乐业中层及以上管理人员通用岗位薪酬状况（元/年）

职业大类	通用岗位	下四分位值	中位值	上四分位值
中层及以上管理人员	采购总监	222758	313409	472482
	采购经理	133739	213594	367734
	供应商管理经理	138196	190557	341961
	公关经理	138385	218610	352759
	平面设计总监	217279	433073	633239
	广告客户总监	211477	421647	751761
	艺术丨设计总监	210268	389258	681085
	艺术丨设计经理	133144	209803	360617
	广告客户经理	132481	195907	392851
	平面设计经理	125034	186741	304943
	客服总监	165588	243126	346901
	客服经理（非技术）	104882	159992	295545
	财务总监	236798	344570	515589
	财务经理	143222	215419	343489
	法务经理	124512	184785	316234
	发行总监	177622	332267	576545
	总编丨副总编	284213	475842	591510
	人力资源总监	233837	334285	484906
	人力资源经理	127147	231511	339939
	薪资福利经理	112318	168093	280133
	绩效考核经理	107110	155972	267797
	招聘经理	106224	155288	263905

表 1-1.2.13.1　文化、体育和娱乐业中层及以上管理人员通用岗位薪酬状况（元/年）

（续表一）

职业大类	通用岗位	下四分位值	中位值	上四分位值
中层及以上管理人员	培训经理	104367	147580	261661
	品牌经理	148437	233297	375479
	网络营销经理	120309	178014	317999
	活动经理	111058	170042	310885
	仓库经理	94967	124013	213690
	销售总监	263956	377126	722739
	渠道｜分销总监	173209	289625	520145
	销售经理	119673	201568	414206
	平台招商经理	139386	196062	403140
	商务经理	128857	189984	328844
	渠道｜分销经理	112617	160466	337502
	销售行政经理	105743	152297	261909
	信息技术经理	132690	210066	375337
	总经办主任	206109	325540	472362
	行政总监	183973	264979	386358
	行政经理	97207	132245	217799
	办公室主任	94769	128556	217990
	安防经理	73101	144969	159798

在专业技术人员职业大类中，薪酬中位值最高的岗位是高级软件工程师（21.92万元），薪酬中位值最低的岗位是出纳员（5.86万元），该职业大类岗位内部差距比为3.74倍，专业技术人员职业大类中通用岗位薪酬情况参见下表。

表 1–1.2.13.1　文化、体育和娱乐业专业技术人员通用岗位薪酬状况（元/年）

职业大类	通用岗位	下四分位值	中位值	上四分位值
专业技术人员	德语翻译	91772	132760	178097
	法语翻译	87703	128897	172019
	英语翻译	92041	120290	169367
	日语翻译	80118	118079	167165
	韩语翻译	74064	109179	158800
	摄影师	70187	100891	150508
	包装设计	74944	98402	147401
	多媒体设计	76574	97302	145286
	陈列设计｜展览设计	74589	93819	140683
	动画｜3D 设计	76465	92320	138422
	后期制作	67832	85584	126259
	网络工程师	77829	103260	163963
	网站策划	74897	94311	135955
	网站编辑｜内容运营专员	61199	80057	118844
	财务分析主管	113775	156824	199177
	审计主管	98058	132484	178849
	资金主管	88385	120161	153812
	总账主管	84756	114094	143269
	财务主管	85383	113940	144693
	审计专员	81641	98614	140268
	会计主管	78341	94951	119500
	总账会计	73379	90744	132361
	税务专员	64919	80900	119381
	资金专员	60186	76591	106213
	会计	55842	73060	106260
	出纳员	52042	58635	83573
	法务主管	88741	120947	158771

表 1-1.2.13.1 文化、体育和娱乐业专业技术人员通用岗位薪酬状况（元/年）

（续表一）

职业大类	通用岗位	下四分位值	中位值	上四分位值
专业技术人员	法务主管	88741	120947	158771
	记者	79986	117866	170175
	编辑	69405	101917	149548
	印刷机械机长	70079	91866	148397
	出版|发行	63689	82134	117204
	培训主管	82265	104841	131984
	招聘主管	81326	99277	125305
	人力资源主管	81851	98762	123452
	薪资福利主管	77894	96588	119190
	绩效考核主管	79854	94730	116975
	员工关系主管	71080	94439	117614
	人力资源专员	53744	71626	100339
	培训专员	53143	65809	92461
	薪资福利专员	52716	64165	89673
	企业文化专员	53003	62559	85419
	招聘专员	46700	61084	85687
	绩效考核专员	47090	60882	82985
	市场分析|调研人员	78075	98171	150012
	高级软件工程师	113122	219214	321985
	软件工程师	97037	141669	217179
	软件测试主管	97042	141658	238276
	交互设计工程师	96414	140979	230557
	数据库开发工程师	92528	135774	213435
	搜索引擎优化工程师	103884	130298	211296
	信息安全工程师	90367	126933	195427
	搜索引擎营销工程师	83899	119486	191243

表 1-1.2.13.1　文化、体育和娱乐业专业技术人员通用岗位薪酬状况（元/年）

（续表二）

职业大类	通用岗位	下四分位值	中位值	上四分位值
专业技术人员	数据库工程师丨管理员	82146	114589	185540
	多媒体开发工程师	77253	99834	149893
	网站维护工程师	76464	99773	148822
	数据分析	77996	93252	142393
	信息技术专员	68151	89720	130057
	信息技术主管	67048	86068	128987
	语音丨视频开发工程师	64021	85236	124096
	电视导播	132843	180323	221180
	剪辑师	90063	119857	149328
	健身教练	85472	118692	137184
	音像师	68732	106381	119584
	音响调音员	68372	103573	120588
	体育教练	58597	101483	132463
	电影放映员	75943	90439	110394

在办事人员和有关人员职业大类中，薪酬中位值最高的岗位是行政主管（9.66万元），薪酬中位值最低的岗位是档案资料管理员（5.77万元），办事人员和有关人员职业大类中通用岗位薪酬情况参见下表。

表 1.2.13.3　文化、体育和娱乐业办事人员和有关人员通用岗位薪酬状况（元/年）

职业大类	通用岗位	下四分位值	中位值	上四分位值
办事人员和有关人员	行政主管	81867	96551	120441
	经理助理丨秘书	55405	72174	103283
	办公文员	47795	60538	83883
	后勤	44714	58520	68167
	档案资料管理员	42299	57710	65616

在社会生产服务和生活服务人员职业大类通用岗位中，薪酬中位值排名前十的岗位分别是销售主管、渠道管理、品牌主管、供应商管理主管、广告客户主管、采购主管、供应链主管、美术指导、平台招商主管、商务主管，职业大类中岗位内部差距比为 3.17 倍，社会生产服务和生活服务人员职业大类通用岗位薪酬情况参见下表。

表 1.2.13.4 文化、体育和娱乐业社会生产服务和生活服务人员通用岗位薪酬状况（元/年）

职业大类	通用岗位	下四分位值	中位值	上四分位值
社会生产服务和生活服务人员	供应商管理主管	102612	140743	182427
	采购主管	93059	128698	173991
	供应商开发	74500	97317	143618
	采购专员	63894	83304	125532
	供应商管理专员	68072	83117	122444
	广告客户主管	94074	135596	260022
	平面设计	83253	99365	142251
	广告客户专员	69124	87198	254624
	文案	61627	72504	107509
	客服主管（非技术）	80395	97695	121447
	实施工程师	73579	92151	142809
	投诉处理主管	67713	87832	107574
	在线客服主管	69111	84863	96877
	咨询热线｜呼叫中心服务人员	48716	60818	82880
	在线客服	51108	57009	75528
	美术指导	88043	117776	155621
	美工	66939	83278	120946
	排版设计	53595	69648	99432
	校对｜录入	49308	62779	92677
	品牌主管	101989	141233	185961
	网络营销主管	83502	109293	143682
	活动主管	81935	104618	135998
	品牌专员	69888	88070	133632

表 1.2.13.4 文化、体育和娱乐业社会生产服务和生活服务人员通用岗位薪酬状况（元/年）（续表一）

职业大类	通用岗位	下四分位值	中位值	上四分位值
社会生产服务和生活服务人员	网络营销专员	65912	86857	133415
	活动专员	69383	82632	119649
	新媒体运营专员	61476	77311	112620
	供应链主管	93685	126951	174370
	仓库主管	68224	85655	98774
	供应链专员	54887	73171	111237
	货车司机	49860	66463	101260
	仓库管理员	42349	49192	65397
	中控主管	71313	88010	107198
	环境主管	64565	82561	91839
	绿化｜养护工	40793	47143	57484
	销售主管	108803	149293	283027
	渠道管理	99438	146027	296977
	平台招商主管	79419	112712	213926
	商务主管	84490	110419	145019
	销售行政主管	82456	106839	137576
	渠道｜分销主管	76898	106547	203018
	平台招商专员	72218	92894	291745
	电话销售主管	70316	89472	168025
	销售代表	66845	87325	285765
	电话销售	61396	78606	237347
	商务专员	57478	75459	114345
	渠道｜分销专员	59211	74316	228958
	销售助理	51101	57324	78541
	后勤主任	76087	90081	113767
	司机	58958	70332	108244

表 1.2.13.4　文化、体育和娱乐业社会生产服务和生活服务人员通用岗位薪酬状况（元/年）（续表二）

职业大类	通用岗位	下四分位值	中位值	上四分位值
社会生产服务和生活服务人员	保安队长	51272	67547	101968
	清洁工	43515	48874	67451
	保安	41341	47407	61105
	体育场馆管理员	64753	86743	97694
	康乐服务员	50382	57531	73493

在生产制造及有关人员职业大类中，整体薪资差异不大，薪酬中位值最高是调墨技师（8.12万元），薪酬中位值最低的是安防员（4.89万元），生产制造及有关人员职业大类通用岗位薪酬情况参见下表。

表 1-1.2.13.5　文化、体育和娱乐业生产制造及有关人员通用岗位薪酬状况（元/年）

职业大类	通用岗位	下四分位值	中位值	上四分位值
生产制造及有关人员	包装工	45138	50789	71861
	搬运工	44849	50523	72746
	安防员	44018	48880	56165
	调墨技师	64038	81243	99184
	晒版丨拼版丨装订	52505	61771	84667
	数码直印丨菲林输出	45342	60166	81454
	印刷排版丨制版	50567	58808	85388
	电分操作员	48478	56488	76414
	印刷工	49939	52004	64527
	中控员	51729	57771	85463

二、特色篇

根据国家和北京十四五规划以及产业发展，本年度报告新增了"三城一区"、"北京智造"能够反映北京建设发展的特色篇内容，通过分析具有北京发展建设特色产业的薪酬状况，指导和促进人才流动，更好推动北京经济的高质量发展，为北京建设提供助力。

1. "三城一区"薪酬状况

中关村科学城、怀柔科学城、未来科技城和北京经济技术开发区，是北京加强全国科技创新中心建设的主平台，中关村科学城系统布局基础前沿技术；怀柔科学城集聚顶尖科研机构；未来科技城增强创新要素活力；北京经济技术开发区做好扩区后战略产业布局，承接三大科学城科技成果转化和提高国际化发展水平。

在《北京市国民经济和社会发展第十四个五年规划和二〇三五年远景目标纲要》中，明确提出加快建设"三城一区"主平台和中关村示范区主阵地紧紧围绕聚焦、突破、搞活、升级，高水平落实"三城一区"规划蓝图，高举中关村创新改革旗帜，促进人才、技术和资金等要素高度集聚、自由流动、优化配置，高质量打造科技创新中心主平台主阵地。

（1）中关村科学城主要行业各职能岗位类型薪酬状况

作为中关村国家自主创新示范区核心主体，"科技创新中心新地标"中关村科学城是集知识创新基地、高技术产业化孵化培育基地及高新技术信息交流中心为一体的区域；该区域包含大批国家重点高等院校、研究所、国家工程技术研究中心、国家级重点实验室，聚集大量高科技创新人才，着力发展新一代信息技术、节能环保、航空航天、生物、新材料、新能源、新能源汽车及零配件、高端装备制造等八大战略性新兴产业；

在中关村科学城中，互联网与金融行业的高层管理岗位、中层管理岗位、初级管理岗位薪酬中位值位列前两名；专业/技术人员岗位中排名前三位的行业依次为金融（183324元）、互联网（171570元）、通讯/电信（166770元）；销售类职员互联网行业薪酬中位值为168641元，比第二位专业服务行业高出7749元；普通职员与一线操作人员不同行业间薪资差异不大，分别为20773元与10577元。

表 1-2.1.1 中关村科学城主要行业各职能岗位类型薪酬状况（元/年）

行业	岗位类型	下四分位值	中位值	上四分位值
电子/半导体/集成电路	高层管理	512298	652379	855154
	中层管理	206234	255078	393225
	初级管理	121139	149525	225424
	销售类职员	112806	155595	261182
	普通职员	78825	89858	133937
	专业/技术人员	120711	157582	228807
	一线操作人员	69108	74971	97522
电子商务	高层管理	569355	710891	885777
	中层管理	205167	253336	389073
	初级管理	130618	151881	236300
	销售类职员	116383	149020	290809
	普通职员	81629	92540	128645
	专业/技术人员	125875	152944	217432
	一线操作人员	64224	72284	100267
互联网	高层管理	553274	754973	983333
	中层管理	244327	306340	440996
	初级管理	140320	153123	262249
	销售类职员	123565	168641	321366
	普通职员	83802	94314	141276
	专业/技术人员	123037	171570	243511
	一线操作人员	66603	74917	87475
计算机	高层管理	514974	635634	858506
	中层管理	177735	234009	375494
	初级管理	119119	144842	225095
	销售类职员	112244	147748	258788
	普通职员	77608	90629	133440
	专业/技术人员	114860	146675	220523
	一线操作人员	68461	72977	99124

表 1-2.1.1 中关村科学城主要行业各职能岗位类型薪酬状况（元/年）（续表一）

行业	岗位类型	下四分位值	中位值	上四分位值
教育/培训	高层管理	440026	616027	747183
	中层管理	185009	235634	366302
	初级管理	103269	125833	205913
	销售类职员	109269	142505	217896
	普通职员	72139	78686	118094
	专业/技术人员	102145	128794	193158
	一线操作人员	62356	69800	86400
金融	高层管理	517251	727642	1040660
	中层管理	215015	280279	485603
	初级管理	142496	165431	244264
	销售类职员	125024	154702	287948
	普通职员	87381	93940	148032
	专业/技术人员	131626	183324	252014
	一线操作人员	70585	73239	105598
贸易/进出口	高层管理	424848	565542	699594
	中层管理	173683	221762	323275
	初级管理	104119	127768	207859
	销售类职员	97465	132101	222663
	普通职员	64602	74204	118451
	专业/技术人员	89154	118092	178151
	一线操作人员	61284	67580	89597
软件外包	高层管理	482101	640297	886004
	中层管理	201641	262038	418463
	初级管理	120529	151345	232960
	销售类职员	108928	142998	256946
	普通职员	76057	86549	126508
	专业/技术人员	117304	149374	228285
	一线操作人员	71133	78157	101371

表 1-2.1.1 中关村科学城主要行业各职能岗位类型薪酬状况（元/年）（续表二）

行业	岗位类型	下四分位值	中位值	上四分位值
商业房地产	高层管理	476898	607456	806775
	中层管理	203589	255918	378356
	初级管理	122627	147229	230109
	销售类职员	106385	138280	244269
	普通职员	69866	81718	119046
	专业/技术人员	118256	150162	203360
	一线操作人员	67064	72903	91599
生物/医药	高层管理	526618	679358	887802
	中层管理	195759	261302	395107
	初级管理	127083	147157	244228
	销售类职员	113222	150365	279227
	普通职员	77666	86346	135882
	专业/技术人员	113323	152037	207653
	一线操作人员	68037	76172	101905
通讯/电信	高层管理	577670	674825	856132
	中层管理	216678	272461	412100
	初级管理	124866	147053	244403
	销售类职员	127387	154389	311785
	普通职员	78546	94977	132954
	专业/技术人员	125385	166770	216997
	一线操作人员	65232	74521	93856
物业管理	高层管理	370044	475486	658482
	中层管理	159562	202171	297632
	初级管理	104853	125028	184985
	销售类职员	96411	120912	212452
	普通职员	67572	75230	108125
	专业/技术人员	95612	122627	172975
	一线操作人员	63008	70032	92930

表 1-2.1.1 中关村科学城主要行业各职能岗位类型薪酬状况（元/年）（续表三）

行业	岗位类型	下四分位值	中位值	上四分位值
医疗设备/器械	高层管理	384872	561848	714203
	中层管理	166341	210862	357225
	初级管理	111503	134809	197860
	销售类职员	90807	127186	235558
	普通职员	79278	87843	120693
	专业/技术人员	102105	127016	189508
	一线操作人员	64550	73827	93681
专业服务	高层管理	466460	641891	783223
	中层管理	192346	224677	362416
	初级管理	118892	146801	206981
	销售类职员	108827	160892	242563
	普通职员	67772	75848	117502
	专业/技术人员	104634	134084	204591
	一线操作人员	60184	67730	94902

（2）怀柔科学城主要行业各职能岗位类型薪酬状况

作为面向世界科技前沿和国家重大需求，世界级原始创新承载区和开放科研平台，近年来怀柔科学城始终保持较强的发展态势，逐渐形成科技服务、新材料、生命健康、精密仪器为代表的产业布局；最新通过的《中共中央关于制定国民经济和社会发展第十四个五年规划和二〇三五年远景目标纲要》特别指出，"支持北京、上海、粤港澳大湾区形成国际科技创新中心，建设北京怀柔、上海张江、大湾区、安徽合肥综合性国家科学中心，支持有条件的地方建设区域科技创新中心"，怀柔将迎来更大的发展机遇。

在怀柔科学城的十个主要行业中，高层管理岗位中电子/半导体/集成电路行业薪酬中位值最高，为 552424 元，比最低的建筑工程行业高出 194635 元；中层管理与初级管理、专业/技术人员中生物/医药行业排名第一、电子/半导体/集成电路行业排名第二；销售类职员中生物/医药行业依然排名第一，为 124793 元，机械设备制造行业排名第二，为 111326 元；普通职员中医疗设备/器械行业与生物/医药行业位列前两位，薪酬分别为 70442 元与 68175 元；交通/运输/物流行业在一线操作人员中薪酬中位值最高，为 62167 元。

表 1-2.1.2　怀柔科学城主要行业各职能岗位类型薪酬状况（元/年）

行业	岗位类型	下四分位值	中位值	上四分位值
电子/半导体/集成电路	高层管理	427188	552424	737826
	中层管理	155611	197976	328215
	初级管理	92681	113114	179622
	专业/技术人员	79448	100669	181145
	普通职员	59863	67927	104093
	销售类职员	91344	109396	214562
	一线操作人员	52304	58319	80063
机械设备制造	高层管理	322522	419715	569776
	中层管理	134550	169201	263274
	初级管理	86475	108099	186391
	专业/技术人员	75143	96427	165851
	普通职员	56927	64675	109564
	销售类职员	85254	111326	203729
	一线操作人员	54048	60322	76697
计算机	高层管理	371135	510336	750519
	中层管理	146671	191553	331296
	初级管理	86068	110099	191330
	专业/技术人员	77009	98916	175082
	普通职员	55226	64323	104079
	销售类职员	82753	108404	199111
	一线操作人员	48954	56809	73318
建筑工程	高层管理	251000	357789	486552
	中层管理	117942	146923	238403
	初级管理	73794	86962	151946
	专业/技术人员	65559	85300	137461
	普通职员	50528	57926	87219
	销售类职员	68979	93527	173979
	一线操作人员	45746	52839	65974

表 1-2.1.2　怀柔科学城主要行业各职能岗位类型薪酬状况（元/年）（续表一）

行业	岗位类型	下四分位值	中位值	上四分位值
交通/运输/物流	高层管理	401242	514606	665979
	中层管理	145529	188207	332319
	初级管理	83858	102732	179334
	专业/技术人员	75324	94551	151354
	普通职员	60408	66843	100872
	销售类职员	82439	105429	212119
	一线操作人员	53294	62167	88198
快速消费品	高层管理	314831	393141	570928
	中层管理	123360	164767	267513
	初级管理	81693	96767	161736
	专业/技术人员	66729	85667	144144
	普通职员	58240	64175	98206
	销售类职员	77839	100516	195892
	一线操作人员	49000	53606	74822
汽车及零配件	高层管理	282368	381583	503789
	中层管理	115859	156475	265977
	初级管理	73246	87922	157660
	专业/技术人员	60424	82081	135905
	普通职员	56134	60022	89688
	销售类职员	69417	89837	178308
	一线操作人员	51308	57523	74250
生物/医药	高层管理	380123	540054	750276
	中层管理	164984	209307	350945
	初级管理	98756	113878	186884
	专业/技术人员	81375	105312	166462
	普通职员	60575	68175	110487
	销售类职员	98802	124793	229899
	一线操作人员	51368	57357	82207

表 1-2.1.2　怀柔科学城主要行业各职能岗位类型薪酬状况（元/年）（续表二）

行业	岗位类型	下四分位值	中位值	上四分位值
医疗设备/器械	高层管理	319820	425856	630027
	中层管理	128581	161655	278679
	初级管理	80694	101966	164621
	专业/技术人员	69163	90692	146611
	普通职员	59043	70442	103124
	销售类职员	82844	103567	191549
	一线操作人员	45999	55048	73000
仪器仪表/自动化	高层管理	315201	420382	581139
	中层管理	124904	159845	292998
	初级管理	80438	95810	156051
	专业/技术人员	71792	91433	147487
	普通职员	58413	66264	96111
	销售类职员	80952	103678	188160
	一线操作人员	53292	57541	80695

（3）未来科技城主要行业各职能岗位类型薪酬状况

未来科技城作为引进央企研发机构和海外人才为特色的全国科技创新中心主平台，重大共性技术研发创新平台，打造全球领先的技术创新高地，当前已吸引一批高水平企业研发中心入驻，产业聚集效应开始得到初步体现，其产业研发涉及新能源、新材料、节能环保、新一代信息技术等战略性新兴产业的重点领域。

在未来科技城重点发展的七个主要行业中，互联网、电子/半导体/集成电路、通讯/电信三个行业在管理岗位（高层管理、中层管理、初级管理）中位列前三名；专业/技术人员排名第一的通讯/电信行业与排名最后的生物/医药行业中位值差距比为 1.34 倍；销售类职员排名第一的互联网行业与排名最后的仪器仪表/自动化行业中位值差距比为 1.13 倍；普通职员岗位中互联网、通讯/电信、电子/半导体/集成电路行业位列前三；一线操作人员排名最后的生物/医药行业中位值接近 6 万元。

表 1-2.1.3　未来科技城主要行业各职能岗位类型薪酬状况（元/年）

行业	岗位类型	下四分位值	中位值	上四分位值
仪器仪表/自动化	高层管理	372802	513484	609866
	中层管理	153253	198038	293263
	初级管理	92392	111508	179260
	专业/技术人员	77459	101326	179859
	普通职员	64525	75366	111282
	销售类职员	85569	112319	200457
	一线操作人员	64110	70024	89563
通讯/电信	高层管理	478427	625995	807308
	中层管理	196873	246495	370385
	初级管理	108573	133016	204351
	专业/技术人员	106324	135286	203548
	普通职员	75039	84538	122236
	销售类职员	102227	122366	253231
	一线操作人员	67154	72866	91624
生物/医药	高层管理	415097	563373	652706
	中层管理	157271	207125	333660
	初级管理	83247	113924	192122
	专业/技术人员	78894	101229	187781
	普通职员	70521	79260	119763
	销售类职员	86822	114571	201614
	一线操作人员	53148	58698	81037
能源/化工/矿产	高层管理	431529	576491	666113
	中层管理	171509	219483	347645
	初级管理	94606	122228	186952
	专业/技术人员	87110	113310	187592
	普通职员	62250	72941	112133
	销售类职员	92221	113356	217218
	一线操作人员	57010	67274	79903

表 1-2.1.3　未来科技城主要行业各职能岗位类型薪酬状况（元/年）（续表一）

行业	岗位类型	下四分位值	中位值	上四分位值
计算机	高层管理	511270	605075	777254
	中层管理	175727	235726	361208
	初级管理	102046	126142	207324
	专业/技术人员	88912	113633	204934
	普通职员	66036	76128	118287
	销售类职员	102988	124035	230508
	一线操作人员	61894	66935	92123
互联网	高层管理	540478	676609	871047
	中层管理	212666	267508	394534
	初级管理	116111	150368	222616
	专业/技术人员	94449	124735	232253
	普通职员	78167	88424	132880
	销售类职员	105347	126952	244997
	一线操作人员	63909	70659	100438
电子/半导体/集成电路	高层管理	474410	632675	802203
	中层管理	183576	236460	361748
	初级管理	110332	134512	203978
	专业/技术人员	86363	111359	203157
	普通职员	70502	80956	115862
	销售类职员	94579	120076	216915

（4）经济技术开发区主要行业各职能岗位类型薪酬状况

北京经济技术开发区作为北京市唯一一个国家级经济技术开发区，也是"三城一区"中最早成立的经济产业片区，经过多年发展，在新一代信息技术、集成电路、医药健康、高端装备制造、新能源智能汽车等方面已经形成比较优势，也使得该区域内企业整体薪酬水平具有较强竞争实力。

在经济技术开发区主要行业中，互联网、电子商务、通讯/电信等 IT 相关行业薪酬优势较为明显，在各岗位类型中均处于上游；销售类职员中生物/医药行业位列第一，为 136826

元；一线操作人员中交通/运输/物流行业以薪酬中位值 76290 元位列第一，比最后一名教育/培训行业高出 1.17 倍。

表 1-2.1.4　经济技术开发区主要行业各职能岗位类型薪酬状况（元/年）

行业	岗位类型	下四分位值	中位值	上四分位值
电子/半导体/集成电路	高层管理	474475	638431	783384
	中层管理	188808	245380	350956
	初级管理	116303	138747	199685
	专业/技术人员	88947	124939	193960
	普通职员	67947	80860	105243
	销售类职员	110759	134163	226461
	一线操作人员	71258	75118	92306
电子商务	高层管理	456478	634079	830928
	中层管理	202299	264161	360184
	初级管理	126160	143578	219291
	专业/技术人员	93001	137829	196205
	普通职员	70144	89561	120340
	销售类职员	102753	132323	252662
	一线操作人员	69736	75141	92470
互联网	高层管理	509758	688725	864438
	中层管理	203411	257474	351713
	初级管理	119412	152584	222725
	专业/技术人员	103006	147926	211593
	普通职员	78997	89239	123574
	销售类职员	113580	136786	242560
	一线操作人员	61319	73972	83354

表 1-2.1.4　经济技术开发区主要行业各职能岗位类型薪酬状况（元/年）（续表一）

行业	岗位类型	下四分位值	中位值	上四分位值
机械设备制造	高层管理	408246	517890	679641
	中层管理	160591	205012	291625
	初级管理	107672	123952	171498
	专业/技术人员	88286	114794	192596
	普通职员	71100	81396	107089
	销售类职员	93957	120338	211575
	一线操作人员	67098	72204	85911
计算机	高层管理	512737	630382	814788
	中层管理	183335	235968	353887
	初级管理	113882	128944	202575
	专业/技术人员	92377	129492	187069
	普通职员	72785	80581	107429
	销售类职员	106642	131646	236494
	一线操作人员	65073	73329	92537
交通/运输/物流	高层管理	436197	508397	648756
	中层管理	152784	168244	310919
	初级管理	88956	107728	176162
	专业/技术人员	86850	113672	188211
	普通职员	70112	83223	119512
	销售类职员	67517	92310	152677
	一线操作人员	65258	76290	92534
教育/培训	高层管理	419806	561010	686629
	中层管理	148240	197280	315319
	初级管理	93302	117221	168116
	专业/技术人员	75755	105558	175996
	普通职员	68371	77483	105819
	销售类职员	98980	123844	209794
	一线操作人员	57574	65423	73262

表 1-2.1.4 经济技术开发区主要行业各职能岗位类型薪酬状况（元/年）（续表二）

行业	岗位类型	下四分位值	中位值	上四分位值
快速消费品	高层管理	352498	482780	614806
	中层管理	159732	204280	281484
	初级管理	99532	122331	172126
	专业/技术人员	81826	102328	167194
	普通职员	68327	78591	105258
	销售类职员	95915	114191	223594
	一线操作人员	67221	73450	80272
贸易/进出口	高层管理	373509	508966	699476
	中层管理	159524	204342	313989
	初级管理	92197	117174	164517
	专业/技术人员	75642	100176	158791
	普通职员	66861	73910	102632
	销售类职员	89844	116174	203593
	一线操作人员	61229	69047	79263
汽车及零配件	高层管理	333166	474744	622563
	中层管理	145397	183903	290818
	初级管理	90625	111842	147561
	专业/技术人员	75493	103645	167149
	普通职员	57637	66809	95299
	销售类职员	88019	110543	203564
	一线操作人员	58871	69467	83383
生物/医药	高层管理	448450	630766	875369
	中层管理	177726	235641	361789
	初级管理	115248	133577	188649
	专业/技术人员	93321	119377	193058
	普通职员	73387	81413	108498
	销售类职员	105933	136826	245415
	一线操作人员	64015	73705	90673

表 1-2.1.4　经济技术开发区主要行业各职能岗位类型薪酬状况（元/年）（续表三）

行业	岗位类型	下四分位值	中位值	上四分位值
通讯/电信	高层管理	497393	654096	896983
	中层管理	215557	268589	424514
	初级管理	121192	143828	210648
	专业/技术人员	95121	125874	201886
	普通职员	72029	84014	123579
	销售类职员	106431	133986	234683
	一线操作人员	71016	73497	95421
医疗设备/器械	高层管理	435685	560756	654069
	中层管理	164984	201453	295501
	初级管理	95583	117532	179718
	专业/技术人员	81274	102050	170955
	普通职员	73214	81959	103369
	销售类职员	91529	118940	212354
	一线操作人员	63341	69717	80701
仪器仪表/自动化	高层管理	380598	505042	651840
	中层管理	158624	194493	305735
	初级管理	89959	110369	171846
	专业/技术人员	86139	113413	168609
	普通职员	70948	80280	109525
	销售类职员	89810	110746	197069
	一线操作人员	64723	73845	87733
专业服务	高层管理	460285	602033	760684
	中层管理	177623	222706	345399
	初级管理	108496	131423	184635
	专业/技术人员	87244	114949	193198
	普通职员	65247	73910	103192
	销售类职员	96349	124432	222667
	一线操作人员	60445	67624	74698

2. "北京智造"薪酬状况

在北京市十四五规划中明确提出按照"稳住二产、发展高端、加强融合"的思路，坚持产业基础高级化、产业链现代化，大力发展战略性新兴产业，推动高端制造业和现代服务业深度融合，筑牢以实体经济为根基的高精尖经济结构，塑造具有全球竞争力的"北京智造""北京服务"。到 2025 年，高精尖产业增加值占地区生产、总值比重达到 30%，制造业增加值比重回升至 13%以上，力争达到 15%的发展目标。

北京高端制造业发展不仅迎来战略机遇期，更是承担起了推动北京乃至全国经济发展质量变革、效率变革、动力变革，提高全要素生产率的重任。

在此背景下，企业深入了解并掌握北京市智能制造、高端制造等产业的薪酬水平，将更加有助于吸引和保留人才，增强产业竞争力，进一步促进产业发展。

在"北京智造"中层及以上管理人员通用岗位中，薪酬排行前十的岗位分别为技术研发总监、技术总监、生产总监、生产技术总监、供应链总监、生产运营总监、销售总监、采购总监、运营总监、项目总监，该职业大类中岗位内部差距比为 3.95 倍，"北京智造"中层及以上管理人员职业大类通用岗位薪酬情况参见下表。

表 1-2.2.1 "北京智造"中层及以上管理人员职业大类通用岗位薪酬情况（元/年）

职业大类	岗位	下四分位值	中位值	上四分位值
中层及以上管理人员	采购总监	300020	451337	796123
	采购经理	167030	266281	398409
	供应商管理经理	155565	253543	391337
	技术研发总监	364541	588294	913152
	技术研发经理	195360	321766	456604
	工程｜设备经理	183941	284106	376244
	设备管理经理	166230	294285	445933
	客服总监	228733	304348	428605
	售前技术经理	143388	234176	368724
	技术服务经理	140057	218450	393255
	客服经理（非技术）	127859	206109	335822
	呼叫中心客服经理	122280	197510	342592

表 1-2.2.1 "北京智造"中层及以上管理人员职业大类通用岗位薪酬情况（元/年）

（续表一）

职业大类	岗位	下四分位值	中位值	上四分位值
中层及以上管理人员	财务总监	285845	430355	622435
	财务经理	182183	274129	386191
	成本经理	149843	236112	354295
	资金经理	151825	230418	362240
	税务经理	135854	215012	323712
	法务经理	156406	249564	364004
	人力资源总监	276374	408163	580626
	人力资源经理	163454	270991	381432
	薪资福利经理	142924	214191	343998
	绩效考核经理	135906	203957	317620
	培训经理	127846	191036	302960
	招聘经理	129228	196725	296732
	生产技术总监	322674	490210	781373
	生产总监	305500	490313	686343
	生产运营总监	297116	461328	793815
	总工程师丨副总工程师	255942	361562	522768
	生产技术经理	199838	347678	453900
	工厂经理丨厂长	234740	328230	459588
	生产运营经理	208868	342687	430016
	工程经理	166156	261620	413444
	产品设计经理	156667	254286	403573
	生产计划经理	165678	247394	363843
	生产经理	146116	224758	346876
	PMC 经理	136180	217652	382028
	车间主任	107571	156302	189674
	运营总监	305631	447826	794796

表 1-2.2.1 "北京智造"中层及以上管理人员职业大类通用岗位薪酬情况（元/年）

（续表二）

职业大类	岗位	下四分位值	中位值	上四分位值
中层及以上管理人员	市场总监	282787	425855	752731
	品牌经理	181555	279415	417448
	业务发展经理	174159	277706	413469
	产品经理	163198	269660	405017
	市场经理	162418	256890	394627
	运营经理	156989	255318	383996
	业务分析经理	154738	247281	378698
	营销经理	142837	234651	374289
	供应链总监	305799	485695	817893
	物流总监	267850	386887	693310
	供应链经理	166551	263778	403091
	物料经理	147604	223639	336168
	物流经理	141425	220003	376155
	运输经理	110916	169128	300189
	仓库经理	108150	148982	223384
	销售总监	299753	459935	829133
	渠道｜分销总监	256919	346378	597792
	销售经理	144864	247875	486305
	商务经理	147137	241571	372425
	渠道｜分销经理	121819	204766	428701
	销售行政经理	130119	190598	310309
	区域销售经理	114459	193666	390885
	技术总监	311640	490912	776071
	项目总监	287707	432116	733147
	技术经理	187904	314543	460730
	信息技术经理	162297	270470	436774

表 1-2.2.1 "北京智造"中层及以上管理人员职业大类通用岗位薪酬情况（元/年）

（续表三）

职业大类	岗位	下四分位值	中位值	上四分位值
中层及以上管理人员	项目经理	164822	271175	411291
	总经办主任	262953	389823	562754
	行政总监	241332	352339	469322
	行政经理	114395	171864	272386
	质量总监	272900	384147	634487
	质量管理经理	151221	241687	401256
	测试经理	150355	240150	398677
	品控经理	137568	226185	373628
	安全｜健康｜环境经理	123565	178363	303519

　　"北京智造"作为高端制造业，具有技术含量高，表现为知识、技术密集，体现多学科和多领域高精尖技术的集成，因此在"专业技术人员"通用岗位中与信息产业结合程度较高，薪酬中位值最高的岗位是芯片｜集成电路设计（29.72 万），专业技术人员职业大类通用岗位薪酬情况参见下表。

表 2-2.2.2 "北京智造"专业技术人员职业大类通用岗位薪酬情况（元/年）

职业大类	岗位	下四分位值	中位值	上四分位值
专业技术人员	FPGA 工程师	135075	200911	278021
	芯片｜集成电路设计	221808	297171	371424
	模拟集成电路设计工程师	129930	191241	276609
	数字集成电路设计工程师	129859	191473	250604
	嵌入式软件开发	126236	184363	270137
	集成电路应用工程师	120565	184204	264303
	电子技术研发工程师	112158	171789	249451
	电子软件开发	111975	168395	243241
	集成电路验证工程师	112629	159358	235529
	电气设计工程师	101773	151455	234036

表 2-2.2.2 "北京智造"专业技术人员职业大类通用岗位薪酬情况（元/年）

（续表一）

职业大类	岗位	下四分位值	中位值	上四分位值
专业技术人员	FPGA 工程师	135075	200911	278021
	芯片丨集成电路设计	221808	297171	371424
	模拟集成电路设计工程师	129930	191241	276609
	数字集成电路设计工程师	129859	191473	250604
	嵌入式软件开发	126236	184363	270137
	集成电路应用工程师	120565	184204	264303
	电子技术研发工程师	112158	171789	249451
	电子软件开发	111975	168395	243241
	集成电路验证工程师	112629	159358	235529
	电气设计工程师	101773	151455	234036
	自动化工程师	97560	147900	219712
	嵌入式硬件开发	94382	136550	222134
	射频工程师	91048	136980	205510
	测试工程师	90357	131247	201545
	电池丨电源开发	93093	128711	200857
	现场应用工程师	97955	133759	196293
	电气工程师丨技术员	89190	122613	178530
	版图设计工程师	83070	118563	167684
	电路工程师丨技术员	81895	110843	169980
	技术研发主管	171192	244742	314631
	产品工艺丨制程主管	139863	208701	293621
	科研人员	172511	210160	282367
	维修主管	132550	206399	279023
	工程丨设备主管	123691	175299	217024
	技术研发工程师	111499	168228	241738
	结构工程师	99156	147638	237851

表 2-2.2.2 "北京智造"专业技术人员职业大类通用岗位薪酬情况（元/年）

（续表二）

职业大类	岗位	下四分位值	中位值	上四分位值
专业技术人员	模具主管	105474	151345	242341
	机械工程师	101779	144573	229159
	机电工程师	94121	131759	198255
	实验室工程师	94664	135012	217991
	工程｜设备工程师	99335	131596	184460
	工业工程师	89978	134893	199952
	装配主管	95474	124889	209546
	注塑主管	90766	124430	191447
	产品规划工程师	90383	125805	187555
	维修工程师	88285	127241	174416
	产品工艺｜制程工程师	88050	126028	177704
	电力工程师	86428	119313	177257
	数控机床工程师	84254	117623	173613
	光源与照明工程师	84818	121191	171156
	模具工程师	83165	115674	169974
	焊接工程师	84302	110218	162723
	铸造｜锻造工程师	85862	117022	168672
	锅炉工程师	85409	113077	162870
	冲压工程师	84227	104660	159997
	注塑工程师	81850	104576	151710
	夹具工程师	82678	95217	138262
	工程｜机械绘图员	75955	93753	128238
	工业设计师	102942	147720	205728
	运维工程师	99397	144931	178385
	电气工程师	111725	165913	252215
	安全工程师	102521	155017	224471

表 2-2.2.2 "北京智造"专业技术人员职业大类通用岗位薪酬情况（元/年）

（续表三）

职业大类	岗位	下四分位值	中位值	上四分位值
专业技术人员	弱电工程师	88965	123423	185290
	安装工程师	89088	118486	195134
	设备管理工程师	85799	113887	173309
	安全员	73387	92800	121075
	技术服务主管	97022	136458	172694
	技术服务工程师	94193	132007	186371
	审计主管	127480	188001	211918
	资金主管	108988	156737	197655
	税务主管	112392	157659	181257
	财务主管	106388	152619	197158
	财务分析员	104330	151202	202106
	总账主管	108617	143449	180539
	投资专员	97072	132073	186713
	审计专员	93067	137250	174284
	成本主管	94460	128649	156542
	会计主管	94904	126044	153372
	总账会计	88801	123175	161738
	税务专员	81155	106505	150735
	资金专员	75666	102869	138497
	会计	72713	97421	131262
	成本会计	73439	95002	136128
	出纳员	67275	78350	106773
	知识产权丨专利顾问	157251	214027	231890
	法务主管	117941	161400	205038
	知识产权丨专利专员	101609	143269	184679
	法务专员	93213	131023	176350

表 2-2.2.2 "北京智造"专业技术人员职业大类通用岗位薪酬情况（元/年）

（续表四）

职业大类	岗位	下四分位值	中位值	上四分位值
专业技术人员	培训主管	96922	130944	157467
	薪资福利主管	96636	130485	155680
	招聘主管	96214	127724	157712
	人力资源主管	91482	122877	151919
	绩效考核主管	92928	123820	148149
	员工关系主管	89799	112579	143702
	人力资源专员	72948	96857	130378
	培训专员	70143	86865	118049
	薪资福利专员	68396	85812	112329
	企业文化专员	67061	82486	114709
	绩效考核专员	69390	80353	104841
	招聘专员	69003	79741	113612
	PMC 主管	146434	207417	236048
	项目主管（生产）	131838	172961	221151
	新产品导入主管	115634	171111	261551
	工程主管	117063	173544	207226
	生产计划主管	121668	171158	207038
	生产技术主管	115450	159183	250894
	生产运营主管	104010	146253	187877
	生产主管	102458	139043	173663
	环保工程师	93142	139228	217216
	项目工程师	94281	141332	186995
	新产品导入工程师	93167	130873	213238
	产品设计工程师	88171	118194	181379
	材料工程师	89115	118166	190483
	成本分析员	89185	121297	179752

表 2-2.2.2 "北京智造"专业技术人员职业大类通用岗位薪酬情况（元/年）

（续表五）

职业大类	岗位	下四分位值	中位值	上四分位值
专业技术人员	生产工程师	84237	116488	183211
	固废工程师	84255	120569	175523
	生产培训技师	90043	118024	158301
	污水处理工程师	85270	115890	174257
	环保检测	85910	117012	167622
	环境影响评价工程师	87996	112621	171805
	生产运营专员	68763	92031	128096
	生产计划协调员	67737	88479	115331
	PMC 专员	70120	83684	117574
	化验员	70285	82012	107114
	市场分析|调研人员	94280	125874	186852
	内部培训师	92630	123082	181393
	通信技术工程师	126382	192983	265583
	移动通信工程师	117589	176499	250317
	电信网络工程师	113166	164135	242833
	电信交换工程师	104774	160268	242258
	数据通信工程师	105203	156065	238599
	无线通信工程师	103162	147714	227750
	有线传输工程师	100970	151568	222962
	通信电源工程师	91624	138082	198587
	云计算架构师	203448	283393	396603
	高级软件工程师	199374	272245	391252
	语音识别工程师	178558	264868	304415
	高级硬件工程师	184777	258646	351417
	系统架构设计师	183633	259829	350038
	系统分析员	183272	258095	341894

表 2-2.2.2 "北京智造"专业技术人员职业大类通用岗位薪酬情况（元/年）

（续表六）

职业大类	岗位	下四分位值	中位值	上四分位值
专业技术人员	图像识别工程师	166116	239390	293974
	机器学习工程师	162705	245536	294875
	UI 设计顾问	179215	231049	353525
	算法工程师	144956	215468	282345
	网络架构设计师	177659	203857	280398
	数据挖掘工程师	138388	203828	277475
	大数据工程师	134208	198825	266989
	云计算工程师	132667	198325	282595
	项目主管	145846	206051	224644
	软件测试主管	126344	183873	292279
	Java 软件工程师	115935	182747	273545
	前端开发工程师	124093	178051	273637
	软件工程师	120528	174602	267298
	交互设计工程师	118796	180862	257838
	系统工程师	112419	173362	247660
	数据库开发工程师	114029	166336	248014
	仿真应用工程师	108955	163533	235479
	软件 UI 工程师	110778	159997	238040
	信息安全工程师	105850	151040	226092
	技术主管	108975	152560	248047
	需求工程师	102172	153523	234619
	项目专员	101407	149693	180010
	硬件工程师	95858	148833	207518
	数据库工程师	管理员	100335	146594	221639
	软件质量管理工程师	94895	138944	203724
	软件测试工程师	94310	136703	212852

表 2-2.2.2 "北京智造"专业技术人员职业大类通用岗位薪酬情况（元/年）

（续表七）

职业大类	岗位	下四分位值	中位值	上四分位值
专业技术人员	系统集成工程师	88100	130753	189392
	信息技术专员	87371	122345	170171
	硬件测试工程师	87597	120247	194566
	标准化工程师	84456	121037	165537
	数据分析	84913	116559	167524
	系统测试工程师｜员	84642	111080	162987
	语音｜视频开发工程师	86481	103475	147945
	信息技术主管	88164	103300	161506
	技术文员	77857	85302	116594
	测试主管	135425	198868	287802
	品控主管	132055	189869	299391
	质量管理主管	115068	159018	198642
	安全｜健康｜环境主管	112705	151442	193245
	认证工程师	90873	134831	193758
	故障分析工程师	91173	123805	187161
	可靠度工程师	90461	124399	190072
	计量工程师	86453	117640	179369
	质量管理工程师｜员	89344	112333	161500
	体系工程师	84184	113794	182056
	测试工程师｜员	82153	111346	169740
	品控工程师	84604	106877	160360
	安全｜健康｜环境工程师	76085	107321	150441
	三坐标测量员	77337	96935	137727
	来料检验工程师｜员	81321	98358	147224
	检验员	76288	91377	132499
	水质检测员	74366	78184	104048
	外语翻译	130541	191686	207711

在办事人员和有关人员岗位中，行政主管的薪酬中位值最高（11.31万元），薪酬中位值最低的岗位是前台文员（6.61万元），制造业办事人员和有关人员部分通用岗位薪酬情况参见下表。

表2-2.2.3 "北京智造"办事人员和有关人员职业大类通用岗位薪酬情况（元/年）

职业大类	岗位	下四分位值	中位值	上四分位值
办事人员和有关人员	行政主管	86524	113108	131527
	经理助理｜秘书	72785	90350	126505
	档案资料管理员	67258	76865	104358
	部门专员	69015	76284	99928
	办公文员	64586	72706	94638
	行政专员	55987	67503	88194
	前台文员	53933	66145	83390

在社会生产服务和生活服务人员职业大类通用岗位中，薪酬中位值排行前十的岗位为业务发展主管、销售主管、产品主管、供应商管理主管、运营主管、采购主管、售前技术主管、供应链主管、招投标专员｜工程师、销售工程师，该职业大类中岗位内部差距比为3.15倍，社会生产服务和生活服务人员职业大类通用岗位薪酬情况参见下表。

表2-2.2.4 "北京智造"社会生产服务和生活服务人员职业大类通用岗位薪酬情况（元/年）

职业大类	岗位	下四分位值	中位值	上四分位值
社会生产服务和生活服务人员	供应商管理主管	125120	179794	224632
	采购主管	122258	169655	215729
	供应商开发	89818	127029	170441
	采购专员	81479	109310	160291
	供应商管理专员	80566	108082	156558
	售前技术主管	121186	166616	206761
	售前技术工程师	107828	149087	214743
	实施工程师	89374	129061	187671
	客服主管（非技术）	92366	124556	148818

表 2-2.2.4 "北京智造"社会生产服务和生活服务人员职业大类通用岗位薪酬情况（元/年）（续表一）

职业大类	岗位	下四分位值	中位值	上四分位值
社会生产服务和生活服务人员	投诉处理主管	87855	112193	135440
	呼叫中心客服主管	89049	108177	140087
	在线客服主管	89504	106534	130548
	投诉专员	69346	78703	107390
	咨询热线丨呼叫中心服务人员	68680	76180	105155
	呼叫中心客服	66570	75693	108067
	客服专员（非技术）	67975	75174	105109
	在线客服	66136	73438	97401
	资质专员	74700	95496	140921
	实验室管理员	67200	84936	113635
	产品主管	127237	184523	223088
	业务发展主管	122085	185034	219861
	运营主管	118341	174172	205848
	招投标专员丨工程师	106704	156388	196370
	市场主管	111070	147687	190552
	市场专员	85036	121430	174036
	业务发展专员	85302	117780	166051
	品牌专员	83478	115649	160168
	产品专员	80236	111185	161908
	新媒体运营专员	77307	106617	151977
	运营专员	68724	92479	122878
	供应链主管	110952	164908	206419
	物流主管	102060	143852	182456
	运输主管	102115	135589	171887
	物料主管	95998	130560	158288
	货车司机	79629	108486	147687
	仓库主管	84331	100373	119077

表 2-2.2.4 "北京智造"社会生产服务和生活服务人员职业大类通用岗位薪酬情况（元/年）（续表二）

职业大类	岗位	下四分位值	中位值	上四分位值
社会生产服务和生活服务人员	供应链专员	75520	95731	134484
	快递员	74876	100666	142420
	物流专员	72297	96024	132648
	订单管理员	68097	81836	109791
	调度员	62648	79142	117006
	物料专员	68190	79721	106675
	分拣员	61404	74372	109000
	打包丨配货员	59190	67733	99975
	仓库管理员	54232	63232	81311
	物业管理主管	90146	113130	137609
	消防安全主管	90347	111650	134169
	中控主管	86624	103853	128015
	消防安全工程师	78405	93053	125693
	消防安全员	67887	71323	99878
	物业管理专员丨助理	65301	68561	86800
	物业设施管理人员	59223	68994	95995
	物业维修人员	60190	69080	100923
	绿化丨养护工	59187	63892	86277
	停车场管理员	55611	58703	74365
	销售主管	103944	184747	332380
	销售工程师	97115	154172	352359
	商务主管	102723	141862	188413
	渠道丨分销主管	84211	140128	263927
	销售行政主管	102156	145582	175166
	销售代表	76549	122214	342188
	电话销售主管	75370	120612	214914

表 2-2.2.4 "北京智造"社会生产服务和生活服务人员职业大类通用岗位薪酬情况（元/年）（续表三）

职业大类	岗位	下四分位值	中位值	上四分位值
社会生产服务和生活服务人员	电话销售	67687	107726	298500
	渠道∣分销专员	65350	99136	291586
	商务专员	72535	98893	133284
	销售助理	60634	76413	100886
	销售行政专员	65974	73350	91336
	后勤主任	87273	107040	131001
	司机	66991	91832	129466
	保安队长	64644	81658	114017
	清洁工	59970	65404	91448
	保安	55867	61089	85922

在生产制造及有关人员职业大类通用岗位中，薪酬中位值最高的岗位是生产督导（11.30 万元），中位值最低的岗位是安防员（5.75 万元），岗位内部差距比为 1.96 倍，生产制造及有关人员职业大类通用岗位薪酬情况参见下表。

表 2-2.2.5 "北京智造"生产制造及有关人员职业大类通用岗位薪酬情况（元/年）

职业大类	岗位	下四分位值	中位值	上四分位值
生产制造及有关人员	钳工∣钣金工	79442	86780	115743
	模具工	75422	92762	136862
	电焊工∣铆焊工	79255	92461	132181
	切割技工	72477	94934	128683
	叉车工	74825	90566	133857
	机修工	75222	95225	131410
	电工	74900	89279	126614
	技工	69485	88707	132077
	电梯工	69445	89840	128359
	数控操机	73452	97689	137362

表 2-2.2.5 "北京智造"生产制造及有关人员职业大类通用岗位薪酬情况（元/年）

（续表一）

职业大类	岗位	下四分位值	中位值	上四分位值
生产制造及有关人员	配料员	67720	87006	120815
	车工｜磨工｜铣工｜冲压工｜锣工	70639	82820	115414
	空调工	66105	84046	117815
	污水处理工	66899	82128	120740
	安装工	67461	78972	114129
	装配工	65931	82825	109229
	锅炉工	66723	78975	107157
	电子焊接工	68459	79671	112728
	水工｜木工｜油漆工	67213	77054	108847
	喷漆工	68419	76148	105709
	注塑工	64831	74129	104033
	搬运工	64940	73185	99457
	普工	63038	68734	97802
	包装工	59680	68870	95587
	施工员	78445	94632	135459
	资料员	68505	74828	102651
	安防员	54402	57488	70859
	生产督导	86491	112960	157022
	生产领班｜线长	83501	102974	149914
	生产文员	62336	67815	76538
	中控员	67105	82246	112573

三、职业篇

由于行业特点、工作责任、劳动强度、工作条件和价值贡献等差异，不同职业间薪酬水平存在着一定差距；通过分析不同职业的薪酬水平状况，可以进一步促进人员在不同职业间流动，达到优化资源配置的效果。

注：本职业篇职业划分标准均按照中华人民共和国职业分类大典（2015版）标准，采用线下企业薪酬调查数据进行汇总统计。

1. 北京市企业从业人员分职业大类工资价位（2020）

从不同职业大类来看，北京市企业单位负责人的中位值最高，达到了209026元/年。农、林、牧、渔业生产及辅助人员的中位值最低（4.84万元），整体差距比为4.32倍。

表 1-3.1　企业从业人员分职业大类工资价位（元/年）

职业大类	下四分位值	中位值	上四分位值
企业单位负责人	124404	209026	354434
专业技术人员	86080	129871	200867
办事人员和有关人员	60600	91514	139961
社会生产服务和生活服务人员	53246	74707	100835
生产制造及有关人员	65205	86619	117457
农、林、牧、渔业生产及辅助人员	34114	48430	67032

2. 北京市企业从业人员分职业中类工资价位（2020）

调查数据表明，薪酬中位值排名前十位的岗位分别是飞机和船舶技术人员、企业单位负责人、信息传输、软件和信息技术服务人员、金融服务人员、科学研究人员、法律、社会和宗教专业人员、电力、燃气及水供应服务人员、化学原料和化学制品制造人员、工程技术人员、经济和金融专业人员。

排名后十位的分别是文教、工美、体育和娱乐用品制造人员，农、林、牧、渔业生产辅助人员，居民服务人员，租赁和商务服务人员，住宿和餐饮服务人员，农业生产人员，纺织品、服装和皮革、毛皮制品加工制作人员，文化、体育和娱乐服务人员，水利、环境和公共设施管理服务人员，畜牧业生产人员。

表 1-3.2 企业从业人员分职业中类工资价位（元/年）

职业中类名称	下四分位值	中位值	上四分位值
企业单位负责人	124456	209025	354411
科学研究人员	108441	161917	241156
工程技术人员	90655	131891	197219
农业技术人员	63852	93520	129652
飞机和船舶技术人员	176441	319984	555189
卫生专业技术人员	75225	121939	191890
经济和金融专业人员	84561	131441	212074
法律、社会和宗教专业人员	109422	160085	244609
教学人员	48089	64506	102213
文学艺术、体育专业人员	46525	95750	176787
新闻出版、文化专业人员	89470	131441	206016
办事人员	61769	93413	143899
安全和消防人员	54643	76265	104526
批发与零售服务人员	51682	75130	111122
交通运输、仓储和邮政业服务人员	49670	75998	98491
住宿和餐饮服务人员	42623	57030	77622
信息传输、软件和信息技术服务人员	104521	164843	239305
金融服务人员	86623	163796	301097
房地产服务人员	54668	71252	96181
租赁和商务服务人员	42037	57071	72501
技术辅助服务人员	73872	94425	122477
水利、环境和公共设施管理服务人员	38293	50409	76818
居民服务人员	42814	58409	100622
电力、燃气及水供应服务人员	121302	149568	171965

表1-3.2 企业从业人员分职业中类工资价位（元/年）（续表一）

职业中类名称	下四分位值	中位值	上四分位值
修理及制作服务人员	68412	89222	124334
文化、体育和娱乐服务人员	40393	52474	80788
健康服务人员	38321	67924	86149
农业生产人员	48484	56768	89397
畜牧业生产人员	35741	49054	66713
农、林、牧、渔业生产辅助人员	50304	58942	71177
农副产品加工人员	50644	62036	69304
食品、饮料生产加工人员	64911	84560	115590
纺织、针织、印染人员	47597	65563	91492
纺织品、服装和皮革、毛皮制品加工制作人员	46008	56489	68039
木材加工、家具与木制品制作人员	51265	66445	77734
纸及纸制品生产加工人员	60177	82250	94530
印刷和记录媒介复制人员	64860	82660	119618
文教、工美、体育和娱乐用品制造人员	50449	60838	77142
化学原料和化学制品制造人员	95366	132512	177725
医药制造人员	65540	90695	133886
橡胶和塑料制品制造人员	61637	73369	83904
非金属矿物制品制造人员	78831	89407	107021
金属冶炼和压延加工人员	74012	90659	108335
机械制造基础加工人员	61922	78142	97518
金属制品制造人员	78926	88496	92830
通用设备制造人员	71684	84912	101886
专用设备制造人员	50902	67121	89301
汽车制造人员	65480	82313	105141
铁路、船舶、航空设备制造人员	108976	122657	143456
电气机械和器材制造人员	51874	65183	81873
计算机、通信和其他电子设备制造人员	65249	76922	99463

表 1–3.2　企业从业人员分职业中类工资价位（元/年）（续表二）

职业中类名称	下四分位值	中位值	上四分位值
仪器仪表制造人员	65656	84646	107979
废弃资源综合利用人员	105271	126771	161287
电力、热力、气体、水生产和输配人员	80873	114392	146905
建筑施工人员	68737	100149	130411
运输设备和通用工程机械操作人员及有关人员	72991	92151	122481
生产辅助人员	64447	87565	118971

3. 北京市企业从业人员分职业细类工资价位（2020）

线下企业薪酬调查数据表明，在"企业单位负责人"职业细类中，薪酬中位值排名前十位的职业分别是投资经理、总会计师、战略发展经理、党委（支部）书记、财务总监、研究和开发部门经理、工会主席、计算机服务部门经理、企业监事、销售总监；排名后十位的分别是销售和营销部门经理、采购部门经理、办公室主任、总监理工程师、区域市场主管、车间主任（工段长）、物流经理、客房部门经理、超市店长、餐厅部门经理。该职业大类内部差距比为 4.06 倍。各职业具体薪酬情况参见下表。

表 1–3.3.1　企业单位负责人分职业细类工资价位（元/年）

职业大类	职业细类	下四分位值	中位值	上四分位值
企业单位负责人	党委（支部）书记	205240	320880	472927
	生产经营部门经理	139832	219360	340735
	财务部门经理	126302	194092	303316
	行政部门经理	118203	188958	289140
	人事部门经理	118080	188827	293605
	销售和营销部门经理	95489	175991	340860
	广告和公关部门经理	104744	195880	328844
	采购部门经理	110126	171483	259990
	计算机服务部门经理	170779	293850	474779
	研究和开发部门经理	194849	312114	471932

表 1–3.3.1　企业单位负责人分职业细类工资价位（元/年）（续表一）

职业大类	职业细类	下四分位值	中位值	上四分位值
企业单位负责人	餐厅部门经理	61269	80479	111458
	客房部门经理	81979	115154	155500
	办公室主任	110406	165986	246065
	策划经理	121640	192000	247697
	产品规划经理	150685	228000	327681
	超市店长	64395	96367	146069
	车间主任（工段长）	97088	143535	211264
	出版部主任	175497	236093	331918
	党群工作部经理	180600	265473	371216
	法务部经理	174415	253668	421027
	工程部经理	119937	189785	306783
	建筑工程项目经理	132448	193490	264919
	区域市场主管	88166	147900	237790
	投资经理	194400	326404	451466
	外贸经理	153834	228638	371620
	网络，软件项目经理	136500	192000	270000
	物流经理	94992	126635	171947
	战略发展经理	210920	323885	490378
	资产运营管理部经理	163084	250595	368200
	总编室主任	167882	216490	272880
	财务总监	187809	317948	480000
	策划总监	196717	288000	334893
	工会主席	170040	301740	456715
	技术总监	84000	198128	406848
	企业监事	127880	291726	468020
	人力资源总监	162975	256213	418445
	市场总监	159230	270000	442470

表 1-3.3.1　企业单位负责人分职业细类工资价位（元/年）（续表二）

职业大类	职业细类	下四分位值	中位值	上四分位值
企业单位负责人	销售总监	145710	291000	599670
	总编辑	183004	278257	379922
	总工程师	167077	222237	376960
	总会计师	199520	324000	543050
	总监理工程师	122900	157020	208650
	总经济师	171140	217200	342191

在专业技术人员职业大类中，薪酬中位值排名前十位的职业是拍卖专业人员、飞行驾驶员、民航通用航空工程技术人员、铁道运输工程技术人员、民用航空器维修与适航工程技术人员、银行清算专业人员、发电工程技术人员、电影电视制片人、证券发行专业人员、冶金热能工程技术人员。各职业具体薪酬情况参见下表。

表 1-3.3.2　专业技术人员分职业细类工资价位（元/年）

职业大类	职业细类	下四分位值	中位值	上四分位值
专业技术人员	经济学研究人员	82315	124566	204803
	法学研究人员	78945	135645	209160
	教育学研究人员	66000	148810	234215
	自然科学和地球科学研究人员	146119	214775	318075
	农业科学研究人员	63552	116020	140335
	医学研究人员	106660	145817	225456
	管理学研究人员	125133	166225	211017
	文学、艺术研究人员	56000	94590	166670
	地质实验测试工程技术人员	128969	160454	209956
	水工环地质工程技术人员	123082	205145	253802
	钻探工程技术人员	190574	231206	271058
	大地测量工程技术人员	94968	119388	147696
	工程测量工程技术人员	92625	126429	178130
	摄影测量与遥感工程技术人员	104168	138101	176265

表 1-3.3.2 专业技术人员分职业细类工资价位（元/年）（续表一）

职业大类	职业细类	下四分位值	中位值	上四分位值
专业技术人员	经济学研究人员	82315	124566	204803
	法学研究人员	78945	135645	209160
	教育学研究人员	66000	148810	234215
	自然科学和地球科学研究人员	146119	214775	318075
	农业科学研究人员	63552	116020	140335
	医学研究人员	106660	145817	225456
	管理学研究人员	125133	166225	211017
	文学、艺术研究人员	56000	94590	166670
	地质实验测试工程技术人员	128969	160454	209956
	水工环地质工程技术人员	123082	205145	253802
	钻探工程技术人员	190574	231206	271058
	大地测量工程技术人员	94968	119388	147696
	工程测量工程技术人员	92625	126429	178130
	摄影测量与遥感工程技术人员	104168	138101	176265
	地图制图工程技术人员	125872	136362	155926
	海洋测绘工程技术人员	149825	158915	168945
	地理信息系统工程技术人员	92230	127480	165123
	地质测绘工程技术人员	52005	72288	90092
	石油天然气储运工程技术人员	109899	147746	174540
	冶炼工程技术人员	174521	211578	256428
	轧制工程技术人员	171818	201580	245469
	焦化工程技术人员	174295	203226	230749
	金属材料工程技术人员	148628	196443	254664
	耐火材料工程技术人员	154501	226484	274443
	冶金热能工程技术人员	100229	251745	284865
	化工实验工程技术人员	87861	118661	158044
	化工设计工程技术人员	114720	159600	225467

表 1-3.3.2 专业技术人员分职业细类工资价位（元/年）（续表二）

职业大类	职业细类	下四分位值	中位值	上四分位值
专业技术人员	化工生产工程技术人员	82062	152247	194099
	机械设计工程技术人员	106390	158188	219801
	机械制造工程技术人员	89300	127497	193590
	仪器仪表工程技术人员	44810	70630	128207
	设备工程技术人员	89692	126358	183878
	医学设备管理工程技术人员	70980	110118	188746
	模具设计工程技术人员	85247	110032	154277
	自动控制工程技术人员	85400	107784	151556
	材料成形与改性工程技术人员	127373	154410	198180
	焊接工程技术人员	69652	82832	120571
	特种设备管理和应用工程技术人员	101521	116776	132937
	汽车工程技术人员	98095	166551	262377
	智能制造工程技术人员	99182	143280	212343
	电子材料工程技术人员	134083	198656	270928
	电子元器件工程技术人员	93170	114212	148715
	电子仪器与电子测量工程技术人员	92603	111084	145744
	广播视听设备工程技术人员	60850	90633	120954
	通信工程技术人员	98031	156813	251988
	计算机硬件工程技术人员	72390	129370	216912
	计算机软件工程技术人员	113251	169911	244386
	计算机网络工程技术人员	102107	167756	250051
	信息系统分析工程技术人员	131482	207512	286974
	嵌入式系统设计工程技术人员	122911	166994	218400
	信息安全工程技术人员	60000	125451	193136
	信息系统运行维护工程技术人员	101868	134611	180649
	电工电器工程技术人员	58549	104382	183569
	电缆光缆工程技术人员	61366	90846	108868

表 1-3.3.2 专业技术人员分职业细类工资价位（元/年）（续表三）

职业大类	职业细类	下四分位值	中位值	上四分位值
专业技术人员	光源与照明工程技术人员	67875	79100	85701
	发电工程技术人员	217658	289382	441840
	供用电工程技术人员	79200	115628	209348
	变电工程技术人员	80235	205742	249511
	输电工程技术人员	172251	184205	205562
	电力工程安装工程技术人员	76866	101403	140110
	广播电视制播工程技术人员	114774	166090	197848
	广播电视传输覆盖工程技术人员	104290	142376	172451
	电影工程技术人员	59523	86955	100151
	汽车运用工程技术人员	137244	204819	274888
	道路交通工程技术人员	156255	182209	244198
	民用航空器维修与适航工程技术人员	266842	309921	458220
	民航通用航空工程技术人员	264891	348084	446361
	铁道运输工程技术人员	208079	328216	455139
	铁道车辆工程技术人员	113338	127783	182662
	铁道工务工程技术人员	76346	126018	139242
	城乡规划工程技术人员	168165	243505	334770
	建筑和市政设计工程技术人员	109464	168861	262260
	土木建筑工程技术人员	84720	110335	154648
	风景园林工程技术人员	120000	175965	253388
	供水排水工程技术人员	128251	151336	186899
	工程勘察与岩土工程技术人员	103010	139813	209436
	城镇燃气供热工程技术人员	164064	196116	287325
	环境卫生工程技术人员	138550	181578	237379
	道路与桥梁工程技术人员	100260	132231	181941
	港口与航道工程技术人员	70995	140480	204765
	铁路建筑工程技术人员	80989	90764	100133

表 1-3.3.2　专业技术人员分职业细类工资价位（元/年）（续表四）

职业大类	职业细类	下四分位值	中位值	上四分位值
专业技术人员	水利水电建筑工程技术人员	83980	118424	168014
	爆破工程技术人员	61628	99415	105273
	非金属矿及制品工程技术人员	101138	117203	149375
	无机非金属材料工程技术人员	61659	101254	168477
	园林绿化工程技术人员	77420	108775	145680
	园林植物保护工程技术人员	82777	136568	176584
	水资源工程技术人员	109254	142572	164079
	水生态和江河治理工程技术人员	80103	99198	118770
	水利工程管理工程技术人员	164104	212477	259451
	染整工程技术人员	72717	113980	136391
	非织造工程技术人员	67443	93171	154876
	服装工程技术人员	53160	70340	103552
	食品工程技术人员	98194	119981	147120
	环境监测工程技术人员	117612	152554	180462
	环境污染防治工程技术人员	69601	131979	196917
	环境影响评价工程技术人员	72137	170323	290279
	核与辐射监测工程技术人员	62941	70501	83440
	健康安全环境工程技术人员	85572	127248	154038
	安全防范设计评估工程技术人员	77242	118500	164450
	消防工程技术人员	54067	62038	83540
	安全生产管理工程技术人员	93794	124068	166744
	安全评价工程技术人员	90000	134476	157798
	房屋安全鉴定工程技术人员	139690	186260	219405
	标准化工程技术人员	95842	125325	176525
	计量工程技术人员	85115	126540	179365
	质量管理工程技术人员	83537	121680	178518
	质量认证认可工程技术人员	82375	110530	152840

表 1-3.3.2 专业技术人员分职业细类工资价位（元/年）（续表五）

职业大类	职业细类	下四分位值	中位值	上四分位值
专业技术人员	可靠性工程技术人员	70393	93705	176920
	工业工程技术人员	92785	128610	196908
	物流工程技术人员	71376	99312	128400
	战略规划与管理工程技术人员	130976	196396	275363
	项目管理工程技术人员	91179	128924	189210
	能源管理工程技术人员	130263	152640	171140
	监理工程技术人员	64200	77955	103850
	信息管理工程技术人员	92653	145861	213642
	数据分析处理工程技术人员	77328	96800	159490
	工程造价工程技术人员	88374	119150	163891
	产品质量检验工程技术人员	73235	101791	144005
	特种设备检验检测工程技术人员	105428	130585	166795
	卫生检疫人员	50910	66000	98089
	制药工程技术人员	120898	146996	178200
	印刷复制工程技术人员	74500	113820	151962
	产品设计工程技术人员	111484	162990	254000
	工业设计工程技术人员	108306	144280	198175
	塑料加工工程技术人员	84364	104610	139263
	土地整治工程技术人员	36333	88722	147958
	生物工程技术人员	96840	127345	166632
	兽医	88296	104087	122900
	畜牧技术人员	70973	90480	128170
	农业工程技术人员	94288	142262	181600
	飞行驾驶员	235326	393294	599177
	内科医师	172465	222062	273808
	外科医师	129249	207648	280678
	儿科医师	146742	200687	435523

表 1-3.3.2　专业技术人员分职业细类工资价位（元/年）（续表六）

职业大类	职业细类	下四分位值	中位值	上四分位值
专业技术人员	妇产科医师	138000	221009	298698
	眼科医师	169928	214317	322985
	耳鼻咽喉科医师	184845	215440	304840
	口腔科医师	96000	191197	249864
	皮肤科医师	68000	190533	280626
	精神科医师	196753	243120	286398
	急诊科医师	178505	227542	292410
	康复科医师	88689	152068	159783
	麻醉科医师	156000	227328	387181
	病理科医师	142308	217970	284876
	放射科医师	201058	247344	292694
	超声科医师	152400	219223	252072
	肿瘤科医师	149532	204654	229617
	全科医师	125404	151806	215095
	妇幼保健医师	63906	86057	99685
	临床检验科医师	81910	123695	160416
	职业病科医师	169382	232689	247509
	中医内科医师	84035	121200	210030
	中医皮肤科医师	74400	89000	108206
	中医骨伤科医师	56369	77161	127540
	针灸医师	88370	108272	123831
	中医康复医师	38400	68160	153722
	中西医结合皮肤与性病科医师	96361	111451	145473
	药师	66492	89854	138055
	中药师	41655	78328	140800
	影像技师	90523	116826	129567
	口腔医学技师	48000	76000	110420

表 1-3.3.2 专业技术人员分职业细类工资价位（元/年）（续表七）

职业大类	职业细类	下四分位值	中位值	上四分位值
专业技术人员	病理技师	100486	125625	223854
	临床检验技师	77996	127750	175389
	康复技师	81359	105231	125478
	病案信息技师	60000	78378	111678
	中医技师	50818	80400	97908
	内科护士	75398	117886	130902
	儿科护士	54420	77215	110401
	急诊护士	72339	85432	95162
	外科护士	64809	108437	135854
	社区护士	87283	118817	135576
	助产士	105600	177109	233866
	口腔科护士	51815	68540	95509
	妇产科护士	69600	80220	121504
	中医护士	51717	58400	66855
	门诊护士	68160	120807	182583
	手术室护士	80400	102000	116282
	供应室护士	60710	99287	140693
	经济规划专业人员	135020	217274	347005
	价格专业人员	79509	131018	189920
	调查分析师	80082	136800	177250
	统计数据分析员	69827	104396	150593
	出纳	66710	88479	119658
	会计	77612	104796	148016
	车间会计	59827	81932	98567
	核算会计	75298	105203	159701
	总帐会计	88968	123900	169207
	财务分析师	112692	168000	270000

表 1-3.3.2 专业技术人员分职业细类工资价位（元/年）（续表八）

职业大类	职业细类	下四分位值	中位值	上四分位值
专业技术人员	基建财务专员	96287	140259	200645
	财务文员	66748	96087	137760
	审计专业人员	91283	150000	252698
	税务专业人员	51898	114143	185119
	资产评估人员	74749	111075	155228
	房地产估价专业人员	44400	52350	152756
	国际商务专业人员	97248	129840	219840
	市场营销专业人员	86256	137200	213043
	商务策划专业人员	94896	156000	219775
	品牌专业人员	85306	156964	255771
	会展策划专业人员	66442	100920	148203
	房地产开发专业人员	163290	211367	284508
	医药代表	108988	187713	258353
	管理咨询专业人员	92000	165090	243206
	拍卖专业人员	443940	543846	649572
	物业经营管理专业人员	98049	134801	180332
	经纪与代理专业人员	77352	122134	184662
	报关专业人员	63400	81649	103216
	人力资源管理专业人员	92635	127595	180363
	人力资源服务专业人员	64772	92674	126518
	职业信息分析专业人员	61750	68485	74694
	银行清算专业人员	258298	290890	324121
	信贷审核专业人员	173788	228802	351516
	精算专业人员	111969	216898	228766
	保险核保专业人员	87573	137714	222685
	保险理赔专业人员	94430	149157	210578
	证券发行专业人员	154544	254998	336276

表 1-3.3.2 专业技术人员分职业细类工资价位（元/年）（续表九）

职业大类	职业细类	下四分位值	中位值	上四分位值
专业技术人员	证券交易专业人员	99672	129126	204932
	证券投资专业人员	151400	213634	282831
	理财专业人员	86420	198489	364429
	黄金投资专业人员	177882	207332	223690
	专利代理专业人员	90000	101478	134383
	专利管理专业人员	99270	160762	191265
	版权专业人员	143937	182108	223641
	商标代理专业人员	77296	104418	116131
	资产运营管理经济师	132190	178670	279163
	律师	61200	115642	168332
	法律顾问	119063	172923	264142
	高等教育教师	81607	154779	185902
	中等职业教育教师	151722	188306	215001
	中学教育教师	144314	191181	214325
	小学教育教师	92134	139427	178507
	幼儿教育教师	45965	56000	71322
	导演	122321	177180	217190
	电影电视制片人	162000	258590	333266
	电影电视场记	102960	112200	126000
	电影电视摄影师	114292	151600	184710
	剪辑师	71256	95600	137075
	音像师	55280	92915	108706
	美工师	60108	95600	120000
	视觉传达设计人员	88355	118979	156794
	服装设计人员	64108	97447	127790
	动画设计人员	192000	244800	302400
	环境设计人员	98686	159542	245030

表 1-3.3.2 专业技术人员分职业细类工资价位（元/年）（续表十）

职业大类	职业细类	下四分位值	中位值	上四分位值
专业技术人员	工艺美术专业人员	97706	143179	183994
	数字媒体艺术专业人员	117643	158468	179907
	陈列展览设计人员	64387	98671	140799
	教练员	37924	43379	47319
	文字记者	120283	160251	202826
	摄影记者	130048	140520	149967
	文字编辑	110100	149478	224946
	美术编辑	113050	182054	240000
	技术编辑	77074	128586	203160
	音像电子出版物编辑	71928	100557	106585
	网络编辑	71558	106200	161271
	校对员	74480	102405	116286
	播音员	68265	78230	99654
	节目主持人	119581	183600	233600
	翻译	99396	125504	163830
	图书资料专业人员	52355	91308	127915
	档案专业人员	59115	100448	157018

在办事人员和有关人员职业大类中，薪酬中位值最高的是投资及资产管理业务人员（16.64 万元），薪酬中位值最低的岗位是收发员（4.88 万元），各职业具体薪酬情况参见下表。

表 1-3.3.3 办事人员和有关人员分职业细类工资价位（元/年）

职业大类	职业细类	下四分位值	中位值	上四分位值
办事人员和有关人员	行政办事员	78000	115719	176789
	统计调查员	63079	93016	152516
	机要员	100128	112322	159154
	秘书	63768	96494	159610
	公关员	70880	121695	220761

表 1-3.3.3　办事人员和有关人员分职业细类工资价位（元/年）（续表一）

职业大类	职业细类	下四分位值	中位值	上四分位值
办事人员和有关人员	收发员	42000	48755	71796
	打字员	56147	65451	80000
	速录师	61800	69600	74573
	制图员	75958	100760	129150
	后勤管理员	52142	70857	94691
	产品规划专员	94427	135537	204144
	工会干事	96603	134930	181139
	合同管理专员	77860	107597	151660
	活动策划员	94251	115060	156000
	计算机操作员	57968	84252	110216
	企划管理师	106136	134929	187864
	企业宣传及品牌管理专员	93435	137173	221508
	企业医务人员	75596	128010	141900
	投资及资产管理业务人员	113407	166440	261955
	文案策划员	72102	98400	139440
	文员	56150	79260	112420
	保卫管理员	56564	77571	105253
	消防员	64320	100420	107396
	消防指挥员	56880	61002	79428
	消防装备管理员	38093	57600	64789
	消防安全管理员	55735	78540	95455
	消防监督检查员	42000	70697	113136

　　在社会生产服务和生活服务人员职业大类中，薪酬中位值排行前十的职业分别为银行信贷员、风险管理师、保险保全员、全媒体运营师、银行客户业务员、银行信用卡业务员、计算机程序设计员、烟草制品购销员、房地产策划师、行政总厨。薪酬中位值排行后十的职业分别是餐厅服务员、家政服务员、草坪园艺师、客衣收发员、导医、配菜员（打荷）、交通管理员、保洁员、保育员、康乐服务员。各职业具体薪酬情况参见下表。

表 1-3.3.4 社会生产服务和生活服务人员分职业细类工资价位（元/年）

职业大类	职业细类	下四分位值	中位值	上四分位值
社会生产服务和生活服务人员	采购人员	70400	95600	144276
	营销员	63691	96224	151055
	电子商务师	42219	58847	130608
	商品营业员	48000	60753	81103
	收银员	47760	59232	82968
	互联网营销师	82803	103769	137800
	农产品购销员	37409	110471	264500
	医药商品购销员	95639	111161	131532
	出版物发行员	55165	69517	93665
	烟草制品购销员	183755	199039	211088
	轨道列车司机	113612	126751	138679
	铁路车站货运服务员	109525	117051	134003
	轨道交通调度员	119628	129359	207135
	城市轨道交通服务员	88769	109773	148228
	道路货运汽车驾驶员	66525	74566	82655
	道路客运服务员	66784	104687	125971
	道路货运业务员	60570	72921	85020
	道路运输调度员	71532	86016	106727
	机动车驾驶教练员	83367	100976	113961
	油气电站操作员	76011	98837	107333
	加油站站长	91533	103254	171509
	公共汽车客运驾驶员	45390	100741	120536
	客运船舶驾驶员	41729	48370	51601
	水上救生员	36126	45600	48382
	航空运输地面服务员	80142	102490	120955
	机场运行指挥员	60828	76540	81840
	装卸搬运工	50470	62187	72854

表 1-3.3.4 社会生产服务和生活服务人员分职业细类工资价位（元/年）

（续表一）

职业大类	职业细类	下四分位值	中位值	上四分位值
社会生产服务和生活服务人员	客运售票员	42000	59063	99072
	运输代理服务员	83641	106736	125238
	危险货物运输作业员	74335	111217	136606
	（粮油）仓储管理员	57665	73661	92848
	理货员	42250	48989	67123
	物流服务师	66138	85992	110732
	冷藏工	63950	84765	95308
	供应链管理师	71217	110029	185436
	邮政营业员	76426	102119	138391
	邮政投递员	76331	97464	132075
	邮政市场业务员	99428	132137	176951
	快递员	35295	50567	69494
	快件处理员	56400	64906	82332
	商品储运员	50520	62880	84960
	医药商品储运员	59930	70035	100363
	交通管理员	39095	42000	77120
	停车场收费管理员	43356	72772	82734
	前厅服务员	45491	63032	83832
	客房服务员	39075	47357	60903
	旅店服务员	44715	66832	86772
	前台主管	59681	79441	112213
	大堂副理	72464	90000	107308
	前台接待员	45891	59440	79233
	前台结算员	42678	64217	88820
	行李员	42041	55228	71182
	门童	48962	83150	148261
	客房主管	54153	68969	84679

表 1-3.3.4 社会生产服务和生活服务人员分职业细类工资价位（元/年）

（续表二）

职业大类	职业细类	下四分位值	中位值	上四分位值
社会生产服务和生活服务人员	客房中心管理员	39404	50838	66862
	客衣收发员	38119	43743	66931
	洗衣工	38807	46781	59637
	日审	59937	70576	83384
	夜审	57840	74683	81528
	庶务	69900	82699	95688
	总机话务员	44041	53971	69331
	总机主管	62400	72668	94299
	中式烹调师	42816	56932	74689
	中式面点师	40777	52030	67613
	西式烹调师	54889	70753	83532
	西式面点师	53888	63801	82894
	餐厅服务员	37706	45140	55556
	咖啡师	58219	63213	76589
	调酒师	44400	65264	76411
	酒吧服务员	49856	63476	73008
	烤鸭师	58716	67540	75083
	配菜员（打荷）	36020	42845	50452
	行政总厨	90381	166406	218018
	厨师长	69830	96360	128167
	厨房领班	48357	63000	77057
	餐厅领班	56321	69685	87351
	餐厅迎宾员	47124	55000	66580
	餐厅领位员	42960	47400	57515
	职工食堂厨师	54261	72436	95280
	职工食堂伙工	39372	52895	68079
	职工食堂管理员	67735	87593	116232

表 1–3.3.4　社会生产服务和生活服务人员分职业细类工资价位（元/年）

（续表三）

职业大类	职业细类	下四分位值	中位值	上四分位值
社会生产服务和生活服务人员	职工宿舍管理员	41663	60151	68987
	工服布巾管理员	44772	68324	83158
	信息通信网络机务员	71216	96229	108544
	信息通信网络线务员	64362	83805	107215
	无线电监测与设备运维员	71743	97231	103515
	广播电视天线工	52850	67160	70971
	信息通信网络运行管理员	56120	87311	125110
	网络与信息安全管理员	69074	87860	120757
	信息通信信息化系统管理员	93818	118930	198930
	计算机程序设计员	128670	209598	300478
	计算机软件测试员	96533	137140	198500
	呼叫中心服务员	61208	75600	96774
	银行综合柜员	102351	140851	195793
	银行信贷员	232115	404609	691390
	银行客户业务员	153307	216683	316592
	银行信用卡业务员	94437	213089	335109
	期货服务人员	103874	119051	153026
	保险代理人	73270	104168	227168
	保险保全员	99366	239553	365088
	典当业务员	35416	66000	86400
	物业管理员	53828	73000	98364
	中央空调系统运行操作员	43220	60388	78505
	停车管理员	40600	49736	68010
	物业综合维修人员	53946	67181	85993
	维修电工	58799	74424	97034
	楼宇空调运行保障工	57993	73796	99705
	纯水运行工	58520	87396	100162

表 1-3.3.4 社会生产服务和生活服务人员分职业细类工资价位（元/年）

（续表四）

职业大类	职业细类	下四分位值	中位值	上四分位值
社会生产服务和生活服务人员	电梯工	75646	109851	125854
	写字楼服务员	60984	72030	94700
	房地产经纪人	50220	70995	119156
	房地产策划师	132067	192010	216882
	租赁业务人员	58566	102751	170920
	风险管理师	159924	254736	376556
	科技咨询师	112860	150540	214140
	客户服务管理员	59026	84369	125567
	职业指导员	44364	117513	131069
	劳动关系协调员	60900	99100	176005
	创业指导师	102134	123510	136766
	企业人力资源管理师	62387	111608	166978
	旅游咨询员	37626	59080	72082
	公共游览场所服务员	51430	63749	72999
	保安员	38608	54060	64800
	智能楼宇管理员	72433	96329	111423
	消防设施操作员	52794	65598	87424
	安全防范系统安装维护员	60916	81382	88483
	押运员	58086	64159	71505
	商品监督员	71589	114291	133259
	商品防损员	45160	52920	86909
	市场管理员	62400	85594	117092
	会展设计师	77608	104532	122960
	装饰美工	63391	99841	114731
	会议服务员	42330	56160	71952
	工程测量员	86400	113096	139000
	地理信息处理员	57751	80510	85004

表 1–3.3.4 社会生产服务和生活服务人员分职业细类工资价位（元/年）

（续表五）

职业大类	职业细类	下四分位值	中位值	上四分位值
社会生产服务和生活服务人员	农产品食品检验员	57053	70873	83818
	贵金属首饰与宝玉石检测员	88481	101709	108389
	药物检验员	59322	77663	113534
	机动车检测工	89080	114500	132338
	计量员	82097	101031	136175
	电气电子产品环保检测员	46935	68836	93170
	环境监测服务人员	54156	88393	141680
	地质实验员	54150	99820	110909
	纺织面料设计师	82300	110630	122510
	工艺美术品设计师	79040	109834	123279
	室内装饰设计师	70800	79200	87000
	广告设计师	80414	100841	125513
	包装设计师	78120	154510	197604
	家具设计师	56798	85003	115396
	水工混凝土维修工	59508	65100	77160
	水工土石维修工	54260	60264	66342
	自然保护区巡护监测员	39264	48404	108945
	污水处理工	72907	83219	95479
	危险废物处理工	99499	107338	119332
	保洁员	36558	40670	53040
	生活垃圾清运工	49870	90710	120207
	生活垃圾处理工	65004	75006	98062
	草坪园艺师	41705	44181	52000
	保育员	36228	40665	48211
	养老护理员	46200	67156	90500
	家政服务员	36189	45124	51200
	裁缝	48949	61757	87460

表 1–3.3.4　社会生产服务和生活服务人员分职业细类工资价位（元/年）

（续表六）

职业大类	职业细类	下四分位值	中位值	上四分位值
社会生产服务和生活服务人员	洗衣师	50500	61254	69673
	美容师	95991	105301	117372
	美发师	51180	59470	79083
	浴池服务员	40894	52035	61468
	保健调理师	43754	83758	104080
	电力供应服务人员	99933	144224	167796
	水供应服务员	129450	146906	170812
	汽车维修工	72391	92227	114885
	计算机维修工	59383	67585	78451
	办公设备维修工	57406	84369	104580
	信息通信网络终端维修员	80095	92434	106745
	讲解员	48674	67431	98025
	影视置景制作员	50579	57967	86923
	动画制作员	77471	125410	169057
	影视烟火特效员	57290	66001	74330
	电影放映员	44598	71478	84270
	音响调音员	56136	90885	99749
	电视摄像员	55632	120808	188400
	游泳救生员	43356	55404	68701
	康乐服务员	35689	39944	50950
	健身教练	51680	64067	85370
	全媒体运营师	173874	227862	264405
	导医	37200	43200	55200
	药房辅助员	42139	50053	98792
	医疗临床辅助服务员	71660	99010	183549
	健康管理师	44220	65147	77851
	眼镜验光员	77985	86989	99584
	公共卫生辅助服务人员	48600	66880	73376

在农、林、牧、渔业生产及辅助人员职业大类中，薪酬中位值最高的是园艺工（13.41万元），薪酬中位值最低的岗位是农村环境保护人员（4.64万元），各职业具体薪酬情况参见下表。

表 1-3.3.5　农、林、牧、渔业生产及辅助人员职业细类工资价位（元/年）

职业大类	职业细类	下四分位值	中位值	上四分位值
农、林、牧、渔业生产及辅助人员	园艺工	54869	134106	165235
	林木种苗繁育人员	88356	101279	116601
	家畜繁殖员	96942	115276	142350
	家禽繁殖员	36798	49346	59606
	家畜饲养员	56311	68029	78247
	实验动物养殖员	39068	58594	68937
	农业生产服务人员	51632	57855	74200
	农业技术员	76227	93169	110636
	农作物植保员	51910	57540	62078
	动物疫病防治员	47510	62452	67451
	农村环境保护人员	36570	46400	66250
	农机驾驶操作员	48815	52717	72903

在生产、运输设备操作人员及有关人员职业大类中，薪酬中位值排名前十位的职业是飞机无线电设备安装调试工、汽轮机运行值班员、玻璃及玻璃制品成型工、油品储运工、焊接材料制造工、镀层工、泵装配调试工、白酒酿造工、耐火制品加工工、有机合成工。薪酬中位值排名后十位的职业是纺织服装和皮革加工专用设备制造人员、缝纫工、记录媒介复制人员、中药炮制工、半导体辅料制备工、米面主食制作工、下料工、糕点装饰师、畜禽屠宰加工工、机制地毯制作工，各职业具体薪酬情况参见下表。

表 1-3.3.6　生产、运输设备操作人员及有关人员分职业细类工资价位（元/年）

职业大类	职业细类	下四分位值	中位值	上四分位值
生产、运输设备操作人员及有关人员	制米工	51948	64024	76164
	制粉工	52758	67840	77433
	制油工	73520	108311	115564
	饲料加工人员	51579	59603	68492

表 1-3.3.6 生产、运输设备操作人员及有关人员分职业细类工资价位（元/年）

（续表一）

职业大类	职业细类	下四分位值	中位值	上四分位值
生产、运输设备操作人员及有关人员	畜禽屠宰加工工	41261	44668	60321
	肉制品加工工	55790	64857	75116
	蛋类制品加工工	51372	59212	63259
	水产品加工工	50385	66050	72601
	果蔬和坚果加工人员	51829	60185	67857
	糕点面包烘焙工	71771	83823	94823
	糕点装饰师	36544	45228	50456
	米面主食制作工	44282	53460	66380
	冷冻食品制作工	65939	87121	112194
	罐头食品加工工	78658	89309	103881
	乳品加工工	64216	72800	88013
	酱油酱类制作工	50810	59136	70172
	食醋制作工	50770	59734	73944
	白酒酿造工	110560	140787	151105
	非织造布制造人员	60895	67148	79366
	服装制版师	62035	80574	115740
	裁剪工	49992	58548	67044
	缝纫工	47527	56033	66695
	仪器仪表元器件装调工	64338	82484	90725
	纤维板工	47313	66408	71814
	手工木工	51624	72937	113486
	机械木工	49077	57454	75619
	家具制造人员	52009	64579	77391
	制浆工	73983	86888	108820
	纸制品制作人员	54157	88212	96881
	印前处理和制作员	62620	82076	94908

表 1-3.3.6 生产、运输设备操作人员及有关人员分职业细类工资价位（元/年）

（续表二）

职业大类	职业细类	下四分位值	中位值	上四分位值
生产、运输设备操作人员及有关人员	印刷操作员	67773	91440	136398
	印后制作员	54160	69228	84415
	记录媒介复制人员	50283	55813	68900
	钢琴及键盘乐器制作工	52312	58306	63603
	工艺画制作工	94046	100519	125941
	机制地毯制作工	36279	41794	54149
	贵金属首饰制作工	91417	102671	121098
	油品储运工	143526	160036	175224
	化工单元操作工	82543	120598	177821
	制冷工	59488	94268	142190
	有机合成工	106141	139872	182233
	复混肥生产工	50751	59702	63222
	涂料生产工	90867	122512	142567
	化妆品制造工	40440	72202	115690
	口腔清洁剂制造工	84181	108208	118342
	化学药品原料药制造人员	78179	105913	164855
	中药炮制工	43733	54833	62085
	药物制剂工	72282	122816	160136
	生化药品制造工	61770	79674	95712
	疫苗制品工	77290	90605	110636
	橡胶制品生产工	61616	76690	87219
	塑料制品加工人员	61590	72728	82116
	预拌混凝土生产工	58740	78138	101784
	玻璃及玻璃制品成型工	104696	160950	175281
	玻璃加工工	58152	72099	79475
	玻璃钢制品工	88982	100463	111901

表 1–3.3.6 生产、运输设备操作人员及有关人员分职业细类工资价位（元/年）

（续表三）

职业大类	职业细类	下四分位值	中位值	上四分位值
生产、运输设备操作人员及有关人员	陶瓷原料准备工	81161	90563	103929
	耐火制品加工工	52129	140245	151554
	炼钢工	69538	92657	111176
	铁合金火法冶炼工	80207	89159	95073
	重金属物料焙烧工	115424	124410	131592
	钛冶炼工	98135	111611	133124
	稀土材料生产工	92229	101788	110814
	半导体辅料制备工	40830	53760	68014
	金属轧制工	81973	101169	121704
	金属材热处理工	71334	83879	102789
	金属材精整工	63758	100128	114012
	金属材丝拉拔工	66525	74958	91035
	金属挤压工	84017	98143	105556
	车工	73931	89871	106497
	铣工	62441	92801	156645
	磨工	71267	84064	100428
	镗工	52830	78000	120008
	钻床工	53102	79469	96325
	多工序数控机床操作调整工	66456	74892	91873
	电切削工	70020	93311	103209
	下料工	44999	51532	71510
	铆工	64507	94860	116030
	冲压工	67418	87232	99627
	铸造工	85092	96935	129838
	金属热处理工	68320	87845	109617
	焊工	58094	72953	92517

表 1–3.3.6　生产、运输设备操作人员及有关人员分职业细类工资价位（元/年）

（续表四）

职业大类	职业细类	下四分位值	中位值	上四分位值
生产、运输设备操作人员及有关人员	机械加工材料切割工	52025	65835	82248
	镀层工	86927	153027	180559
	涂装工	65462	78484	91979
	喷涂喷焊工	62400	74106	95169
	模具工	66181	80407	98526
	工具钳工	75588	90308	107683
	装配钳工	72637	84539	97775
	机床装调维修工	67464	91518	140297
	焊接设备装配调试工	63900	78828	101940
	焊接材料制造工	76108	159333	189513
	泵装配调试工	131302	145536	154118
	真空设备装配调试工	79140	92892	99492
	压缩机装配调试工	63264	89963	106783
	工程机械装配调试工	67801	87919	103165
	纺织服装和皮革加工专用设备制造人员	49319	56348	65624
	电子专用设备装调工	76278	107859	146521
	医疗器械装配工	73272	86830	97362
	假肢装配工	88988	107804	124613
	汽车生产线操作工	73256	96902	109765
	汽车饰件制造工	65242	79306	92141
	汽车零部件再制造工	54305	67827	82731
	汽车装调工	57002	67249	76454
	汽车回收拆解工	92425	104091	114787
	铁路车辆制修工	112111	124642	144530
	飞机无线电设备安装调试工	153164	171262	191049
	电机制造人员	52870	86995	110147

表 1-3.3.6 生产、运输设备操作人员及有关人员分职业细类工资价位（元/年）

（续表五）

职业大类	职业细类	下四分位值	中位值	上四分位值
生产、运输设备操作人员及有关人员	高低压电器及成套设备装配工	51242	58965	72836
	电力电容器及其装置制造工	52998	63126	68983
	电线电缆制造工	58330	64987	75830
	光纤光缆制造工	56277	67877	81051
	绝缘制品制造工	75844	102250	145521
	电工合金电触头制造工	65264	74273	81868
	电池制造人员	70366	79911	86555
	电光源制造工	57473	63156	71906
	电容器制造工	60283	68727	75558
	电阻器制造工	62982	69642	77852
	石英晶体生长设备操作工	52299	62899	78910
	石英晶体元器件制造工	86345	112346	135340
	电子产品制版工	54934	69113	75614
	真空电子器件零件制造及装调工	73934	82210	88961
	半导体芯片制造工	67183	75902	87371
	半导体分立器件和集成电路装调工	76246	94919	120101
	计算机及外部设备装配调试员	63499	76508	94511
	通信系统设备制造工	52324	61338	68171
	通信终端设备制造工	60444	66765	75111
	广电和通信设备电子装接工	72840	93987	119733
	广电和通信设备调试工	74046	94482	109815
	仪器仪表制造工	65595	84560	107943
	锅炉运行值班员	75725	105421	133855
	汽轮机运行值班员	116897	165135	218668
	电气值班员	57802	83680	130242

4. 北京市新职业从业人员工资价位（2020）

为充分适应和反映人力资源开发管理需求，促进劳动者就业创业，人力资源社会保障部建立了新职业发布制度，实施职业分类动态调整，因此在本年度调研中，特别针对《中华人民共和国职业分类大典（2015年版）》颁布以来发布的三批新职业（截止2020年12月）进行了工资价位调查。

数据显示，新职业的工资水平整体较高，半数以上职业的年薪中位值均超过15万元。中位值排名前三位的分别是区块链工程技术人员（48.71万元）、信息安全测试员（32.38万元）、云计算工程技术人员（29.30万元）。

表 1-3.4　新职业从业人员工资价位（元/年）

新职业	下四分位值	中位值	上四分位值
云计算工程技术人员	161994	292962	371166
人工智能工程技术人员	179954	279880	359662
大数据工程技术人员	136250	261234	303953
物联网工程技术人员	130516	232843	291604
数字化管理师	143663	230702	281263
建筑信息模型技术员	110639	197339	227592
电子竞技运营师	133724	187362	224200
物联网安装调试员	109930	148537	174276
工业机器人系统操作员	97706	129183	145348
无人机驾驶员	79441	125281	151587
工业机器人系统运维员	76610	102712	121989
智能制造工程技术人员	150166	272510	324510
工业互联网工程技术人员	128753	257035	330986
虚拟现实工程技术人员	157595	237927	290603
连锁经营管理师	122893	181274	211161
供应链管理师	124475	178272	200822
人工智能训练师	115164	155812	202422
康复辅助技术咨询师	96615	132878	149270

表 1-3.4　新职业从业人员工资价位（元/年）（续表一）

新职业	下四分位值	中位值	上四分位值
全媒体运营师	93285	123817	137769
出生缺陷防控咨询师	88127	112056	125536
呼吸治疗师	74452	108273	125595
无人机装调检修工	82235	108261	131635
电气电子产品环保检测员	74522	100218	126413
健康照护师	81789	97827	123618
装配式建筑施工员	71591	89128	104664
区块链工程技术人员	227258	487106	541340
信息安全测试员	177477	323810	376536
在线学习服务师	110429	166427	198538
互联网营销师	104247	152817	198619
增材制造设备操作员	93450	117267	150773

四、区域篇

1. 不同功能区域主要行业薪酬状况

在首都区域规划中，不同区域承载着各自的功能，区内行业也随着不同区域的承载功能各具特点，因此行业薪酬水平存在着一定差异，通过分析横向对比各功能区行业薪酬水平状况，可以进一步促进人员在不同区域及职业间流动，达到优化资源配置的效果。

（1）首都功能核心区主要行业薪酬状况

首都功能核心区包括东城区和西城区两个行政区是全国政治中心、文化中心和国际交往中心的核心承载区，是历史文化名城保护的重点地区，是展示国家首都形象的重要窗口地区。

表 1–4.1.1　首都功能核心区主要行业薪酬状况（元/年）

行业	下四分位值	中位值	上四分位值
批发和零售业	72674	93744	160200
交通运输、仓储和邮政业	69285	92007	125751
住宿和餐饮业	52350	78134	97168
信息传输、软件和信息技术服务业	111278	179636	261869
金融业	186642	287229	465211
房地产	79672	125822	193559
租赁和商务服务业	71352	93171	126234
科学研究和技术服务业	86267	140245	210997
居民服务、修理和其他服务业	63873	92198	116902
教育	90928	123995	203208
文化、体育和娱乐业	81230	118610	177087
电力、热力、燃气及水生产和供应业	129807	160150	178739
卫生和社会工作	58787	68273	71379

（2）城市功能拓展区主要行业薪酬状况

城市功能拓展区包括朝阳、海淀、丰台、石景山四个行政区，是国家高新技术产业基地，国内外知名的高等教育和科研机构聚集区，著名的旅游、文化、体育活动区，也是中国与世界联系的重要节点。

表 1-4.1.2　城市功能拓展区主要行业薪酬状况（元/年）

行业	下四分位值	中位值	上四分位值
制造业	74187	111254	176069
电力、热力、燃气及水生产和供应业	115941	174471	202597
建筑业	83953	124293	170409
批发和零售业	70424	92401	151167
交通运输、仓储和邮政业	64594	94191	118703
住宿和餐饮业	47969	71595	93413
信息传输、软件和信息技术服务业	102688	183402	274325
金融业	195387	306602	509351
房地产	76190	121372	186095
租赁和商务服务业	67373	88690	122230
科学研究和技术服务业	78651	145927	228208
水利、环境和公共设施管理业	103369	141273	172310
居民服务、修理和其他服务业	57360	84332	107581
教育	84849	111035	185731
卫生和社会工作	64889	88938	136950
文化、体育和娱乐业	80720	109259	178161

（3）城市发展新区主要行业薪酬状况

城市发展新区包括通州、顺义、大兴、昌平、房山五个行政区和亦庄开发区，是北京发展高新技术产业、现代制造业和现代农业的主要载体，是北京疏散城市中心区产业与人口的重要区域，也是未来北京城市发展的重心所在。

表 1-4.1.3　城市发展新区主要行业薪酬状况（元/年）

行业	下四分位值	中位值	上四分位值
制造业	69853	104201	160192
建筑业	80228	116069	153960
批发和零售业	60783	77880	122324
交通运输、仓储和邮政业	59723	79865	106722
住宿和餐饮业	44705	66724	82484
信息传输、软件和信息技术服务业	99945	151240	230457
金融业	170617	271841	417154
房地产	68164	105456	171456
租赁和商务服务业	59147	80243	113046
科学研究和技术服务业	73951	131824	194919
居民服务、修理和其他服务业	54058	71948	97863
教育	66651	99210	164757
文化、体育和娱乐业	57493	91461	136868
农、林、牧、渔业	58031	81317	110814
卫生和社会工作	79773	104070	158028
电力、热力、燃气及水生产和供应业	98954	112451	135999

（4）生态涵养发展区主要行业薪酬状况

北京市生态涵养发展区包括门头沟、平谷、怀柔、密云、延庆五个行政区，是首都生态屏障和重要资源保证地，是构建全市城乡一体化发展的重点地区，也是产业结构优化调整的重要区域。

表 1-4.1.4　生态涵养发展区主要行业薪酬状况（元/年）

行业	下四分位值	中位值	上四分位值
制造业	59433	81630	141037
建筑业	66146	107307	141327
批发和零售业	50144	66552	104868
交通运输、仓储和邮政业	54844	70305	98797

表 1-4.1.4　生态涵养发展区主要行业薪酬状况（元/年）（续表一）

行业	下四分位值	中位值	上四分位值
住宿和餐饮业	40373	57676	65027
科学研究和技术服务业	61103	117995	176329
居民服务、修理和其他服务业	47038	63246	79390
教育	60457	82711	126422
文化、体育和娱乐业	53787	73939	118459
租赁和商务服务业	54430	70691	98635
农、林、牧、渔业	49800	53457	87476
电力、热力、燃气及水生产和供应业	101366	113709	153218

2. 各区域主要行业职业大类薪酬状况

（1）东城区主要行业职业大类薪酬状况

在东城区企业中层及以上管理人员职业大类中，薪酬中位值排名前五的行业分别是金融业、文化、体育和娱乐业、教育、信息传输、软件和信息技术服务业、房地产，在专业技术人员职业大类中，信息传输、软件和信息技术服务业的薪酬中位值最高（15.83 万元），主要行业不同职业大类的薪酬情况参见下表。

表 1-4.2.1　东城区主要行业职业大类薪酬状况（元/年）

行业	职业大类	下四分位值	中位值	上分位值
批发和零售业	企业中层及以上管理人员	143926	204748	401816
	专业技术人员	81131	120453	174016
	办事人员和有关人员	56707	89208	131787
	社会生产服务和生活服务人员	73914	99359	145531
	生产制造及有关人员	48589	58415	94704
交通运输、仓储和邮政业	企业中层及以上管理人员	143955	229731	392175
	专业技术人员	91576	128034	219117
	办事人员和有关人员	55252	67201	112343
	社会生产服务和生活服务人员	69773	96183	161227
	生产制造及有关人员	49238	56152	94058

表 1-4.2.1　东城区主要行业职业大类薪酬状况（元/年）（续表一）

行业	职业大类	下四分位值	中位值	上分位值
住宿和餐饮业	企业中层及以上管理人员	130615	182755	318248
	专业技术人员	82052	95406	147161
	办事人员和有关人员	52456	73621	105144
	社会生产服务和生活服务人员	66010	81994	140033
信息传输、软件和信息技术服务业	企业中层及以上管理人员	177628	285709	494429
	专业技术人员	109372	158336	275785
	办事人员和有关人员	63946	92012	139775
	社会生产服务和生活服务人员	87212	128103	221490
金融业	企业中层及以上管理人员	189383	320073	518142
	专业技术人员	107186	157980	236952
	办事人员和有关人员	67565	100843	171812
	社会生产服务和生活服务人员	84714	130392	238166
房地产	企业中层及以上管理人员	168173	280007	510766
	专业技术人员	103675	148037	262130
	办事人员和有关人员	59902	78581	127668
	社会生产服务和生活服务人员	77662	105822	188718
	生产制造及有关人员	59292	79265	130285
租赁和商务服务业	企业中层及以上管理人员	133564	223665	447118
	专业技术人员	84114	104569	160643
	办事人员和有关人员	51584	78234	112886
	社会生产服务和生活服务人员	67966	89099	143679
科学研究和技术服务业	企业中层及以上管理人员	156454	262564	488935
	专业技术人员	97557	136699	247088
	办事人员和有关人员	58364	78761	132740
	社会生产服务和生活服务人员	84750	118131	178621

表 1-4.2.1　东城区主要行业职业大类薪酬状况（元/年）（续表二）

行业	职业大类	下四分位值	中位值	上分位值
居民服务、修理和其他服务业	企业中层及以上管理人员	144230	244409	433528
	专业技术人员	85788	114764	174375
	办事人员和有关人员	61561	73073	110381
	社会生产服务和生活服务人员	78848	101478	163280
教育	企业中层及以上管理人员	175502	299183	592133
	专业技术人员	98965	143554	243268
	办事人员和有关人员	66523	104823	173371
	社会生产服务和生活服务人员	93340	135044	219538
文化、体育和娱乐业	企业中层及以上管理人员	180066	302478	457913
	专业技术人员	105576	133107	188555
	办事人员和有关人员	69319	95789	135408
	社会生产服务和生活服务人员	88009	112891	170469
	生产制造及有关人员	48421	57578	84185

（2）西城区主要行业职业大类薪酬状况

在西城区企业中，企业中层及以上管理人员和生产制造及有关人员职业大类中，电力、热力、燃气及水生产和供应业的薪酬中位值均排名第一。在专业技术人员和社会生产服务和生活服务人员职业大类中，信息传输、软件和信息技术服务业的薪酬中位值最高。主要行业不同职业大类的薪酬情况参见下表。

表 1-4.2.2　西城区主要行业职业大类薪酬状况（元/年）

行业	职业大类	下四分位值	中位值	上分位值
电力、热力、燃气及水生产和供应业	企业中层及以上管理人员	205847	356320	449100
	专业技术人员	138466	154613	181383
	办事人员和有关人员	133650	155351	187003
	社会生产服务和生活服务人员	79414	92741	131953
	生产制造及有关人员	129861	139066	150393

表 1-4.2.2 西城区主要行业职业大类薪酬状况（元/年）（续表一）

行业	职业大类	下四分位值	中位值	上分位值
批发和零售业	企业中层及以上管理人员	137457	198669	391749
	专业技术人员	87441	124218	185261
	办事人员和有关人员	59428	81352	123639
	社会生产服务和生活服务人员	71672	101852	160780
	生产制造及有关人员	46846	58209	97595
交通运输、仓储和邮政业	企业中层及以上管理人员	128526	221371	402653
	专业技术人员	83440	125019	205613
	办事人员和有关人员	52913	69524	99923
	社会生产服务和生活服务人员	63860	90045	145765
	生产制造及有关人员	48683	58031	102038
住宿和餐饮业	企业中层及以上管理人员	131863	174285	320734
	专业技术人员	75722	96162	133718
	办事人员和有关人员	54619	73384	115961
	社会生产服务和生活服务人员	66488	81270	138147
信息传输、软件和信息技术服务业	企业中层及以上管理人员	183445	310047	532570
	专业技术人员	107442	162279	263832
	办事人员和有关人员	62755	93119	149006
	社会生产服务和生活服务人员	94958	130072	213069
金融业	企业中层及以上管理人员	193227	353727	603488
	专业技术人员	106862	146700	250729
	办事人员和有关人员	69256	97811	164059
	社会生产服务和生活服务人员	87484	127890	241553
房地产	企业中层及以上管理人员	160593	295426	532944
	专业技术人员	103496	143239	230951
	办事人员和有关人员	55221	85120	133181
	社会生产服务和生活服务人员	80387	108811	169564
	生产制造及有关人员	55958	75052	128344

表 1-4.2.2　西城区主要行业职业大类薪酬状况（元/年）（续表二）

行业	职业大类	下四分位值	中位值	上分位值
租赁和商务服务业	企业中层及以上管理人员	144265	237931	426873
	专业技术人员	88893	110869	191061
	办事人员和有关人员	54107	76210	132662
	社会生产服务和生活服务人员	69607	91898	158068
科学研究和技术服务业	企业中层及以上管理人员	154423	254961	454368
	专业技术人员	91087	139044	240687
	办事人员和有关人员	54055	79224	125103
	社会生产服务和生活服务人员	81636	113954	172694
居民服务、修理和其他服务业	企业中层及以上管理人员	148356	232055	407774
	专业技术人员	76177	105467	150532
	办事人员和有关人员	64010	75649	120137
	社会生产服务和生活服务人员	68355	93362	146901
教育	企业中层及以上管理人员	151715	261391	509505
	专业技术人员	94297	156895	227408
	办事人员和有关人员	61837	92595	145518
	社会生产服务和生活服务人员	88030	114764	186955
文化、体育和娱乐业	企业中层及以上管理人员	163361	260889	437404
	专业技术人员	96098	126270	179290
	办事人员和有关人员	58928	83312	125313
	社会生产服务和生活服务人员	83356	105999	167733
	生产制造及有关人员	48024	58943	85419

（3）朝阳区主要行业职业大类薪酬状况

在朝阳区企业中，企业中层及以上管理人员职业大类的薪酬中位值整体最高，其中金融业薪酬中位值达到了 36.13 万元，社会生产服务和生活服务人员大类中薪酬中位值排名前五的行业分别是信息传输、软件和信息技术服务业、电力、热力、燃气及水生产和供应业、金融业、教育、文化、体育和娱乐业。主要行业不同职业大类的薪酬情况参见下表。

表 1-4.2.3　朝阳区主要行业职业大类薪酬状况（元/年）

行业	职业大类	下四分位值	中位值	上分位值
制造业	企业中层及以上管理人员	161235	285844	470532
	专业技术人员	100128	140664	226654
	办事人员和有关人员	64380	90591	123017
	社会生产服务和生活服务人员	78829	111280	181000
	生产制造及有关人员	65658	87874	134928
电力、热力、燃气及水生产和供应业	企业中层及以上管理人员	226391	327523	465569
	专业技术人员	153709	183740	232407
	办事人员和有关人员	144395	165230	222661
	社会生产服务和生活服务人员	116190	136444	153006
	生产制造及有关人员	128504	138047	149517
建筑业	企业中层及以上管理人员	151600	252369	460888
	专业技术人员	95935	129125	224937
	办事人员和有关人员	61158	84718	133508
	社会生产服务和生活服务人员	69361	111002	170243
	生产制造及有关人员	53049	72400	115338
批发和零售业	企业中层及以上管理人员	140143	215432	411564
	专业技术人员	80215	117382	189995
	办事人员和有关人员	62228	92001	141193
	社会生产服务和生活服务人员	76575	96924	157677
	生产制造及有关人员	48151	61278	100475
交通运输、仓储和邮政业	企业中层及以上管理人员	138020	243403	420981
	专业技术人员	90237	121493	220217
	办事人员和有关人员	57356	72303	108298
	社会生产服务和生活服务人员	65835	100449	158838
	生产制造及有关人员	50720	55613	101370

表 1-4.2.3　朝阳区主要行业职业大类薪酬状况（元/年）（续表一）

行业	职业大类	下四分位值	中位值	上分位值
制造业	企业中层及以上管理人员	161235	285844	470532
	专业技术人员	100128	140664	226654
	办事人员和有关人员	64380	90591	123017
	社会生产服务和生活服务人员	78829	111280	181000
	生产制造及有关人员	65658	87874	134928
住宿和餐饮业	企业中层及以上管理人员	148749	188471	330631
	专业技术人员	88139	99199	147982
	办事人员和有关人员	55754	79718	131845
	社会生产服务和生活服务人员	65860	86454	153246
信息传输、软件和信息技术服务业	企业中层及以上管理人员	179032	296301	571532
	专业技术人员	111852	170006	298227
	办事人员和有关人员	61114	96754	157411
	社会生产服务和生活服务人员	101992	143216	239789
金融业	企业中层及以上管理人员	209151	361276	632907
	专业技术人员	114947	170087	255996
	办事人员和有关人员	73265	107539	184915
	社会生产服务和生活服务人员	94839	135907	251370
房地产	企业中层及以上管理人员	171081	308421	569155
	专业技术人员	100399	151217	245674
	办事人员和有关人员	57544	80627	120526
	社会生产服务和生活服务人员	75228	111081	182538
	生产制造及有关人员	59587	80116	113510
租赁和商务服务业	企业中层及以上管理人员	145167	269126	503774
	专业技术人员	88376	121377	199369
	办事人员和有关人员	57303	81614	127149
	社会生产服务和生活服务人员	72700	99544	161696

表 1-4.2.3　朝阳区主要行业职业大类薪酬状况（元/年）（续表二）

行业	职业大类	下四分位值	中位值	上分位值
科学研究和技术服务业	企业中层及以上管理人员	154570	265733	462726
	专业技术人员	100429	155064	235719
	办事人员和有关人员	56690	76075	128947
	社会生产服务和生活服务人员	84661	117750	189076
水利、环境和公共设施管理业	企业中层及以上管理人员	185176	307680	436304
	专业技术人员	103595	126248	156847
	办事人员和有关人员	87246	119812	177903
	社会生产服务和生活服务人员	70875	76351	83532
	生产制造及有关人员	104306	139673	155223
居民服务、修理和其他服务业	企业中层及以上管理人员	147749	225714	425617
	专业技术人员	81748	110991	167393
	办事人员和有关人员	57040	73687	109649
	社会生产服务和生活服务人员	71511	97445	140186
教育	企业中层及以上管理人员	169906	270061	484801
	专业技术人员	94562	150987	232637
	办事人员和有关人员	64146	95229	151118
	社会生产服务和生活服务人员	87848	124482	204787
文化、体育和娱乐业	企业中层及以上管理人员	167595	279731	436585
	专业技术人员	93577	140625	203658
	办事人员和有关人员	66259	85090	145508
	社会生产服务和生活服务人员	85861	122858	206595
	生产制造及有关人员	51971	63393	96174

（4）海淀区主要行业职业大类薪酬状况

海淀区信息传输、软件和信息技术服务业薪酬中位值相对突出，该行业的企业中层及以上管理人员以及社会生产服务和生活服务人员两个职业大类薪酬中位值均高于区域内其他行业，分别为 33.83 万元和 13.92 万元。在生产制造及有关人员职能大类中，排名前三的行业是水利、环境和公共设施管理业，电力、热力、燃气及水生产和供应业，以及制造业。主要行业不同职业大类的薪酬情况参见下表。

表 1-4.2.4 海淀区主要行业职业大类薪酬状况（元/年）

行业	职业大类	下四分位值	中位值	上分位值
制造业	企业中层及以上管理人员	157600	260375	480710
	专业技术人员	91426	141367	246862
	办事人员和有关人员	63655	91663	130827
	社会生产服务和生活服务人员	79189	105727	173831
	生产制造及有关人员	60864	82790	132668
电力、热力、燃气及水生产和供应业	企业中层及以上管理人员	166938	297700	405500
	专业技术人员	166200	212173	230342
	办事人员和有关人员	107686	156330	193790
	社会生产服务和生活服务人员	75116	126986	148760
	生产制造及有关人员	75937	119082	160360
建筑业	企业中层及以上管理人员	156712	248452	477230
	专业技术人员	91623	122275	201849
	办事人员和有关人员	62115	88655	146354
	社会生产服务和生活服务人员	69787	102341	164447
	生产制造及有关人员	50871	69490	107284
批发和零售业	企业中层及以上管理人员	137673	200186	384944
	专业技术人员	83548	121468	174387
	办事人员和有关人员	55547	82004	124693
	社会生产服务和生活服务人员	71096	98627	150611
	生产制造及有关人员	49276	57407	105174
交通运输、仓储和邮政业	企业中层及以上管理人员	140727	239278	438596
	专业技术人员	85536	134206	238108
	办事人员和有关人员	56278	67869	105400
	社会生产服务和生活服务人员	64666	97538	137098
	生产制造及有关人员	47755	55520	89508

表 1–4.2.4 海淀区主要行业职业大类薪酬状况（元/年）（续表一）

行业	职业大类	下四分位值	中位值	上分位值
制造业	企业中层及以上管理人员	157600	260375	480710
	专业技术人员	91426	141367	246862
	办事人员和有关人员	63655	91663	130827
	社会生产服务和生活服务人员	79189	105727	173831
	生产制造及有关人员	60864	82790	132668
电力、热力、燃气及水生产和供应业	企业中层及以上管理人员	166938	297700	405500
	专业技术人员	166200	212173	230342
	办事人员和有关人员	107686	156330	193790
	社会生产服务和生活服务人员	75116	126986	148760
	生产制造及有关人员	75937	119082	160360
建筑业	企业中层及以上管理人员	156712	248452	477230
	专业技术人员	91623	122275	201849
	办事人员和有关人员	62115	88655	146354
	社会生产服务和生活服务人员	69787	102341	164447
	生产制造及有关人员	50871	69490	107284
批发和零售业	企业中层及以上管理人员	137673	200186	384944
	专业技术人员	83548	121468	174387
	办事人员和有关人员	55547	82004	124693
	社会生产服务和生活服务人员	71096	98627	150611
	生产制造及有关人员	49276	57407	105174
交通运输、仓储和邮政业	企业中层及以上管理人员	140727	239278	438596
	专业技术人员	85536	134206	238108
	办事人员和有关人员	56278	67869	105400
	社会生产服务和生活服务人员	64666	97538	137098
	生产制造及有关人员	47755	55520	89508

表1-4.2.4 海淀区主要行业职业大类薪酬状况（元/年）（续表二）

行业	职业大类	下四分位值	中位值	上分位值
住宿和餐饮业	企业中层及以上管理人员	131854	178058	324899
	专业技术人员	79062	98547	135734
	办事人员和有关人员	53932	71532	123868
	社会生产服务和生活服务人员	64653	79315	122920
信息传输、软件和信息技术服务业	企业中层及以上管理人员	193671	338299	566434
	专业技术人员	128967	183311	303791
	办事人员和有关人员	65236	101500	162990
	社会生产服务和生活服务人员	104072	139208	245060
金融业	企业中层及以上管理人员	184058	335953	589398
	专业技术人员	110207	161690	245067
	办事人员和有关人员	70284	93866	148598
	社会生产服务和生活服务人员	90150	122936	231138
房地产	企业中层及以上管理人员	159940	287947	540580
	专业技术人员	91935	141840	222980
	办事人员和有关人员	52511	77533	123858
	社会生产服务和生活服务人员	72799	119829	177509
	生产制造及有关人员	60549	82627	120813
租赁和商务服务业	企业中层及以上管理人员	190335	292137	562139
	专业技术人员	98155	140859	213941
	办事人员和有关人员	65305	94211	148802
	社会生产服务和生活服务人员	78792	106990	184900
科学研究和技术服务业	企业中层及以上管理人员	162532	279612	522534
	专业技术人员	110397	159642	290105
	办事人员和有关人员	59130	81133	130307
	社会生产服务和生活服务人员	76748	128134	195505

表 1–4.2.4　海淀区主要行业职业大类薪酬状况（元/年）（续表三）

行业	职业大类	下四分位值	中位值	上分位值
水利、环境和公共设施管理业	企业中层及以上管理人员	169000	267565	363731
	专业技术人员	107090	152175	199980
	办事人员和有关人员	102219	141933	163114
	社会生产服务和生活服务人员	69354	88512	117010
	生产制造及有关人员	109551	129077	135530
居民服务、修理和其他服务业	企业中层及以上管理人员	133986	222867	411276
	专业技术人员	71730	100672	154820
	办事人员和有关人员	60003.6	72848.4	115482
	社会生产服务和生活服务人员	69809	93442	154898
教育	企业中层及以上管理人员	178718	281225	499287
	专业技术人员	102173	169785	254632
	办事人员和有关人员	66282	100691	161381
	社会生产服务和生活服务人员	90466	130796	209672
文化、体育和娱乐业	企业中层及以上管理人员	197890	331194	531834
	专业技术人员	106005	135238	195984
	办事人员和有关人员	67836	90528	135720
	社会生产服务和生活服务人员	79486	100343	184938
	生产制造及有关人员	48940	58324	93864

（5）丰台区主要行业职业大类薪酬状况

丰台区企业中层及以上管理人员职业大类中，排名前五的行业分别是电力、热力、燃气及水生产和供应业，水利、环境和公共设施管理业，金融业，房地产和信息传输、软件和信息技术服务业。在"社会生产服务和生活服务人员""生产制造及有关人员""专业技术人员"职业大类中，丰台区电力、热力、燃气及水生产和供应业的薪酬中位值均处于领先。主要行业不同职业大类的薪酬情况参见下表。

表 1-4.2.5 丰台区主要行业职业大类薪酬状况（元/年）

行业	职业大类	下四分位值	中位值	上分位值
制造业	企业中层及以上管理人员	138013	251059	425549
	专业技术人员	81869	117091	192891
	办事人员和有关人员	60873	78225	116289
	社会生产服务和生活服务人员	69058	98445	152150
	生产制造及有关人员	57740	73732	109612
电力、热力、燃气及水生产和供应业	企业中层及以上管理人员	255504	391303	433207
	专业技术人员	121275	256451	286936
	办事人员和有关人员	52251	133593	177734
	社会生产服务和生活服务人员	70425	137610	167939
	生产制造及有关人员	129882	189592	218806
建筑业	企业中层及以上管理人员	132174	232648	427824
	专业技术人员	77108	105888	180417
	办事人员和有关人员	54803	78853	130769
	社会生产服务和生活服务人员	63209	93803	157205
	生产制造及有关人员	45332	59708	92558
批发和零售业	企业中层及以上管理人员	131283	180354	364502
	专业技术人员	74977	102300	147626
	办事人员和有关人员	51192	71103	120424
	社会生产服务和生活服务人员	64904	86328	124799
	生产制造及有关人员	45868	55464	86036
交通运输、仓储和邮政业	企业中层及以上管理人员	123302	206800	415407
	专业技术人员	77904	112410	171107
	办事人员和有关人员	51869	62677	107246
	社会生产服务和生活服务人员	60705	82324	140513
	生产制造及有关人员	43922	51547	84914

表 1-4.2.5　丰台区主要行业职业大类薪酬状况（元/年）（续表一）

行业	职业大类	下四分位值	中位值	上分位值
住宿和餐饮业	企业中层及以上管理人员	119087	151516	310692
	专业技术人员	68004	83511	127434
	办事人员和有关人员	49484	62639	95663
	社会生产服务和生活服务人员	59354	71971	128139
信息传输、软件和信息技术服务业	企业中层及以上管理人员	156812	252851	472558
	专业技术人员	93624	134765	223972
	办事人员和有关人员	54906	85685	133279
	社会生产服务和生活服务人员	79456	112168	186526
金融业	企业中层及以上管理人员	170677	295045	493866
	专业技术人员	92735	136218	231243
	办事人员和有关人员	58900	81701	128434
	社会生产服务和生活服务人员	75144	112844	201345
房地产	企业中层及以上管理人员	142478	253716	468115
	专业技术人员	89912	123584	221746
	办事人员和有关人员	48223	72597	105495
	社会生产服务和生活服务人员	68187	95299	161012
	生产制造及有关人员	55911	69361	115067
租赁和商务服务业	企业中层及以上管理人员	121093	192906	390123
	专业技术人员	79588	94821	184914
	办事人员和有关人员	48108	68568	114048
	社会生产服务和生活服务人员	56878	81988	140396
科学研究和技术服务业	企业中层及以上管理人员	138249	231192	439234
	专业技术人员	86112	124976	201022
	办事人员和有关人员	49040	68559	108311
	社会生产服务和生活服务人员	71296	99919	161285

表 1-4.2.5　丰台区主要行业职业大类薪酬状况（元/年）（续表二）

行业	职业大类	下四分位值	中位值	上分位值
水利、环境和公共设施管理业	企业中层及以上管理人员	287376	358221	444958
	专业技术人员	99767	132270	291566
	办事人员和有关人员	102331	156858	183121
	社会生产服务和生活服务人员	91485	109948	142939
	生产制造及有关人员	93690	121387	141575
居民服务、修理和其他服务业	企业中层及以上管理人员	132008	197403	406222
	专业技术人员	67602	99563	148968
	办事人员和有关人员	48888	64822	93937
	社会生产服务和生活服务人员	64857	83800	125508
教育	企业中层及以上管理人员	141822	244201	408834
	专业技术人员	83240	117164	202184
	办事人员和有关人员	54675	79866	131387
	社会生产服务和生活服务人员	79246	104750	180404
文化、体育和娱乐业	企业中层及以上管理人员	146720	250578	409811
	专业技术人员	84222	111030	172474
	办事人员和有关人员	54119	74787	111805
	社会生产服务和生活服务人员	71742	98179	178290
	生产制造及有关人员	46553	56841	89844

（6）石景山区主要行业职业大类薪酬状况

在石景山区企业中层及以上管理人员职业大类中，排名前五的行业分别是金融业、房地产、信息传输、软件和信息技术服务业、教育、制造业，在该类职业中，行业的内部差距比为 1.85 倍。在生产制造及有关人员职业大类中，制造业的薪酬中位值最高（7.09 万元）。主要行业不同职业大类的薪酬情况参见下表。

表 1-4.2.6　石景山区主要行业职业大类薪酬状况（元/年）

行业	职业大类	下四分位值	中位值	上分位值
制造业	企业中层及以上管理人员	131718	229728	371360
	专业技术人员	79690	115143	203570
	办事人员和有关人员	57324	78514	110681
	社会生产服务和生活服务人员	65855	93764	161325
	生产制造及有关人员	55414	70860	126099
建筑业	企业中层及以上管理人员	131042	210173	408374
	专业技术人员	77814	104790	177781
	办事人员和有关人员	53608	80764	125464
	社会生产服务和生活服务人员	65513	91230	138813
	生产制造及有关人员	45802	60478	89590
批发和零售业	企业中层及以上管理人员	117738	174720	341619
	专业技术人员	69287	97402	141114
	办事人员和有关人员	47367	69524	111322
	社会生产服务和生活服务人员	63172	80743	142499
	生产制造及有关人员	42407	52771	81677
交通运输、仓储和邮政业	企业中层及以上管理人员	125464	204225	380444
	专业技术人员	76935	115049	179216
	办事人员和有关人员	50850	61376	101305
	社会生产服务和生活服务人员	59056	84692	129752
	生产制造及有关人员	41737	49743	86297
住宿和餐饮业	企业中层及以上管理人员	109190	147754	302938
	专业技术人员	69353	78270	117261
	办事人员和有关人员	43278	62669	90262
	社会生产服务和生活服务人员	51359	68905	107588
信息传输、软件和信息技术服务业	企业中层及以上管理人员	155223	243332	451705
	专业技术人员	90687	130243	251394
	办事人员和有关人员	57679	86534	129966
	社会生产服务和生活服务人员	75086	109937	199564

表 1-4.2.6 石景山区主要行业职业大类薪酬状况（元/年）（续表一）

行业	职业大类	下四分位值	中位值	上分位值
金融业	企业中层及以上管理人员	167615	273571	425812
	专业技术人员	94081	130035	229648
	办事人员和有关人员	51839	82646	119461
	社会生产服务和生活服务人员	72777	108203	172811
房地产	企业中层及以上管理人员	135821	245881	441684
	专业技术人员	83502	123237	215660
	办事人员和有关人员	45632	63897	94753
	社会生产服务和生活服务人员	58773	87197	123414
	生产制造及有关人员	51078	65750	98440
租赁和商务服务业	企业中层及以上管理人员	112398	203383	372622
	专业技术人员	75111	95277	144129
	办事人员和有关人员	46972	69887	105435
	社会生产服务和生活服务人员	61162	83622	134988
科学研究和技术服务业	企业中层及以上管理人员	126421	221081	400832
	专业技术人员	82613	118838	210150
	办事人员和有关人员	49093	68803	111039
	社会生产服务和生活服务人员	71160	98362	154930
居民服务、修理和其他服务业	企业中层及以上管理人员	122175	189521	349400
	专业技术人员	67393	95097	140246
	办事人员和有关人员	46763	58365	93120
	社会生产服务和生活服务人员	60292	85066	126253
教育	企业中层及以上管理人员	134783	239584	474593
	专业技术人员	82389	122265	204644
	办事人员和有关人员	56010	77672	131617
	社会生产服务和生活服务人员	76285	104315	160945

表 1-4.2.6　石景山区主要行业职业大类薪酬状况（元/年）（续表二）

行业	职业大类	下四分位值	中位值	上分位值
文化、体育和娱乐业	企业中层及以上管理人员	145525	227479	413976
	专业技术人员	79915	107406	153303
	办事人员和有关人员	54820	75549	123411
	社会生产服务和生活服务人员	69590	93197	147082
	生产制造及有关人员	44337	53223	76402

（7）门头沟区主要行业职业大类薪酬状况

在门头沟区企业中层及以上管理人员职业大类中，排名前三的行业分别是制造业、科学研究和技术服务业、建筑业。在专业技术人员职业大类中，科学研究和技术服务业的薪酬中位值最高（10.60 万元）。主要行业不同职业大类的薪酬情况参见下表。

表 1-4.2.7　门头沟区主要行业职业大类薪酬状况（元/年）

行业	职业大类	下四分位值	中位值	上分位值
制造业	企业中层及以上管理人员	111489	195320	358840
	专业技术人员	64724	95506	127025
	办事人员和有关人员	69095	82420	95200
	社会生产服务和生活服务人员	41695	48675	59375
	生产制造及有关人员	57736	64408	77834
建筑业	企业中层及以上管理人员	106437	175424	297618
	专业技术人员	63729	87923	155444
	办事人员和有关人员	42277	64239	109771
	社会生产服务和生活服务人员	53676	78178	108460
	生产制造及有关人员	45840	59395	87231
批发和零售业	企业中层及以上管理人员	87743	131329	253023
	专业技术人员	55190	72582	109756
	办事人员和有关人员	36681	52484	89150
	社会生产服务和生活服务人员	46970	62281	106402
	生产制造及有关人员	37920	50207	77420

表 1-4.2.7　门头沟区主要行业职业大类薪酬状况（元/年）（续表一）

行业	职业大类	下四分位值	中位值	上分位值
交通运输、仓储和邮政业	企业中层及以上管理人员	92862	160294	309057
	专业技术人员	59034	85745	138066
	办事人员和有关人员	39535	46803	84559
	社会生产服务和生活服务人员	46955	69315	111165
	生产制造及有关人员	43450	52502	88158
住宿和餐饮业	企业中层及以上管理人员	86632	115294	230593
	专业技术人员	54425	67123	106323
	办事人员和有关人员	34245	49884	79331
	社会生产服务和生活服务人员	42702	53920	85874
科学研究和技术服务业	企业中层及以上管理人员	105273	191997	312536
	专业技术人员	67265	106023	182259
	办事人员和有关人员	39894	56190	90083
	社会生产服务和生活服务人员	50145	73946	125992
居民服务、修理和其他服务业	企业中层及以上管理人员	88678	150303	254372
	专业技术人员	51102	68425	100769
	办事人员和有关人员	33540	44339	68733
	社会生产服务和生活服务人员	43393	60423	97767
教育	企业中层及以上管理人员	92400	157175	271563
	专业技术人员	53474	82983	123056
	办事人员和有关人员	35182	48870	79585
	社会生产服务和生活服务人员	45879	63016	110885
文化、体育和娱乐业	企业中层及以上管理人员	84273	138589	260818
	专业技术人员	48618	61779	97483
	办事人员和有关人员	37358	53937	73651
	社会生产服务和生活服务人员	40250	52739	89953
	生产制造及有关人员	45612	51527	73994

（8）房山区主要行业职业大类薪酬状况

在房山区企业中层及以上管理人员职业大类中，薪酬中位值最高的行业是科学研究和技术服务业（23.03万元），在专业技术人员职业大类中，排名前三的行业分别是电力、热力、燃气及水生产和供应业、科学研究和技术服务业、制造业。主要行业不同职业大类的薪酬情况参见下表。

表 1-4.2.8　房山区主要行业职业大类薪酬状况（元/年）

行业	职业大类	下四分位值	中位值	上分位值
制造业	企业中层及以上管理人员	128224	224672	349802
	专业技术人员	72603	110450	167351
	办事人员和有关人员	58828	79381	111709
	社会生产服务和生活服务人员	65402	92680	166924
	生产制造及有关人员	56980	75776	117381
电力、热力、燃气及水生产和供应业	企业中层及以上管理人员	171376	201610	270400
	专业技术人员	117420	130570	142054
	办事人员和有关人员	99398	105380	116827
	社会生产服务和生活服务人员	89649	105550	123792
	生产制造及有关人员	99171	105326	114598
建筑业	企业中层及以上管理人员	128024	199398	408505
	专业技术人员	76051	99549	170483
	办事人员和有关人员	52155	78227	127948
	社会生产服务和生活服务人员	61544	94478	136668
	生产制造及有关人员	47795	59455	94255
批发和零售业	企业中层及以上管理人员	107943	159741	319828
	专业技术人员	65042	93716	137582
	办事人员和有关人员	44087	67638	90932
	社会生产服务和生活服务人员	60858	74984	113280
	生产制造及有关人员	42691	52246	88096

表 1-4.2.8　房山区主要行业职业大类薪酬状况（元/年）（续表一）

行业	职业大类	下四分位值	中位值	上分位值
交通运输、仓储和邮政业	企业中层及以上管理人员	114350	191497	333085
	专业技术人员	73252	95290	161966
	办事人员和有关人员	45015	58311	93971
	社会生产服务和生活服务人员	59614	80093	133575
	生产制造及有关人员	45335	49264	86065
住宿和餐饮业	企业中层及以上管理人员	114598	145814	284009
	专业技术人员	62759	76667	125168
	办事人员和有关人员	42529	61674	92725
	社会生产服务和生活服务人员	50035	67539	107487
租赁和商务服务业	企业中层及以上管理人员	91721	178611	301430
	专业技术人员	65177	96417	167623
	办事人员和有关人员	45101	69776	95775
	社会生产服务和生活服务人员	55412	83156	109357
科学研究和技术服务业	企业中层及以上管理人员	131518	230344	377421
	专业技术人员	81780	114736	204135
	办事人员和有关人员	48812	63911	99104
	社会生产服务和生活服务人员	61437	90660	152963
居民服务、修理和其他服务业	企业中层及以上管理人员	115208	183814	328882
	专业技术人员	59100	85471	119008
	办事人员和有关人员	43644	56906	88729
	社会生产服务和生活服务人员	54936	70926	103206
教育	企业中层及以上管理人员	125266	192527	381355
	专业技术人员	70034	90231	161626
	办事人员和有关人员	50226	69892	124135
	社会生产服务和生活服务人员	66207	89009	141161

表 1-4.2.8　房山区主要行业职业大类薪酬状况（元/年）（续表二）

行业	职业大类	下四分位值	中位值	上分位值
文化、体育和娱乐业	企业中层及以上管理人员	102179	174825	347952
	专业技术人员	67967	94974	114316
	办事人员和有关人员	45456	62266	89610
	社会生产服务和生活服务人员	50744	65996	119939
	生产制造及有关人员	43844	53342	72388

（9）通州区主要行业职业大类薪酬状况

在通州区企业中层及以上管理人员职业大类中，薪酬中位值排名前五的行业分别是金融业、房地产、信息传输、软件和信息技术服务业、科学研究和技术服务业、教育。在办事人员和有关人员职业大类中，排名前五信息传输、软件和信息技术服务业、金融业、建筑业、制造业、租赁和商务服务业。主要行业不同职业大类的薪酬情况参见下表。

表 1-4.2.9　通州区主要行业职业大类薪酬状况（元/年）

行业	职业大类	下四分位值	中位值	上分位值
制造业	企业中层及以上管理人员	133673	221859	389652
	专业技术人员	77486	113078	202621
	办事人员和有关人员	57583	77377	111624
	社会生产服务和生活服务人员	72415	95160	153258
	生产制造及有关人员	58547	77272	127826
建筑业	企业中层及以上管理人员	131991	224461	378373
	专业技术人员	76207	107329	183890
	办事人员和有关人员	51805	82030	113226
	社会生产服务和生活服务人员	62778	100927	142067
	生产制造及有关人员	49991	62057	92352
批发和零售业	企业中层及以上管理人员	114575	172834	333896
	专业技术人员	67351	97405	142889
	办事人员和有关人员	50293	70677	116238
	社会生产服务和生活服务人员	60352	78569	134500
	生产制造及有关人员	43296	55026	90055

表 1-4.2.9　通州区主要行业职业大类薪酬状况（元/年）（续表一）

行业	职业大类	下四分位值	中位值	上分位值
交通运输、仓储和邮政业	企业中层及以上管理人员	122600	204420	374879
	专业技术人员	75224	105403	168930
	办事人员和有关人员	47637	62961	89181
	社会生产服务和生活服务人员	61067	86955	142593
	生产制造及有关人员	46478	50736	93551
住宿和餐饮业	企业中层及以上管理人员	117909	151704	300290
	专业技术人员	66089	84899	128059
	办事人员和有关人员	46739	61573	101522
	社会生产服务和生活服务人员	53576	70701	105429
信息传输、软件和信息技术服务业	企业中层及以上管理人员	162883	230706	449621
	专业技术人员	94046	136511	224635
	办事人员和有关人员	54185	86538	124334
	社会生产服务和生活服务人员	79201	110397	191770
金融业	企业中层及以上管理人员	170042	295399	451293
	专业技术人员	91072	126817	225516
	办事人员和有关人员	56413	86260	139168
	社会生产服务和生活服务人员	74815	114664	179996
房地产	企业中层及以上管理人员	134831	253587	477350
	专业技术人员	82607	120830	222014
	办事人员和有关人员	51715	68806	110548
	社会生产服务和生活服务人员	71392	107711	160351
	生产制造及有关人员	53924	70510	108460
租赁和商务服务业	企业中层及以上管理人员	124471	209760	361946
	专业技术人员	69424	100417	157381
	办事人员和有关人员	49722	73547	113021
	社会生产服务和生活服务人员	64286	87702	127513

表 1-4.2.9　通州区主要行业职业大类薪酬状况（元/年）（续表二）

行业	职业大类	下四分位值	中位值	上分位值
科学研究和技术服务业	企业中层及以上管理人员	139458	225795	416476
	专业技术人员	83843	123157	212936
	办事人员和有关人员	49765	72876	109672
	社会生产服务和生活服务人员	64196	94335	162209
居民服务、修理和其他服务业	企业中层及以上管理人员	125058	209972	352822
	专业技术人员	69109	89429	134752
	办事人员和有关人员	48227	59387	98885
	社会生产服务和生活服务人员	57179	79061	122083
教育	企业中层及以上管理人员	134714	225387	400511
	专业技术人员	77950	103752	182506
	办事人员和有关人员	52744	71599	111554
	社会生产服务和生活服务人员	70938	95206	168504
文化、体育和娱乐业	企业中层及以上管理人员	123062	218704	374457
	专业技术人员	71943	103003	160404
	办事人员和有关人员	46513	63878	93797
	社会生产服务和生活服务人员	60284	83097	141544
	生产制造及有关人员	47137	56878	80596

（10）顺义区主要行业职业大类薪酬状况

在顺义区企业中层及以上管理人员职业大类中，薪酬中位值排名前五的行业分别是房地产、租赁和商务服务业、制造业、信息传输、软件和信息技术服务业、科学研究和技术服务业，薪酬中位值最低的行业为住宿和餐饮业，该职业大类内部行业差距比为 1.75 倍。在办事人员和有关人员职业大类中，排名前五的行业分别是建筑业、信息传输、软件和信息技术服务业、租赁和商务服务业、房地产、制造业。主要行业不同职业大类的薪酬情况参见下表。

表 1-4.2.10 顺义区主要行业职业大类薪酬状况（元/年）

行业	职业大类	下四分位值	中位值	上分位值
制造业	企业中层及以上管理人员	132615	235872	405999
	专业技术人员	76960	108413	181500
	办事人员和有关人员	53248	70822	120981
	社会生产服务和生活服务人员	68435	94319	139427
	生产制造及有关人员	55822	69637	119334
建筑业	企业中层及以上管理人员	131751	205761	416027
	专业技术人员	79609	107569	174395
	办事人员和有关人员	51459	77843	131665
	社会生产服务和生活服务人员	63915	94625	158994
	生产制造及有关人员	48221	60971	90732
批发和零售业	企业中层及以上管理人员	109635	166082	301395
	专业技术人员	68075	95354	148002
	办事人员和有关人员	48766	67409	110275
	社会生产服务和生活服务人员	61857	84179	136367
	生产制造及有关人员	42979	50310	79477
交通运输、仓储和邮政业	企业中层及以上管理人员	116742	212436	363670
	专业技术人员	71456	109585	181943
	办事人员和有关人员	44836	57211	90995
	社会生产服务和生活服务人员	58551	89695	118062
	生产制造及有关人员	44637	52130	84291
住宿和餐饮业	企业中层及以上管理人员	113458	147691	284984
	专业技术人员	68125	82714	120451
	办事人员和有关人员	48923	62866	103768
	社会生产服务和生活服务人员	55542	70436	126633
信息传输、软件和信息技术服务业	企业中层及以上管理人员	154492	227234	460005
	专业技术人员	101722	134728	231470
	办事人员和有关人员	53049	77592	121413
	社会生产服务和生活服务人员	72987	107272	164995

表 1–4.2.10　顺义区主要行业职业大类薪酬状况（元/年）（续表一）

行业	职业大类	下四分位值	中位值	上分位值
房地产	企业中层及以上管理人员	142638	258545	434109
	专业技术人员	92871	125138	212172
	办事人员和有关人员	52647	74826	127227
	社会生产服务和生活服务人员	72392	97918	158598
	生产制造及有关人员	55677	71569	106102
租赁和商务服务业	企业中层及以上管理人员	137765	236877	355041
	专业技术人员	73662	112069	149310
	办事人员和有关人员	49885	74864	108505
	社会生产服务和生活服务人员	61425	90301	136552
科学研究和技术服务业	企业中层及以上管理人员	133223	218004	393219
	专业技术人员	87739	120462	196413
	办事人员和有关人员	50401	66205	106149
	社会生产服务和生活服务人员	68798	93113	156710
居民服务、修理和其他服务业	企业中层及以上管理人员	114497	185854	340625
	专业技术人员	64972	85143	131529
	办事人员和有关人员	41614	54758	77406
	社会生产服务和生活服务人员	59535	79207	114776
教育	企业中层及以上管理人员	114828	201466	347317
	专业技术人员	64891	97151	141259
	办事人员和有关人员	44996	66117	108756
	社会生产服务和生活服务人员	58286	80895	142315
文化、体育和娱乐业	企业中层及以上管理人员	116030	181921	312130
	专业技术人员	58836	95919	126620
	办事人员和有关人员	43532	53675	78034
	社会生产服务和生活服务人员	59839	85765	125280
	生产制造及有关人员	48631	55658	79492

（11）昌平区主要行业职业大类薪酬状况

在昌平区企业中层及以上管理人员职业大类中，薪酬中位值排名前五的行业分别是农、林、牧、渔业、金融业、信息传输、软件和信息技术服务业、房地产、科学研究和技术服务业。在社会生产服务和生活服务人员职业大类中，薪酬中位值最高的行业是金融业，最低的是农、林、牧、渔业，该职业大类内部行业差距比为 1.86 倍。主要行业不同职业大类的薪酬情况参见下表。

表 1-4.2.11　昌平区主要行业职业大类薪酬状况（元/年）

行业	职业大类	下四分位值	中位值	上分位值
农、林、牧、渔业	企业中层及以上管理人员	190246	274596	396741
	专业技术人员	101696	137417	168219
	办事人员和有关人员	57975	109650	150534
	社会生产服务和生活服务人员	51878	62112	83073
	生产制造及有关人员	54181	64588	74421
	农、林、牧、渔业生产及辅助人员	58690	66603	76823
制造业	企业中层及以上管理人员	132145	234919	369244
	专业技术人员	76828	112405	190710
	办事人员和有关人员	60332	75537	127070
	社会生产服务和生活服务人员	72274	100104	159215
	生产制造及有关人员	58898	71923	114312
建筑业	企业中层及以上管理人员	140063	214726	449023
	专业技术人员	77011	110967	164492
	办事人员和有关人员	51837	79641	127598
	社会生产服务和生活服务人员	64079	90185	134320
	生产制造及有关人员	48559	60823	91024
批发和零售业	企业中层及以上管理人员	116446	180664	348521
	专业技术人员	74168	98285	161372
	办事人员和有关人员	49825	69523	103149
	社会生产服务和生活服务人员	62247	84902	125546
	生产制造及有关人员	42585	54777	89656

表 1–4.2.11 　昌平区主要行业职业大类薪酬状况（元/年）（续表一）

行业	职业大类	下四分位值	中位值	上分位值
交通运输、仓储和邮政业	企业中层及以上管理人员	117068	196191	348258
	专业技术人员	73842	112077	175453
	办事人员和有关人员	46312	62084	86271
	社会生产服务和生活服务人员	58269	81528	122567
	生产制造及有关人员	42873	53298	85753
住宿和餐饮业	企业中层及以上管理人员	118814	154053	317859
	专业技术人员	70692	87429	112331
	办事人员和有关人员	45588	63188	102604
	社会生产服务和生活服务人员	55039	69389	124432
信息传输、软件和信息技术服务业	企业中层及以上管理人员	159041	264079	453024
	专业技术人员	101037	144453	263466
	办事人员和有关人员	54362	83958	116496
	社会生产服务和生活服务人员	78007	107816	184929
金融业	企业中层及以上管理人员	154366	266562	426467
	专业技术人员	95953	129716	213245
	办事人员和有关人员	56952	78208	125302
	社会生产服务和生活服务人员	73457	115313	201894
房地产	企业中层及以上管理人员	138600	250091	454749
	专业技术人员	89014	127488	208892
	办事人员和有关人员	53697	73494	120054
	社会生产服务和生活服务人员	73825	96443	147248
	生产制造及有关人员	52247	66233	101144
租赁和商务服务业	企业中层及以上管理人员	121950	212099	380728
	专业技术人员	80516	106882	147382
	办事人员和有关人员	49511	70405	119286
	社会生产服务和生活服务人员	64515	87753	131628

表 1-4.2.11　昌平区主要行业职业大类薪酬状况（元/年）（续表二）

行业	职业大类	下四分位值	中位值	上分位值
科学研究和技术服务业	企业中层及以上管理人员	137856	236873	427746
	专业技术人员	82532	130618	222446
	办事人员和有关人员	49695	69345	97061
	社会生产服务和生活服务人员	71258	103730	171799
居民服务、修理和其他服务业	企业中层及以上管理人员	126355	190450	316565
	专业技术人员	68781	94654	143437
	办事人员和有关人员	44765	58840	94988
	社会生产服务和生活服务人员	56219	74083	104007
教育	企业中层及以上管理人员	113077	194559	397239
	专业技术人员	72479	110052	164302
	办事人员和有关人员	43084	69270	120062
	社会生产服务和生活服务人员	65978	92786	160929
文化、体育和娱乐业	企业中层及以上管理人员	124619	212163	385761
	专业技术人员	71634	100756	134365
	办事人员和有关人员	46918	65281	80592
	社会生产服务和生活服务人员	59834	81871	134024
	生产制造及有关人员	47066	57083	77039

（12）大兴区主要行业职业大类薪酬状况

在大兴区企业中层及以上管理人员职业大类中，金融业的薪酬中位值最高，为 28.17 万元，其次是信息传输、软件和信息技术服务业和科学研究和技术服务业，薪酬中位值分别为 26.21 万元和 25.39 万元。在专业技术人员职业大类中，薪酬中位值最高的行业是信息传输、软件和信息技术服务业，薪酬中位值最低的是居民服务、修理和其他服务业，该职业大类内部行业差距比为 1.74 倍。各行业不同职业大类的薪酬情况参见下表。

表 1-4.2.12　大兴区主要行业职业大类薪酬状况（元/年）

行业	职业大类	下四分位值	中位值	上分位值
农、林、牧、渔业	企业中层及以上管理人员	169456	222789	307361
	专业技术人员	82864	99936	127117
	办事人员和有关人员	56953	91400	142010
	社会生产服务和生活服务人员	46297	56003	75927
	生产制造及有关人员	36835	46839	93533
	农、林、牧、渔业生产及辅助人员	50262	64516	79836
制造业	企业中层及以上管理人员	134725	244273	385635
	专业技术人员	81667	126349	200281
	办事人员和有关人员	58139	79480	118171
	社会生产服务和生活服务人员	71979	108296	161080
	生产制造及有关人员	57271	74828	129363
电力、热力、燃气及水生产和供应业	企业中层及以上管理人员	112970	247359	347664
	专业技术人员	107020	142445	173636
	办事人员和有关人员	96895	114244	123156
	社会生产服务和生活服务人员	65514	87143	99319
	生产制造及有关人员	81970	85815	88002
建筑业	企业中层及以上管理人员	116242	208391	381814
	专业技术人员	77533	109431	172995
	办事人员和有关人员	54772	81231	141728
	社会生产服务和生活服务人员	66055	95861	147465
	生产制造及有关人员	49178	65154	94627
批发和零售业	企业中层及以上管理人员	112967	168903	327894
	专业技术人员	67187	100145	152343
	办事人员和有关人员	47494	70262	108833
	社会生产服务和生活服务人员	60699	83696	139975
	生产制造及有关人员	41885	55675	90488

表 1-4.2.12　大兴区主要行业职业大类薪酬状况（元/年）（续表一）

行业	职业大类	下四分位值	中位值	上分位值
农、林、牧、渔业	企业中层及以上管理人员	169456	222789	307361
	专业技术人员	82864	99936	127117
	办事人员和有关人员	56953	91400	142010
	社会生产服务和生活服务人员	46297	56003	75927
	生产制造及有关人员	36835	46839	93533
	农、林、牧、渔业生产及辅助人员	50262	64516	79836
制造业	企业中层及以上管理人员	134725	244273	385635
	专业技术人员	81667	126349	200281
	办事人员和有关人员	58139	79480	118171
	社会生产服务和生活服务人员	71979	108296	161080
	生产制造及有关人员	57271	74828	129363
电力、热力、燃气及水生产和供应业	企业中层及以上管理人员	112970	247359	347664
	专业技术人员	107020	142445	173636
	办事人员和有关人员	96895	114244	123156
	社会生产服务和生活服务人员	65514	87143	99319
	生产制造及有关人员	81970	85815	88002
建筑业	企业中层及以上管理人员	116242	208391	381814
	专业技术人员	77533	109431	172995
	办事人员和有关人员	54772	81231	141728
	社会生产服务和生活服务人员	66055	95861	147465
	生产制造及有关人员	49178	65154	94627
批发和零售业	企业中层及以上管理人员	112967	168903	327894
	专业技术人员	67187	100145	152343
	办事人员和有关人员	47494	70262	108833
	社会生产服务和生活服务人员	60699	83696	139975
	生产制造及有关人员	41885	55675	90488

表 1-4.2.12　大兴区主要行业职业大类薪酬状况（元/年）（续表二）

行业	职业大类	下四分位值	中位值	上分位值
交通运输、仓储和邮政业	企业中层及以上管理人员	115876	210850	365297
	专业技术人员	79363	111784	201617
	办事人员和有关人员	48998	60214	94272
	社会生产服务和生活服务人员	60922	87835	122155
	生产制造及有关人员	42711	52672	76731
住宿和餐饮业	企业中层及以上管理人员	116168	156339	294187
	专业技术人员	65990	84318	110270
	办事人员和有关人员	45942	65505	97278
	社会生产服务和生活服务人员	53641	67841	119584
信息传输、软件和信息技术服务业	企业中层及以上管理人员	163575	262123	424155
	专业技术人员	104781	146295	257989
	办事人员和有关人员	56728	89483	121161
	社会生产服务和生活服务人员	74915	107446	197407
金融业	企业中层及以上管理人员	163773	281749	470669
	专业技术人员	94163	137007	230985
	办事人员和有关人员	52043	80670	129359
	社会生产服务和生活服务人员	74202	118616	182379
房地产	企业中层及以上管理人员	139577	236978	415226
	专业技术人员	85340	123303	202717
	办事人员和有关人员	45674	66652	97722
	社会生产服务和生活服务人员	60556	87691	144381
	生产制造及有关人员	53203	73257	110111
租赁和商务服务业	企业中层及以上管理人员	139755	234175	379190
	专业技术人员	80097	115328	152266
	办事人员和有关人员	55298	81609	136812
	社会生产服务和生活服务人员	65282	89795	137807

表 1-4.2.12　大兴区主要行业职业大类薪酬状况（元/年）（续表三）

行业	职业大类	下四分位值	中位值	上分位值
科学研究和技术服务业	企业中层及以上管理人员	135284	253912	437580
	专业技术人员	90654	134971	201015
	办事人员和有关人员	48928	69915	104745
	社会生产服务和生活服务人员	69407	100489	167909
居民服务、修理和其他服务业	企业中层及以上管理人员	112579	198987	367804
	专业技术人员	62660	84302	132073
	办事人员和有关人员	45193	53866	87942
	社会生产服务和生活服务人员	59303	82898	128535
教育	企业中层及以上管理人员	129120	218464	423696
	专业技术人员	65676	118813	179181
	办事人员和有关人员	49612	77100	130181
	社会生产服务和生活服务人员	56869	97303	142481
文化、体育和娱乐业	企业中层及以上管理人员	105746	194895	368525
	专业技术人员	56683	88077	120712
	办事人员和有关人员	53909	61236	83200
	社会生产服务和生活服务人员	56151	75027	125452
	生产制造及有关人员	44239	56973	76906

（13）平谷区主要行业职业大类薪酬状况

在平谷区企业中层及以上管理人员和专业技术人员职业大类中，薪酬中位值排名前三位的行业是科学研究和技术服务业、制造业、教育。主要行业不同职业大类的薪酬情况参见下表。

表 1–4.2.13 平谷区主要行业职业大类薪酬状况（元/年）

行业	职业大类	下四分位值	中位值	上分位值
制造业	企业中层及以上管理人员	115154	194546	367795
	专业技术人员	61073	97881	160038
	办事人员和有关人员	48293	65754	99865
	社会生产服务和生活服务人员	59253	79961	141515
	生产制造及有关人员	54126	71615	126807
建筑业	企业中层及以上管理人员	108126	182005	368136
	专业技术人员	63758	84258	139646
	办事人员和有关人员	44151	70913	107988
	社会生产服务和生活服务人员	55158	78671	125003
	生产制造及有关人员	44237	61085	88075
批发和零售业	企业中层及以上管理人员	91050	136800	251844
	专业技术人员	55892	77120	126297
	办事人员和有关人员	40755	53996	80235
	社会生产服务和生活服务人员	52513	65578	109006
	生产制造及有关人员	44458	53461	79760
交通运输、仓储和邮政业	企业中层及以上管理人员	97148	157930	304247
	专业技术人员	64113	88336	145501
	办事人员和有关人员	38004	47433	78903
	社会生产服务和生活服务人员	48888	69579	103061
	生产制造及有关人员	42261	52749	85758
住宿和餐饮业	企业中层及以上管理人员	98318	121658	230544
	专业技术人员	54697	69229	97599
	办事人员和有关人员	45670	58313	84537
	社会生产服务和生活服务人员	46382	61215	90896
科学研究和技术服务业	企业中层及以上管理人员	112147	197769	347831
	专业技术人员	67479	107209	156942
	办事人员和有关人员	44977	59561	89806
	社会生产服务和生活服务人员	56674	85864	127193

表 1-4.2.13　平谷区主要行业职业大类薪酬状况（元/年）（续表一）

行业	职业大类	下四分位值	中位值	上分位值
居民服务、修理和其他服务业	企业中层及以上管理人员	107005	159216	285205
	专业技术人员	55159	78911	123117
	办事人员和有关人员	43495	51974	74017
	社会生产服务和生活服务人员	53393	67659	94971
教育	企业中层及以上管理人员	114145	184107	356636
	专业技术人员	67272	91335	151566
	办事人员和有关人员	44801	64905	103875
	社会生产服务和生活服务人员	58429	87413	131211
文化、体育和娱乐业	企业中层及以上管理人员	88330	173110	349620
	专业技术人员	68224	83468	137582
	办事人员和有关人员	44517	59737	77386
	社会生产服务和生活服务人员	60146	70391	113952
	生产制造及有关人员	47277	53754	73615

（14）怀柔区主要行业职业大类薪酬状况

在怀柔区企业中层及以上管理人员职业大类中，薪酬中位值最高的行业是制造业（19.10 万元）。在专业技术人员职业大类中，薪酬中位值最高的行业是科学研究和技术服务业（10.22 万元）。主要行业不同职业大类的薪酬情况参见下表。

表 1-4.2.14　怀柔区主要行业职业大类薪酬状况（元/年）

行业	职业大类	下四分位值	中位值	上分位值
制造业	企业中层及以上管理人员	109630	191049	339423
	专业技术人员	68590	98389	142861
	办事人员和有关人员	55184	67737	105928
	社会生产服务和生活服务人员	61665	86186	129323
	生产制造及有关人员	61505	75229	112710

表 1-4.2.14　怀柔区主要行业职业大类薪酬状况（元/年）（续表一）

行业	职业大类	下四分位值	中位值	上分位值
建筑业	企业中层及以上管理人员	112042	187457	318630
	专业技术人员	67249	90590	149428
	办事人员和有关人员	50830	72076	109916
	社会生产服务和生活服务人员	54974	85296	129900
	生产制造及有关人员	51631	62979	83508
批发和零售业	企业中层及以上管理人员	93793	139729	261935
	专业技术人员	57997	81884	120223
	办事人员和有关人员	44153	57196	95773
	社会生产服务和生活服务人员	52908	68914	102576
	生产制造及有关人员	43526	52939	86946
交通运输、仓储和邮政业	企业中层及以上管理人员	95957	168040	308232
	专业技术人员	66113	88927	148240
	办事人员和有关人员	41312	52900	76013
	社会生产服务和生活服务人员	51613	67866	98869
	生产制造及有关人员	46418	55862	81505
住宿和餐饮业	企业中层及以上管理人员	100432	125093	224406
	专业技术人员	57441	69661	93896
	办事人员和有关人员	44978	56112	87090
	社会生产服务和生活服务人员	50097	57175	97830
租赁和商务服务业	企业中层及以上管理人员	92277	157745	281598
	专业技术人员	59713	87213	138513
	办事人员和有关人员	44675	62911	90604
	社会生产服务和生活服务人员	54309	70789	105604
科学研究和技术服务业	企业中层及以上管理人员	117480	190114	336446
	专业技术人员	74019	102236	156164
	办事人员和有关人员	42966	56866	87089
	社会生产服务和生活服务人员	58905	82732	117551

表 1-4.2.14　怀柔区主要行业职业大类薪酬状况（元/年）（续表二）

行业	职业大类	下四分位值	中位值	上分位值
居民服务、修理和其他服务业	企业中层及以上管理人员	103745	167960	308887
	专业技术人员	54017	73234	111424
	办事人员和有关人员	38625	51262	68749
	社会生产服务和生活服务人员	48663	65896	90998
教育	企业中层及以上管理人员	112118	187991	354460
	专业技术人员	61571	86749	130854
	办事人员和有关人员	43989	63094	94109
	社会生产服务和生活服务人员	56134	81270	124832
文化、体育和娱乐业	企业中层及以上管理人员	89384	172978	308064
	专业技术人员	57883	77279	128074
	办事人员和有关人员	43187	56114	80750
	社会生产服务和生活服务人员	52482	70838	110067
	生产制造及有关人员	45796	58765	78779

（15）密云区主要行业职业大类薪酬状况

在密云区企业中层及以上管理人员职业大类中，薪酬中位值排名前五的行业分别是制造业、建筑业、教育、科学研究和技术服务业、电力、热力、燃气及水生产和供应业。在专业技术人员职业大类中，薪酬中位值最高的行业是电力、热力、燃气及水生产和供应业（15.20万元），最低的是农、林、牧、渔业（5.59万元），该职业大类内部行业差距比为2.72倍。主要行业不同职业大类的薪酬情况参见下表。

表 1-4.2.15　密云区主要行业职业大类薪酬状况（元/年）

行业	职业大类	下四分位值	中位值	上分位值
农、林、牧、渔业	企业中层及以上管理人员	92509	149993	240000
	专业技术人员	45913	55909	63724
	办事人员和有关人员	47020	51800	54776
	社会生产服务和生活服务人员	32500	63001	67832
	生产制造及有关人员	55153	55633	57670
	农、林、牧、渔业生产及辅助人员	50891	56200	64800

表 1-4.2.15　密云区主要行业职业大类薪酬状况（元/年）（续表一）

行业	职业大类	下四分位值	中位值	上分位值
制造业	企业中层及以上管理人员	114948	199937	317769
	专业技术人员	71205	97454	153121
	办事人员和有关人员	49376	66728	93876
	社会生产服务和生活服务人员	60160	83422	126192
	生产制造及有关人员	59426	74434	124221
电力、热力、燃气及水生产和供应业	企业中层及以上管理人员	155233	172143	250040
	专业技术人员	135199	152027	169463
	办事人员和有关人员	60172	129067	141979
	社会生产服务和生活服务人员	79962	131821	139131
	生产制造及有关人员	80366	121598	137579
建筑业	企业中层及以上管理人员	118732	191636	345359
	专业技术人员	63375	92357	129992
	办事人员和有关人员	46767	67156	102285
	社会生产服务和生活服务人员	57011	81485	116561
	生产制造及有关人员	47282	62225	91085
批发和零售业	企业中层及以上管理人员	100350	136815	252647
	专业技术人员	62378	81321	118958
	办事人员和有关人员	44186	58913	91780
	社会生产服务和生活服务人员	53029	70460	99054
	生产制造及有关人员	43610	53926	86667
交通运输、仓储和邮政业	企业中层及以上管理人员	105756	153666	310660
	专业技术人员	66083	90232	164532
	办事人员和有关人员	41102	53148	80507
	社会生产服务和生活服务人员	49996	70876	109664
	生产制造及有关人员	43502	53805	74330

表 1-4.2.15　密云区主要行业职业大类薪酬状况（元/年）（续表一）

行业	职业大类	下四分位值	中位值	上分位值
住宿和餐饮业	企业中层及以上管理人员	97002	121988	230835
	专业技术人员	60793	70599	94505
	办事人员和有关人员	45452	53212	80389
	社会生产服务和生活服务人员	45759	57139	89721
租赁和商务服务业	企业中层及以上管理人员	94615	146388	293657
	专业技术人员	61494	89297	128278
	办事人员和有关人员	44446	62157	88480
	社会生产服务和生活服务人员	51663	75651	98773
科学研究和技术服务业	企业中层及以上管理人员	112202	180589	339058
	专业技术人员	73579	102224	145903
	办事人员和有关人员	44475	60863	86219
	社会生产服务和生活服务人员	60630	84969	130210
居民服务、修理和其他服务业	企业中层及以上管理人员	102518	159885	273613
	专业技术人员	56144	76032	107845
	办事人员和有关人员	42199	50616	77656
	社会生产服务和生活服务人员	51129	64554	89071
教育	企业中层及以上管理人员	103442	183158	300976
	专业技术人员	62904	90646	142669
	办事人员和有关人员	44117	61583	100066
	社会生产服务和生活服务人员	58537	81276	121124
文化、体育和娱乐业	企业中层及以上管理人员	83131	164530	292032
	专业技术人员	59011	79776	107436
	办事人员和有关人员	42542	54790	71555
	社会生产服务和生活服务人员	53222	69294	101620
	生产制造及有关人员	43989	55258	75526

（16）延庆区主要行业职业大类薪酬状况

在延庆区各职业大类中，电力、热力、燃气及水生产和供应业、制造业、建筑业的薪酬中位值均排名前列，企业中层及以上管理人员职业大类中，电力、热力、燃气及水生产和供应业的薪酬中位值最高（20.30 万元），主要行业不同职业大类的薪酬情况参见下表。

表 1-4.2.16　延庆区主要行业职业大类薪酬状况（元/年）

行业	职业大类	下四分位值	中位值	上分位值
制造业	企业中层及以上管理人员	115120	186529	301652
	专业技术人员	64832	93310	156282
	办事人员和有关人员	50923	65432	101453
	社会生产服务和生活服务人员	57292	79040	135929
	生产制造及有关人员	56515	75499	110688
电力、热力、燃气及水生产和供应业	企业中层及以上管理人员	146623	202996	313742
	专业技术人员	131580	136363	147965
	办事人员和有关人员	107451	131195	143225
	社会生产服务和生活服务人员	89783	110770	120861
	生产制造及有关人员	121217	132896	140082
建筑业	企业中层及以上管理人员	115980	174115	346109
	专业技术人员	61342	85558	148936
	办事人员和有关人员	44328	65078	106035
	社会生产服务和生活服务人员	55293	81411	113956
	生产制造及有关人员	49498	64958	84533
批发和零售业	企业中层及以上管理人员	95136	139830	248396
	专业技术人员	58951	78584	113106
	办事人员和有关人员	43415	58962	92432
	社会生产服务和生活服务人员	54016	66824	97685
	生产制造及有关人员	41257	49274	82742
交通运输、仓储和邮政业	企业中层及以上管理人员	98416	160207	266548
	专业技术人员	64971	88487	135189
	办事人员和有关人员	43033	49034	77794
	社会生产服务和生活服务人员	51672	69054	96385
	生产制造及有关人员	47213	53322	75737

表 1-4.2.16　延庆区主要行业职业大类薪酬状况（元/年）（续表一）

行业	职业大类	下四分位值	中位值	上分位值
住宿和餐饮业	企业中层及以上管理人员	100362	122101	230670
	专业技术人员	59849	67725	90742
	办事人员和有关人员	43535	51976	78081
	社会生产服务和生活服务人员	45521	53491	93414
居民服务、修理和其他服务业	企业中层及以上管理人员	100135	160028	260954
	专业技术人员	55398	70956	102441
	办事人员和有关人员	39360	47322	75675
	社会生产服务和生活服务人员	49077	64631	92593
教育	企业中层及以上管理人员	103609	171521	314600
	专业技术人员	64433	89799	133150
	办事人员和有关人员	42241	64134	105659
	社会生产服务和生活服务人员	58777	77675	129772
文化、体育和娱乐业	企业中层及以上管理人员	90616	155857	279092
	专业技术人员	64519	85470	127072
	办事人员和有关人员	43183	57582	81361
	社会生产服务和生活服务人员	45332	64873	109026
	生产制造及有关人员	45072	50968	82120

（17）经济技术开发区主要行业职业大类薪酬状况

北京经济技术开发区作为北京市唯一一个国家级经济技术开发区，经过多年发展也使得该区域内企业整体薪酬水平具有较强竞争实力。在企业中层及以上管理人员职业大类中，薪酬中位值排名前五的行业分别金融业、信息传输、软件和信息技术服务业、房地产、电力、热力、燃气及水生产和供应业、租赁和商务服务业。在办事人员和有关人员职业大类中，薪酬中位值最高的行业是电力、热力、燃气及水生产和供应业，该职业大类内部行业差距比为 1.84 倍。主要行业不同职业大类的薪酬情况参见下表。

表 1–4.2.17　经济技术开发区主要行业职业大类薪酬状况（元/年）

行业	职业大类	下四分位值	中位值	上分位值
制造业	企业中层及以上管理人员	155571	253234	451534
	专业技术人员	92654	128211	219566
	办事人员和有关人员	66263	89634	119308
	社会生产服务和生活服务人员	74822	103568	192288
	生产制造及有关人员	63811	84634	140962
电力、热力、燃气及水生产和供应业	企业中层及以上管理人员	241282	261366	274204
	专业技术人员	119172	135191	159308
	办事人员和有关人员	90520	120196	134190
	社会生产服务和生活服务人员	59514	64699	76072
	生产制造及有关人员	74200	87587	102553
建筑业	企业中层及以上管理人员	141340	241453	440259
	专业技术人员	85856	117402	210640
	办事人员和有关人员	60903	82811	149857
	社会生产服务和生活服务人员	68608	104087	141285
	生产制造及有关人员	51274	66221	101214
批发和零售业	企业中层及以上管理人员	128722	196192	377069
	专业技术人员	76022	109430	158038
	办事人员和有关人员	53667	76977	114972
	社会生产服务和生活服务人员	70073	88656	130528
	生产制造及有关人员	45253	55985	102356
交通运输、仓储和邮政业	企业中层及以上管理人员	126601	216763	429780
	专业技术人员	81470	112869	184862
	办事人员和有关人员	53281	68130	110760
	社会生产服务和生活服务人员	63223	93855	128597
	生产制造及有关人员	47529	56641	91226

表 1-4.2.17　经济技术开发区主要行业职业大类薪酬状况（元/年）（续表一）

行业	职业大类	下四分位值	中位值	上分位值
住宿和餐饮业	企业中层及以上管理人员	132879	163997	292555
	专业技术人员	78655	89037	123745
	办事人员和有关人员	50505	65151	104028
	社会生产服务和生活服务人员	63989	77635	118223
信息传输、软件和信息技术服务业	企业中层及以上管理人员	170089	282674	473099
	专业技术人员	114337	162011	275246
	办事人员和有关人员	58120	97730	144072
	社会生产服务和生活服务人员	87888	120150	214713
金融业	企业中层及以上管理人员	191296	319773	588853
	专业技术人员	100412	147452	240090
	办事人员和有关人员	62099	93554	147862
	社会生产服务和生活服务人员	84446	120048	202248
房地产	企业中层及以上管理人员	149565	268019	498015
	专业技术人员	94182	137871	206963
	办事人员和有关人员	51346	74368	125008
	社会生产服务和生活服务人员	65930	98727	158976
	生产制造及有关人员	59340	76936	123833
租赁和商务服务业	企业中层及以上管理人员	153210	258551	441959
	专业技术人员	86364	120779	183964
	办事人员和有关人员	60432	80146	126157
	社会生产服务和生活服务人员	68397	100736	159119
科学研究和技术服务业	企业中层及以上管理人员	159257	236453	470983
	专业技术人员	97127	145707	217008
	办事人员和有关人员	56486	72908	121464
	社会生产服务和生活服务人员	76193	107617	167353

表 1-4.2.17　经济技术开发区主要行业职业大类薪酬状况（元/年）（续表二）

行业	职业大类	下四分位值	中位值	上分位值
居民服务、修理和其他服务业	企业中层及以上管理人员	125988	202357	385380
	专业技术人员	71101	99534	145479
	办事人员和有关人员	49574	69131	101639
	社会生产服务和生活服务人员	62379	86887	137339
教育	企业中层及以上管理人员	137410	232711	423988
	专业技术人员	74604	138199	202029
	办事人员和有关人员	50456	76656	134416
	社会生产服务和生活服务人员	70492	119554	190056
文化、体育和娱乐业	企业中层及以上管理人员	131425	213759	363072
	专业技术人员	72354	104054	165182
	办事人员和有关人员	46616	70560	102044
	社会生产服务和生活服务人员	60141	83474	137483
	生产制造及有关人员	47432	58869	79859

五、群体篇

1. 应届生薪酬状况

近年来，全国高校毕业生就业人数保持明显的增长态势，2020 年全国高校毕业生达到 874 万人，作为全国政治、经济、文化中心，高等教育资源集中，北京地区高校毕业生规模也达到 24 万，位居全国前列，就业压力一直处于高位，就业结构性矛盾突出，对用人单位、毕业生和高校都带来较大影响。分析调研高校毕业生薪酬数据，有利于服务应届生求职择业，用人单位招收毕业生，以及大中专院校就业指导等工作。

（1）应届生整体薪酬状况

学历差异对于应届生薪酬水平的影响较大，各岗位职能类型中，薪酬中位值最高的均为硕士及以上学历，技术研发/专业技能类岗位、销售类岗位、业务类岗位、支持类岗位分别为 10.66 万元、8.36 万元、9.30 万元和 8.71 万元。

表 1-5.1.1　应届生整体薪酬状况（元/年）

学历	岗位职能	下四分位值	中位值	上四分位值
专科	技术研发/专业技能类岗位	61908	76389	94145
	销售类岗位	51954	63801	71085
	业务类岗位	58597	69612	82820
	支持类岗位	54494	64411	75306
本科	技术研发/专业技能类岗位	73330	90808	113231
	销售类岗位	59842	69690	82199
	业务类岗位	68804	83741	100750
	支持类岗位	60981	76181	89356
硕士	技术研发/专业技能类岗位	87854	106590	137994
	销售类岗位	66011	83566	98441
	业务类岗位	78198	93024	122492
	支持类岗位	72952	87127	106844

（2）各职能岗位应届生薪酬状况

技术研发/专业技能类岗位薪酬水平

在本科学历应届毕业生中，薪酬中位值最高的行业是金融业（10.99万元），在专科和硕士及以上学历中，信息传输、软件和信息技术服务业均为薪酬中位值最高的行业，其中位值分别为8.7万元和13.17万元。在专科、本科、学历中，薪酬中位值最低的行业分别为住宿和餐饮业，在硕士及以上学历中，薪酬中位值最低的行业是农、林、牧、渔业。各行业技术研发/专业技能类岗位应届生薪酬情况参见下表。

表 1-5.1.2.1　应届生技术研发/专业技能类岗位薪酬状况（元/年）

行业	学历	下四分位值	中位值	上四分位值
房地产业	专科	65785	82219	99746
	本科	85749	103266	128672
	硕士及以上	98040	122472	147866
建筑业	专科	67539	80279	94931
	本科	74383	89624	115820
	硕士及以上	88100	106707	137690
交通运输、仓储和邮政业	专科	66431	80085	96490
	本科	73983	90879	118021
	硕士及以上	91617	108425	139878
教育	专科	63724	78915	91277
	本科	73568	90220	127163
	硕士及以上	88313	108534	141326
金融业	专科	72442	86431	102953
	本科	89753	109909	131770
	硕士及以上	106844	126183	166642
居民服务、修理和其他服务业	专科	58628	70896	90163
	本科	66824	79105	108493
	硕士及以上	74965	93154	122260
科学研究和技术服务业	专科	66268	80493	96200
	本科	81743	96695	130888
	硕士及以上	92627	112498	152460

表 1-5.1.2.1 应届生技术研发/专业技能类岗位薪酬状况（元/年）（续表一）

行业	学历	下四分位值	中位值	上四分位值
农、林、牧、渔业	专科	57656	68568	83579
	本科	62656	75486	100687
	硕士及以上	73804	87142	119495
批发和零售业	专科	58237	69669	85622
	本科	67562	80291	109819
	硕士及以上	81613	96742	127234
文化、体育和娱乐业	专科	61129	74745	94892
	本科	67253	83163	110068
	硕士及以上	80793	97602	129843
信息传输、软件和信息技术服务业	专科	70523	86952	104037
	本科	87704	106866	138802
	硕士及以上	109457	131708	171435
制造业	专科	66655	79872	96048
	本科	80643	95179	122604
	硕士及以上	97372	114954	146624
住宿和餐饮业	专科	55598	65519	87411
	本科	61622	73299	105516
	硕士及以上	70911	87865	123290
租赁和商务服务业	专科	63058	74745	94892
	本科	66706	83163	110068
	硕士及以上	82735	97602	129843

业务类岗位薪酬水平

在本科学历应届毕业生中，薪酬中位值排名前三的行业分别是房地产业、金融业、教育，在专科学历应届毕业生中，薪酬中位值排名前三的行业分别是金融业、教育、房地产业。而在硕士及以上学历中，房地产业、金融业、信息传输、软件和信息技术服务业是薪酬中位值排行前三的行业。各行业业务类岗位应届生薪酬情况参见下表。

表 1-5.1.2.2 应届生业务类岗位薪酬状况（元/年）

行业	学历	下四分位值	中位值	上四分位值
房地产业	专科	68292	80587	90416
	本科	79413	94641	116691
	硕士及以上	89504	109793	132365
建筑业	专科	55697	67397	78775
	本科	64419	79076	98666
	硕士及以上	74596	90721	117850
交通运输、仓储和邮政业	专科	60806	72032	87562
	本科	67867	80817	99284
	硕士及以上	80013	94439	124495
教育	专科	67944	80773	94031
	本科	75973	91642	113094
	硕士及以上	84697	101640	127193
金融业	专科	67118	81415	89816
	本科	77581	93891	117679
	硕士及以上	88960	107938	135932
居民服务、修理和其他服务业	专科	56719	67265	82928
	本科	62258	75579	104434
	硕士及以上	71599	85756	119530
科学研究和技术服务业	专科	60027	73833	86272
	本科	68699	83524	103782
	硕士及以上	81213	98108	127980
农、林、牧、渔业	专科	52666	65181	76987
	本科	57271	71516	85809
	硕士及以上	67581	81853	101344
批发和零售业	专科	55857	65903	80869
	本科	63556	75826	91384
	硕士及以上	75285	89222	111937

表 1-5.1.2.2 应届生业务类岗位薪酬状况（元/年）（续表一）

行业	学历	下四分位值	中位值	上四分位值
文化、体育和娱乐业	专科	60090	74113	87677
	本科	72047	86275	106525
	硕士及以上	84635	104009	126766
信息传输、软件和信息技术服务业	专科	65613	78770	93790
	本科	77254	91113	115636
	硕士及以上	89646	107302	138559
制造业	专科	61010	73275	85626
	本科	67694	83827	104713
	硕士及以上	81374	96933	124420
住宿和餐饮业	专科	50652	62785	79924
	本科	58160	71190	94802
	硕士及以上	69481	84443	108742
租赁和商务服务业	专科	61883	74113	87677
	本科	70535	86275	106525
	硕士及以上	85196	104009	126766

销售类岗位薪酬水平

在销售类岗位中，专科和本科学历应届毕业生薪酬中位值最高的行业均为房地产，在硕士及以上学历应届毕业生中，薪酬中位值最高的行业是金融业（9.52万）。各行业销售类岗位应届生薪酬情况参见下表。

表 1-5.1.2.3 应届生销售类岗位薪酬状况（元/年）

行业	学历	下四分位值	中位值	上四分位值
房地产业	专科	63040	75153	81779
	本科	67202	83304	96493
	硕士及以上	78479	94924	115633
建筑业	专科	51110	61873	71257
	本科	56148	69686	80008
	硕士及以上	64215	79746	102686

表 1-5.1.2.3　应届生销售类岗位薪酬状况（元/年）（续表一）

行业	学历	下四分位值	中位值	上四分位值
交通运输、仓储和邮政业	专科	50499	62508	71020
	本科	58805	71115	88345
	硕士及以上	71480	84152	104860
教育	专科	53861	66840	75811
	本科	61740	75884	88228
	硕士及以上	71425	87357	101333
金融业	专科	62441	74237	84512
	本科	68303	82669	99594
	硕士及以上	77797	95156	110499
居民服务、修理和其他服务业	专科	47489	58001	67405
	本科	52540	64769	85162
	硕士及以上	62835	74061	94835
科学研究和技术服务业	专科	54955	67811	76532
	本科	62447	76131	92010
	硕士及以上	69922	86656	105376
农、林、牧、渔业	专科	49467	58430	63979
	本科	49239	59729	69478
	硕士及以上	58471	70722	86114
批发和零售业	专科	49035	58452	64844
	本科	54980	65241	77080
	硕士及以上	63173	76918	94438
文化、体育和娱乐业	专科	49635	60655	68917
	本科	58277	68831	84034
	硕士及以上	64522	80437	100836
信息传输、软件和信息技术服务业	专科	57755	71070	81217
	本科	66171	81481	95798
	硕士及以上	78319	93811	114827

表 1–5.1.2.3　应届生销售类岗位薪酬状况（元/年）（续表一）

行业	学历	下四分位值	中位值	上四分位值
制造业	专科	55929	66016	75373
	本科	59783	74228	87841
	硕士及以上	69236	84623	103862
住宿和餐饮业	专科	45536	53999	61159
	本科	49031	60609	74807
	硕士及以上	58068	69320	91844
租赁和商务服务业	专科	51096	60655	68917
	本科	56159	68831	84034
	硕士及以上	65698	80437	100836

支持类岗位薪酬水平

在支持类岗位中，各学历薪酬中位值排名前三的行位均为信息传输、软件和信息技术服务业，金融业，房地产业，其中专科及本科学历薪酬中位值最高的均为信息传输、软件和信息技术服务业，在硕士及以上学历应届毕业生中，薪酬中位值最高的行业是金融业（10.19万）。各行业支持类岗位应届生薪酬情况参见下表。

表 1–5.1.2.4　应届生支持类岗位薪酬状况（元/年）

行业	学历	下四分位值	中位值	上四分位值
房地产业	专科	61257	75248	83952
	本科	67381	84033	100243
	硕士及以上	82702	98831	127763
建筑业	专科	52693	65610	74963
	本科	63421	75208	91684
	硕士及以上	73296	87933	110483
交通运输、仓储和邮政业	专科	54908	68576	77678
	本科	65281	78185	98086
	硕士及以上	75823	91673	111004

表 1-5.1.2.4 应届生支持类岗位薪酬状况（元/年）（续表一）

行业	学历	下四分位值	中位值	上四分位值
教育	专科	59157	71547	81073
	本科	68676	82126	94231
	硕士及以上	76316	93806	107167
金融业	专科	63641	75873	85720
	本科	71308	87156	106663
	硕士及以上	83819	101893	124050
居民服务、修理和其他服务业	专科	52459	61769	73075
	本科	56719	70283	91981
	硕士及以上	66865	81755	102274
科学研究和技术服务业	专科	57050	70743	79616
	本科	65564	80392	99442
	硕士及以上	77832	93512	113148
农、林、牧、渔业	专科	48635	59724	66235
	本科	54531	65144	77377
	硕士及以上	61124	73385	93250
批发和零售业	专科	51473	60870	68050
	本科	59893	70693	84986
	硕士及以上	66802	81076	102451
文化、体育和娱乐业	专科	56612	66627	75408
	本科	65747	77377	88798
	硕士及以上	75781	89627	102893
信息传输、软件和信息技术服务业	专科	63469	76165	87249
	本科	72382	87235	102859
	硕士及以上	81558	100214	127891
制造业	专科	58805	69346	79193
	本科	66009	78859	94241
	硕士及以上	75946	91249	111099

表 1-5.1.2.4 应届生支持类岗位薪酬状况（元/年）（续表二）

行业	学历	下四分位值	中位值	上四分位值
住宿和餐饮业	专科	48210	59327	66461
	本科	53268	66351	76764
	硕士及以上	63373	77311	93464
租赁和商务服务业	专科	53989	66627	75408
	本科	63749	77377	88798
	硕士及以上	73361	89627	102893

2. 技能人才薪酬状况

技能人才是企业生存、发展不可缺少的重要组成部分和基础，"发大力实施技能人才培养带动就业项目，实现技能劳动者总量达到 400 万人左右，新增高技能人才 7.5 万人"，《北京市国民经济和社会发展第十四个五年规划和二〇三五年远景目标纲要》"提高就业质量和收入水平"部分明确提出技能人才发展的目标。深入了解技能人才薪资水平及变化水平，有助于进一步带动技能人才培训就业，引导技能人才合理流动。

（1）技能人才整体薪酬状况

技能等级与薪酬水平具有显著的正相关性，随着技能等级上升，薪酬中位值水平也随之上涨，整体来看，初级技能人才与其他技能人才等级的薪酬差异较大。不同技能等级人才薪酬情况参见下表。

表 1-5.2.1 技能人才整体薪酬状况（元/年）

技能等级	下四分位值	中位值	上四分位值
高级技师	90648	115440	175311
技师	87955	111635	151302
高级技能	85400	109925	145426
中级技能	76351	100655	127780
初级技能	54819	77271	105670

（2）重点行业技能人才整体薪酬状况

高科技行业与技能人才的要求也相对较高，在高级技师和技师技能等级中，薪酬中位值最高的行业均是科学研究和技术服务业，分别为 25.13 万元和 14.75 万元。在初级技能人才等级中，薪酬中位值高的是电力、热力、燃气及水生产和供应业（12.54 万元），各行业技能人才整体薪酬情况参见下表。

表 1-5.2.2　重点行业技能人才整体薪酬状况（元/年）

行业	技能等级	下四分位值	中位值	上四分位值
制造业	高级技师	98701	140102	224081
	技师	95820	126372	176338
	高级技能	89775	111143	150091
	中级技能	80466	100601	128632
	初级技能	66456	88552	112022
电力、热力、燃气及水生产和供应业	高级技师	127411	145411	172921
	技师	123453	144849	161596
	高级技能	120877	143210	160590
	中级技能	106733	134473	155372
	初级技能	90354	125403	140794
建筑业	高级技师	89518	113876	138020
	技师	80905	95631	119544
	高级技能	73888	92856	117437
	中级技能	73270	91640	132860
	初级技能	66323	89000	116965
批发和零售业	高级技师	87373	104287	118979
	技师	75431	87907	104956
	高级技能	67051	79843	101506
	中级技能	62444	75907	94201
	初级技能	56091	72419	91621

表 1–5.2.2　重点行业技能人才整体薪酬状况（元/年）（续表一）

行业	技能等级	下四分位值	中位值	上四分位值
交通运输、仓储和邮政业	高级技师	101171	108956	122296
	技师	97672	105282	121717
	高级技能	90655	118404	143416
	中级技能	94516	115232	126714
	初级技能	73350	100620	114301
住宿和餐饮业	高级技师	73547	86229	106689
	技师	65419	79908	100732
	高级技能	66631	75245	90973
	中级技能	46727	70200	84556
	初级技能	42081	56526	73800
房地产业	高级技师	90904	106534	132503
	技师	73607	96832	126723
	高级技能	75612	92985	115518
	中级技能	59857	75450	95855
	初级技能	46800	59879	75526
科学研究和技术服务业	高级技师	152498	251338	318905
	技师	98716	147533	190824
	高级技能	114086	147827	179720
	中级技能	97838	125800	147244
	初级技能	79100	103189	140530
批发和零售业	高级技师	87373	104287	118979
	技师	75431	87907	104956
	高级技能	67051	79843	101506
	中级技能	62444	75907	94201
	初级技能	56091	72419	91621

3. 企业经营管理者薪酬状况

企业经营者作为企业生产运营的主要决策者和管理者，其薪酬水平一直是市场关注的焦点，薪酬水平过低在人才市场中不具有外部竞争性，不利于吸引、激励人才，同时直接影响企业的经营业绩，而过高的薪酬又将占据不必要的企业成本，影响企业利润。

（1）管理层级薪酬状况

管理层级是决定经营管理者薪酬水平的重要因素。管理层级越高，薪酬水平越高，高层管理岗的薪酬中位值达到了 35.10 万元。整体来看，2020 年企业整体受新冠疫情影响，经营压力较大，直接影响企业经营管理者的薪酬水平，薪酬中位值均较上年度有不同程度的回落，各管理层级薪酬情况参见下表。

表 1-5.3.1　企业经营者管理层级薪酬状况（元/年）

岗位等级	下四分位值	中位值	上四分位值
高级管理岗	164103	351005	569499
一级部门管理岗	145192	228190	363520
二级部门管理岗	106800	168012	261474
其他管理岗	60642	93376	146660

（2）各行业管理层级薪酬状况

数据显示，金融业管理者的整体薪酬较高。金融业高级管理岗、一级部门管理岗、二级部门管理岗、其他管理岗的薪酬中位值分别为 83.11 万元、80.26 万元、64.79 万元和 41.27 万元，均高于其他行业。

高级管理岗中，薪酬中位值最低是交通运输、仓储和邮政业；其它管理岗中，租赁和商务服务业的薪酬中位值最低；一级部门管理岗和二级部门管理岗薪酬中位值最低的均为居民服务、修理和其他服务业以及住宿和餐饮业。各行业管理层级薪酬状况具体情况如下表。

表 1-5.3.2　企业经营者各行业管理层级薪酬状况（元/年）

行业	岗位等级	下四分位值	中位值	上四分位值
农、林、牧、渔业	高级管理岗	304400	491956	664764
	一级部门管理岗	169078	223035	279825
	二级部门管理岗	115150	151564	207700
	其它管理岗	53065	84460	124400
制造业	高级管理岗	256321	426714	691711
	一级部门管理岗	164525	267043	443862
	二级部门管理岗	113759	192177	312188
	其它管理岗	74725	105150	172777
电力、热力、燃气及水生产和供应业	高级管理岗	270000	403388	591514
	一级部门管理岗	200048	314766	449100
	二级部门管理岗	161870	232514	343240
	其它管理岗	119070	145589	183620
建筑业	高级管理岗	221700	377461	608465
	一级部门管理岗	153661	222432	314827
	二级部门管理岗	119700	172486	229995
	其它管理岗	71818	105000	153900
批发和零售业	高级管理岗	188000	346642	543672
	一级部门管理岗	125917	187697	300000
	二级部门管理岗	93630	147422	220367
	其它管理岗	62739	88742	119551
交通运输、仓储和邮政业	高级管理岗	79500	134400	346000
	一级部门管理岗	154078	212195	325752
	二级部门管理岗	131534	201541	267747
	其它管理岗	85761	116517	170580
住宿和餐饮业	高级管理岗	150500	273000	480920
	一级部门管理岗	89951	145485	229130
	二级部门管理岗	85740	123976	175728
	其它管理岗	58021	77189	105726

表 1-5.3.2 企业经营者各行业管理层级薪酬状况（元/年）（续表一）

行业	岗位等级	下四分位值	中位值	上四分位值
信息传输、软件和信息技术服务业	高级管理岗	217776	562000	757500
	一级部门管理岗	167287	256701	429600
	二级部门管理岗	118440	223200	347700
	其它管理岗	43356	80315	144636
金融业	高级管理岗	549010	831089	1290269
	一级部门管理岗	478819	802645	1437395
	二级部门管理岗	355281	647913	990896
	其它管理岗	303849	412690	515054
房地产业	高级管理岗	243887	392351	579338
	一级部门管理岗	139527	217186	333400
	二级部门管理岗	92114	136279	212220
	其它管理岗	61316	94150	142876
租赁和商务服务业	高级管理岗	90273	156000	450000
	一级部门管理岗	117995	222400	356400
	二级部门管理岗	81392	145623	241622
	其它管理岗	42600	63989	106885
科学研究和技术服务业	高级管理岗	239154	393710	610000
	一级部门管理岗	150000	236000	373733
	二级部门管理岗	113984	173131	270875
	其它管理岗	69058	106601	162706
水利、环境和公共设施管理业	高级管理岗	263792	434713	576890
	一级部门管理岗	173212	305898	379134
	二级部门管理岗	126191	163114	238619
	其它管理岗	74624	98742	167192
居民服务、修理和其他服务业	高级管理岗	120000	313254	521918
	一级部门管理岗	98400	145090	226269
	二级部门管理岗	45686	75311	126801
	其它管理岗	55577	73359	90300

表 1-5.3.2　企业经营者各行业管理层级薪酬状况（元/年）（续表二）

行业	岗位等级	下四分位值	中位值	上四分位值
教育	高级管理岗	99024	175320	446307
	一级部门管理岗	125610	215631	276900
	二级部门管理岗	78470	137710	262431
	其它管理岗	44724	66780	102805
文化、体育和娱乐业	高级管理岗	237300	344318	565232
	一级部门管理岗	144000	257200	376495
	二级部门管理岗	104400	169405	300700
	其它管理岗	75086	111560	166260

（3）各区域管理层级薪酬状况

分区域看，西城区高级管理岗薪酬中位值最高（49.99 万元），东城区一级部门管理、二级部门管理和其他管理岗位等级的薪酬中位值水平均高于其他区域，分别为 30.06 万元、22.49 万元、12.87 万元。各区域管理层级薪酬状况具体情况如下表。

表 1-5.3.3　企业经营者各区域管理层级薪酬状况（元/年）

区域	岗位等级	下四分位值	中位值	上四分位值
东城区	高级管理岗	283050	440000	669234
	一级部门管理岗	170485	300629	482780
	二级部门管理岗	154260	224874	300750
	其他管理岗	85382	128724	248250
西城区	高级管理岗	325614	499877	723152
	一级部门管理岗	180432	284772	462340
	二级部门管理岗	141427	197440	318149
	其他管理岗	72000	112810	171850
朝阳区	高级管理岗	274474	435896	642002
	一级部门管理岗	153328	230775	343333
	二级部门管理岗	112352	170583	256279
	其他管理岗	74700	107710	170601

表 1-5.3.3　企业经营者各区域管理层级薪酬状况（元/年）（续表一）

区域	岗位等级	下四分位值	中位值	上四分位值
海淀区	高级管理岗	235015	403000	616574
	一级部门管理岗	157424	237504	352120
	二级部门管理岗	109940	165952	243603
	其他管理岗	67815	99440	162643
丰台区	高级管理岗	159150	328956	524335
	一级部门管理岗	128238	200050	325213
	二级部门管理岗	78600	118428	187290
	其他管理岗	67805	98800	144589
石景山区	高级管理岗	192000	341594	470178
	一级部门管理岗	104389	192032	355212
	二级部门管理岗	127033	187654	265752
	其他管理岗	56043	100016	157520
门头沟区	高级管理岗	244804	416600	635568
	一级部门管理岗	98855	133509	232617
	二级部门管理岗	60308	110459	201606
	其他管理岗	40080	41520	48000
房山区	高级管理岗	147780	283291	420037
	一级部门管理岗	142082	214041	315597
	二级部门管理岗	88080	150826	313055
	其他管理岗	45635	59441	74272
通州区	高级管理岗	180000	397067	608700
	一级部门管理岗	127080	225345	416605
	二级部门管理岗	106678	189642	359967
	其他管理岗	45560	75703	121816
顺义区	高级管理岗	100000	205962	390704
	一级部门管理岗	122911	178278	266080
	二级部门管理岗	90060	140989	202055
	其他管理岗	64200	88661	116902

表 1–5.3.3 企业经营者各区域管理层级薪酬状况（元/年）（续表二）

区域	岗位等级	下四分位值	中位值	上四分位值
昌平区	高级管理岗	247939	400403	686460
	一级部门管理岗	178800	291420	510708
	二级部门管理岗	110376	185000	300520
	其他管理岗	60184	96649	163582
大兴区	高级管理岗	231670	396534	578546
	一级部门管理岗	155884	227200	326472
	二级部门管理岗	94120	135734	254891
	其他管理岗	55223	85275	144192
平谷区	高级管理岗	102500	177116	300000
	一级部门管理岗	79335	123812	188310
	二级部门管理岗	68618	99398	134602
	其他管理岗	43708	69650	102542
怀柔区	高级管理岗	276165	461646	700000
	一级部门管理岗	137741	200485	300653
	二级部门管理岗	103594	172564	302106
	其他管理岗	63388	95850	123396
密云区	高级管理岗	104012	271938	436040
	一级部门管理岗	96478	153780	273560
	二级部门管理岗	82996	132000	198751
	其他管理岗	38400	62191	95920
延庆区	高级管理岗	88800	207793	364260
	一级部门管理岗	87002	163660	301333
	二级部门管理岗	68205	117302	168000
	其他管理岗	43813	66798	96000
经济技术开发区	高级管理岗	312000	489435	763688
	一级部门管理岗	158450	243232	354418
	二级部门管理岗	105313	187110	300703
	其他管理岗	80853	107290	162175

4. 科学技术人员薪酬状况

（1）职称等级薪酬状况

科学技术人员群体的薪酬水平均较上年度明显增长，其中高级职称、初级职称人员薪酬中位值涨幅分别达到 13.8% 和 12.1%。在一定程度上反映出北京市企业对知识、技术要素和科技人员的重视。另外，在科学技术人员群体中薪酬水平与职称等级有着直接关系，高级职称科学技术人员薪酬中位值是中级职称人员的 1.45 倍，是初级职称人员的 2.16 倍。各职称等级薪酬状况具体情况如下表。

表 1-5.4.1　科学技术人员职称等级薪酬状况（元/年）

职称等级	下四分位值	中位值	上四分位值
高级职称	183334	252984	340156
中级职称	120400	174200	241905
初级职称	82049	117351	165466

（2）各行业职称等级薪酬状况

在高级职称中，薪酬中位值排名前三位的行业是信息传输、软件和信息技术服务业，金融业，以及文化、体育和娱乐业。中级职称薪酬中位值排名前三位的行业是金融业，信息传输、软件和信息技术服务业，和房地产。而在初级职称中，金融业，电力、热力、燃气及水生产和供应业，以及制造业薪酬中位值则分别排名前三位。各行业不同职称层级薪酬状况具体情况如下表。

表 1-5.4.2　科学技术人员各行业职称等级薪酬状况（元/年）

行业	职称等级	下四分位值	中位值	上四分位值
农、林、牧、渔业	高级职称	130838	168219	295415
	中级职称	87121	114745	162186
	初级职称	90090	105840	130594
制造业	高级职称	196607	247735	315787
	中级职称	146332	192296	256698
	初级职称	99859	151980	197523

表 1-5.4.2 科学技术人员各行业职称等级薪酬状况（元/年）（续表一）

行业	职称等级	下四分位值	中位值	上四分位值
电力、热力、燃气及水生产和供应业	高级职称	180311	219661	313033
	中级职称	156174	184281	238072
	初级职称	141338	161845	200739
建筑业	高级职称	152740	227196	296239
	中级职称	118658	156840	213000
	初级职称	92420	115620	149772
批发和零售业	高级职称	175390	271211	365932
	中级职称	118319	178825	261916
	初级职称	66085	94065	137465
交通运输、仓储和邮政业	高级职称	169055	202628	249549
	中级职称	134930	174268	213007
	初级职称	106338	149381	173581
住宿和餐饮业	高级职称	40000	99525	139946
	中级职称	71500	80190	115049
	初级职称	57867	74282	87459
信息传输、软件和信息技术服务业	高级职称	321276	435279	547800
	中级职称	160770	258100	382109
	初级职称	84369	132780	205899
金融业	高级职称	237879	333634	514773
	中级职称	226660	280816	378794
	初级职称	209415	249866	315865
房地产	高级职称	162860	232154	298402
	中级职称	141138	200310	266642
	初级职称	76675	103368	162707
租赁和商务服务业	高级职称	118713	195540	294144
	中级职称	122520	176207	242900
	初级职称	56964	88316	128316

表 1-5.4.2　科学技术人员各行业职称等级薪酬状况（元/年）（续表二）

行业	职称等级	下四分位值	中位值	上四分位值
科学研究和技术服务业	高级职称	187000	265586	369914
	中级职称	99481	166544	243600
	初级职称	93990	136984	193587
水利、环境和公共设施管理业	高级职称	149128	224352	346063
	中级职称	124810	162508	223970
	初级职称	105412	136116	182710
居民服务、修理和其他服务业	高级职称	41551	158580	219643
	中级职称	73956	146639	165178
	初级职称	64222	85773	115224
教育	高级职称	177257	215001	241820
	中级职称	81429	164475	201473
	初级职称	40057	53893	67271
文化、体育和娱乐业	高级职称	206481	273191	355548
	中级职称	113816	184313	256934
	初级职称	95454	136456	205484

（3）各区域职称等级薪酬状况

各区不同职称等级人员薪酬水平差异较大，在高级职称人员中，西城区薪酬中位值最高（28.60万元），值最低的是平谷区，前者是后者的2.99倍。各区域不同职称层级薪酬状况具体情况如下表。

表 1-5.4.3　科学技术人员各区域职称等级薪酬状况（元/年）

区域	职称等级	下四分位值	中位值	上四分位值
东城区	高级职称	161068	210366	277772
	中级职称	129360	169909	224920
	初级职称	80640	113616	162779

表 1-5.4.3 科学技术人员各区域职称等级薪酬状况（元/年）（续表一）

区域	职称等级	下四分位值	中位值	上四分位值
西城区	高级职称	203274	286025	384343
	中级职称	140444	196244	264880
	初级职称	124309	161953	210118
朝阳区	高级职称	180775	246380	338832
	中级职称	123490	166254	226906
	初级职称	86355	113189	151898
海淀区	高级职称	178449	277946	431492
	中级职称	129720	185354	254568
	初级职称	88166	118502	161390
丰台区	高级职称	168353	240636	294805
	中级职称	110566	160247	232707
	初级职称	78000	108530	143946
石景山区	高级职称	182221	214788	263050
	中级职称	126072	166593	199888
	初级职称	87767	134273	186234
门头沟区	高级职称	208617	272462	357333
	中级职称	109328	146822	202211
	初级职称	85467	99900	138495
房山区	高级职称	150257	207210	281561
	中级职称	93740	156435	204064
	初级职称	67448	100329	160425
通州区	高级职称	124618	221920	322606
	中级职称	136186	215244	279244
	初级职称	69205	100766	152640
顺义区	高级职称	129247	274615	398925
	中级职称	91200	126302	208227
	初级职称	76080	99273	134383

表 1-5.4.3 　科学技术人员各区域职称等级薪酬状况（元/年）（续表二）

区域	职称等级	下四分位值	中位值	上四分位值
昌平区	高级职称	205021	261351	331268
	中级职称	113812	168934	255296
	初级职称	74967	105900	154666
大兴区	高级职称	178845	244965	313435
	中级职称	134006	204179	262440
	初级职称	51473	78487	130072
平谷区	高级职称	66074	95784	135040
	中级职称	68330	94477	124110
	初级职称	37800	58748	80748
怀柔区	高级职称	195250	249502	371225
	中级职称	137161	193464	247778
	初级职称	97300	130976	196908
密云区	高级职称	110794	181581	274597
	中级职称	95396	131980	162807
	初级职称	67548	91256	118106
延庆区	高级职称	147490	215976	251946
	中级职称	91240	149003	200300
	初级职称	69300	119857	154410
经济技术开发区	高级职称	108708	167555	225600
	中级职称	95631	138839	191873
	初级职称	84751	118217	163559

5. 海外留学归国人员薪酬状况

整体而言，具有海外留学经历的人员其薪酬水平具有一定的优势，但在就业工作中受就业行业、职能岗位等因素影响，存在一定的差异。

在海归留学人员中，本科学历和硕士及以上学历金融业的薪酬中位值均为最高，本科学历、硕士及以上学历分别为 21.41 万元、37.21 万元，各行业中硕士及以上学历人员的薪酬中位值明显领先于本科学历人员，其中学历差异比最高的是信息传输、软件和信息技术服务业 1.83 倍，具体各行业海外留学归国人员薪酬状况如下表所示。

表 1-5.5　海外留学归国人员薪酬状况（元/年）

行业	学历	下四分位值	中位值	上四分位值
房地产业	本科	117174	166726	243032
	硕士及以上	155538	283674	466870
建筑业	本科	114609	156052	256255
	硕士及以上	148730	252870	367039
交通运输、仓储和邮政业	本科	112286	143980	227006
	硕士及以上	136047	233309	354336
教育	本科	108726	155309	256817
	硕士及以上	162188	251666	416724
金融业	本科	137402	214077	290044
	硕士及以上	175341	372145	514994
居民服务、修理和其他服务业	本科	102177	135044	226211
	硕士及以上	118806	218829	334505
科学研究和技术服务业	本科	107321	160475	245552
	硕士及以上	149241	291241	476103
农、林、牧、渔业	本科	99986	133268	216423
	硕士及以上	138415	194356	284322
批发和零售业	本科	102744	140566	207332
	硕士及以上	121914	227777	366951
文化、体育和娱乐业	本科	111015	139838	205899
	硕士及以上	139367	226596	352974
信息传输、软件和信息技术服务业	本科	117535	176901	276355
	硕士及以上	224380	323919	543837
制造业	本科	105440	157131	238723
	硕士及以上	177471	254618	390072
住宿和餐饮业	本科	99355	138116	230477
	硕士及以上	131789	223806	327156
租赁和商务服务业	本科	103827	153432	250548
	硕士及以上	136879	248624	404992

指 标 及 名 词 解 释

1. 下四分位值、中位值、上四分位值

通过四分位值统计描述方法描述数据时，偏态数据的离散程度，即将全部数据从小到大排列，正好排列在下 1/4 位置上的数为下四分位值，排在上 1/4 位置上的数为上四分位值，同样排列在中间位置的数为中位值。

2. 行业划分

行业篇中的行业划分依据《国民经济行业分类与代码（GB/T 4754-2017）》中的行业门类及行业大类为标准进行划分。

3. 通用岗位

本报告中通用岗位特指各行业在生产经营过程中较为常见的岗位，以《中华人民共和国职业分类大典（2015 年版）》为基础标准，根据实际情况进行大类分类，主要分为中层及以上管理人员、专业技术人员、办事人员和有关人员、社会生产服务和生活服务人员、生产制造业有关人员。

4. "三城一区"

是指中关村科学城、怀柔科学城、未来科技城和北京经济技术开发区，是北京加强全国科技创新中心建设的主平台。中关村科学城系统布局基础前沿技术；怀柔科学城集聚顶尖科研机构；未来科学城增强创新要素活力；北京经济技术开发区做好扩区后战略产业布局，承接三大科学城科技成果转化和提高国际化发展水平。

5. "北京智造"

"北京智造"是指北京地区具有高技术含量、高附加值强竞争力的制造业企业集合，其处于产业链的高端环节位置，具有技术含量高，知识、技术密集，体现多学科和多领域高精尖技术集成的特点。

6. 首都功能区域划分

《北京市"十一五"时期功能区域发展规划》中指出，北京将建成首都功能核心区、城市功能拓展区、城市发展新区和生态涵养发展区四大各具特色的城市功能区。

首都功能核心区：包括东城区和西城区两个行政区。北京将在首都功能核心区强化全国政治中心、文化中心功能；强化以国家对外事务、国际旅游为特色的中外交往中心功能，建设国际交往功能密集区；与老城区保护相结合，打造荟萃世界级时尚精品店的大街；部分居住中心从市中心城区迁出；属于优化开发区域，占地多、技术含量低及劳动密集型产业需要向外转移，创造良好的政务、商务和宜居环境。

城市功能拓展区：包括朝阳、海淀、丰台、石景山四个行政区。北京将通过注入新的功能活力，推动南部和西部地区的发展，在西部地区发展中央休闲区，建成区基本属于优化开发区域，鼓励人口和工业向新区迁移。

城市发展新区：包括通州、顺义、大兴、昌平、房山五个行政区和亦庄开发区。北京将加快顺义、通州和亦庄重点新城建设，完善和加强公共服务体系、生活性服务体系以及生产性服务体系；通过教育、医疗、文化以及休闲产业的布局牵引，带动市区功能的进入。

生态涵养发展区：包括门头沟、平谷、怀柔、密云、延庆五个行政区。北京将建设属于限制、禁止开发区域的生态涵养发展区，要解决保护生态环境与经济发展之间的矛盾，建立生态建设利益补偿机制。

7. 应届生

在国家承认的高校就读的，在 2020 年内取得毕业证书的大专、本科、研究生学历的学生。

8. 技能人才

是指掌握专门知识和技术，具备一定的操作技能，并在工作实践中能够运用自己的技术和能力进行实际操作的人员。本报告技能人才包括分为高级技师、技师、高级技能人才、中级技能人才、初级技能人才五类。

9. 企业经营管理者

是指对企业的日常经营活动进行计划、组织、指挥、协调和控制的企业从业人员，本报告将企业经营管理者分为高级管理岗、一级部门管理岗、二级部门管理岗、其他管理岗四类。

10.科学技术人员

指直接参加科学技术活动或直接服务于科学技术活动的所有人员。科学技术人员的根本属性有：（一）从事科学技术活动，而不是从事其他活动。从事自然科学、工程技术和社会科学的研究和开发、教育和培训以及有关的服务活动。（二）直接参加或直接服务于科学技术活动。本报告按照高级职称、中级职称、初级职称进行划分。

11.海外留学归国人员

在国家承认的海外高校就读的，在 2020 年内取得毕业证书的大专、本科、研究生学历的学生。

第二部分

企业人工成本数据分析报告

报 告 概 要

建立和完善企业人工成本信息发布制度是贯彻落实国家企业薪酬调查和信息发布制度重要内容。通过开展和完善企业人工成本信息指导平台服务工作，有利于进一步培育和规范人力资源市场，建立和完善人力资源价格机制，更好地指导企业完善内部工资分配和人工成本管理，进而提升企业在市场中的竞争力。同时加强了人工成本投入产出效益指标的相关分析，既提高了经济效益，又能更好地处理国家、企业和个人三者之间的分配关系。

一、发布人工成本数据分析报告的背景

习近平新时代中国特色社会主义思想为企业工资收入分配指明了发展方向。总书记在中国共产党第十九次全国代表大会上的报告中指出，坚持在经济增长的同时实现居民收入同步增长、在劳动生产率提高的同时实现劳动报酬同步提高。拓宽居民劳动收入和财产性收入渠道。履行好政府再分配调节职能，加快推进基本公共服务均等化，缩小收入分配差距。为深入贯彻落实中央有关工资收入分配改革政策与精神，根据国家《关于建立企业薪酬调查和信息发布制度的通知》（人社部发〔2018〕29 号）有关规定，北京市人社局充分调查了全市企业人工成本相关数据，结合宏观经济数据、劳动力市场数据、智联招聘平台相关数据等对企业人工成本从行业、企业规模、登记注册类型等维度，对企业人工成本水平、结构、投入产出效益等指标展开深入研究。调查统计内容比较丰富，采集和加工数据的质量相对稳定，从而在此基础上能够跟踪和剖析全市企业人工成本变动状况。本报告显示了较为详实的企业人工成本信息，有利于企业对标分析人工成本水平和架构，调整人工成本管控策略，进而提升市场竞争力。同时，有利于政府宏观监测和分析全行业人工成本状况，并有针对性地提出相关政策调整建议。

二、人工成本数据分析报告的框架内容

人工成本数据分析报告共分为五大部分，分别为人工成本水平分析、结构分析、投入产出分析、上市公司人工成本分析、人工成本走势预测。

（一）人工成本水平分析主要内容

主要分析全市企业人均人工成本水平变动情况，并从行业、企业规模、登记注册类型等维度分析平均水平变动情况。

（二）人工成本结构分析主要内容

主要分析全市企业人均人工成本中各分项占比及变动情况，并从行业、企业规模、登记注册类型等维度分析比重的变动情况。

（三）人工成本投入产出分析主要内容

主要分析全市企业人工成本投入产出相关指标值及变动情况，并从行业、企业规模、登记注册类型等维度分析人事费用率、人工成本利润率、人工成本占总成本指标等相关指标变动情况。

（四）上市公司人工成本分析主要内容

主要分析全市上市公司人工成本水平变动情况，并从行业、登记注册类型等维度分析平均水平变动情况。

（五）人工成本预测及建议部分主要内容

主要针对经济走势、人工成本主要构成部分中工资报酬和社会保险的相关政策及劳动力市场有关因素进行分析，进一步预测下一步本市企业人工成本走势。

三、人工成本数据分析报告的主要结论

（一）人工成本水平

1. 企业人均人工成本水平同比下降 1.06%

2020 年，北京市企业人均人工成本平均数为 163587 元，同比下降 1.06%。企业人工成本平均数小幅下降，主要是受宏观经济背景、微观企业劳动生产率、政府社保政策调整、劳动力市场供求关系等相关因素共同作用而成。

2. 绝大多数行业人工成本同比下降

除制造业、建筑业和教育业人工成本同比分别增长 11.44%、5.30% 和 3.72% 外，绝大多数行业人工成本同比出现不同程度下降。其中，农、林、牧、渔业、住宿和餐饮业、居民服务、修理和其他服务业、卫生和社会工作业、房地产业和水利、环境和公共设施管理业同比分别增长-32.86%、-30.87%、-13.33%、-12.65%、-11.13%和-10.32%，均超过-10%。

3. 大中型企业人工成本水平同比增长

分企业规模看，2020 年大型企业人工成本同比增长 3.66%，中型企业人工成本同比增长 0.38%，而小型企业同比下降 3.06%。

4. 国有及国有控股企业人工成本水平同比增长

分企业注册类型看，同 2019 年比较，国有及国有控股企业人均人工成本同比上升 12.52%，港澳台及外商投资企业则同比下降 22.74%，国有参股及私营企业同比微降 2.37%。

5. 企业人工成本占总成本比重同比下降

2020 年，调查企业人工成本占企业总成本比重为 14.61%，比 2019 年的 17.49%，同比下降 2.88 个百分点。不同行业、规模、注册类型间企业人工成本占比数据存在差异。

（二）人工成本结构

1. 总体情况

2020 年，北京市企业人均人工成本结构中，劳动报酬和社保费用占比总和达到 85% 以上，分别占比 76.23% 和 10.45%。福利费用、住房费用、教育经费、劳保费用和其他人工成本费用占比分别为 3.77%、5.49%、0.36%、0.39% 和 3.30%。同 2019 年比，2020 年社保费用和教育经费占人工成本比重同比下降，劳动报酬、福利费用、劳保费用、住房费用和其他人工成本费用占人工成本比重同比出现回升。

2. 分行业

分行业看，制造业、电力、热力、燃气及水生产和供应业、住宿和餐饮业劳动报酬占人工成本比重 2019-2020 年基本均保持在 60%-70% 之间，占比相对较低，而平均工资水平较高的信息传输、软件和信息技术服务业和金融业劳动报酬占人工成本水平基本在 73% 以上。电力、热力、燃气及水生产和供应业社保费用占人工成本比重相对较高，达到 12% 左右，而金融业 2020 年社保占比仅为 9.52%，较上年下降 4.78 个百分点。

3. 分企业规模

分企业规模看，2020 年调查的企业中，大、中、小、微型企业劳动报酬占比较上年均有所上升，社保成本占比出现下降。

4. 分登记注册类型

分登记注册类型看，国有及国有控股企业、集体企业、港澳台及外商投资企业、国有参股及私营企业四大类企业劳动报酬占人工成本比重同比分别提高 1.08、2.22、3.97 和 3.88 个百分点。社会保险占比则出现不同程度的下降。

（三）人工成本投入产出

1. 总体情况

总体看，2020 年调查企业人均利润 94750.35 元，同比下降超 30%，其中，连续两年跟踪调查企业人均利润水平同比下降 16.01%。人工成本利润率同比下降 25.42 个百分点，此外，劳动分配率（人工成本总额/企业增加值）为 11.90%，人事费用率（人工成本总额/销售收入）为 13.00%，较上年均出现下降，说明企业相对人工成本水平出现下降。综合来看，受疫情影响，调查企业利润空间收缩，劳产率下降，尽管人工成本相对水平下降，但投入产出仍低迷。

2. 分行业

分行业看，2020 年建筑业和批发零售业人事费用率相对较低，而教育行业、住宿和餐饮业相对较高。住宿和餐饮业劳动分配率最低，而教育、房地产业企业则较高。从人工成本创利能力看，受疫情影响，住宿和餐饮业 2020 年人工成本利润率为负，而农、林、牧、渔业以及金融业则人工成本投入产出利润水平相对较高。

3. 分规模

2020 年大型企业劳动分配率为 12.48%，高于中型企业（9.30%）水平，但人事费用率低于中型企业，而中型企业人工成本利润率水平远高于大型和小型企业。

4. 分注册类型

国有及国有控股企业劳动生产率为 407179 元，较港澳台及外商投资企业、国有参股及私营企业相对较低。从人均利润看，国有参股及私营企业人均利润水平最高，达到 106621 元，远高于其他类型企业水平。从相对人工成本水平看，港澳台及外商投资企业劳动分配率或人事费用率均低于其他三大类注册类型企业，说明外商投资企业相对人工成本水平较低。但是，从人工成本创利能力看，国有参股及私营企业人工成本利润率相对较高。

（四）上市公司人工成本情况

1. 人工成本水平总体情况

2020 年北京市 389 家上市公司人均人工成本为 25.18 万元，同比增长 2.07%。

2. 分公司类型人工成本水平

中央国有企业人均人工成本为 26.19 万元，同比提高 4.27%，地方国有企业、公众企业分别为 19.53、29.95 万元，同比分别上升 19.73%、6.84%，增幅相对较大。而民营企业为 18.34 万元，同比下降 1.91%。民营企业人均人工成本同比下降，说明这类企业受新冠疫情的冲击影响较大。

3. 分行业人工成本水平

不同行业人工成本同比变化走势不一。电力、热力、燃气及水生产和供应业、房地产业、建筑业、金融业以及信息传输、软件和信息技术服务业上市公司人均人工成本与上一年相比，出现不同程度上涨；而科学研究和技术服务业、批发和零售业、文化体育和娱乐业、制造业、租赁和商务服务业人均人工成本水平则同比出现不同程度下降。

4. 人工成本投入产出情况

分行业看，建筑业、制造业、计算机、通信和其他电子设备制造业以及专用设备制造业等人事费用率同比下降较为明显，而电力、热力、燃气及水生产和供应业、科学研究和技术服务业、文化、体育和娱乐业等相对人工成本水平则出现较为明显的上涨。人工成本利润率走势在行业间出现分化，除电力、热力、燃气及水生产和供应业、建筑业、制造业、计算机、通信和其他电子设备制造业、医药制造业和专用设备制造业外，其他行业的调查企业人工成本利润率均出现不同程度的下降。

分注册类型看，民营企业、中央国有企业和公众企业的人事费用率均有所上升，分别提高了 0.42%、1.31%和 2.18%，地方国有企业的人事费用率同比下降了 0.15 个百分点。从利润与人工成本的比值看，2020 年公众企业的人工成本利润率出现大福下降，同比降低了-155.68%；其他三类企业该指标则表现较好，地方国有企业、中央国有企业、民营企业分别同比提高了 46.47、15.24、3.65 个百分点，说明这几类企业盈利能力相对较强。

（五）人工成本预测

1. 经济走势

2021 年上半年北京市总体经济呈现稳步恢复、稳中向好态势，发展韧性和活力进一步彰显。同时也要看到，经济恢复过程中不确定、不稳定、不均衡问题依然存在，下半年推动经济持续恢复和高质量发展还需要付出更大努力。

2. 人工成本构成走势

从工资报酬看，随着国内疫情防控形势将继续保持稳定，企业投资信心进一步恢复，经济将继续复苏，特别是抗风险能力较强的大型企业将在 2021 年持续景气，工资和人工成本水平将相对稳定或继续小幅回升。而小企业生产经营困难仍较多，持续平稳恢复尚需时间。整个经济活力的增强也反映在小型企业生存状态的改善上。后疫情时期工资较大幅增长态势能否保持有待观察。

从社保和公积金缴纳费用看，人社部规定的阶段性降低失业保险、工伤保险费率政策的延期，以及北京市出台降低城镇职工基本医疗保险（含生育保险）单位缴费比例政策，都将进一步减少企业人工成本。北京市规定企业职工、灵活就业人员各项社会保险费交由税务部门统一征收，加之社保减免政策到期，在一定期间内将提高中小企业人工成本水平。

此外，北京市发布《北京住房公积金行政违法行为分类目录》，将进一步明确公积金的强制征收性质，对于中小型民营劳动密集型企业人工成本将影响较大。

2020 年北京市企业人工成本数据分析

2021 年北京市继续在全市范围内组织开展企业人工成本调查工作。调查全行业企业共计近 6700 余户，调查数据分析旨在为本市各类企业科学管理人工成本、有效提升整体经济效益等方面提供数据支撑。人工成本是指企业在生产、经营和提供劳务活动中因使用劳动力而发生的所有直接和间接费用的总和。它反映企业在报告期内因使用各种人力资源所付出的全部成本费用。人工成本主要由从业人员工资报酬、福利费用、教育经费、保险费用和劳动保护费用、住房费用和其他人工成本等 7 项构成。其中，其他人工成本主要包括工会经费、企业支付给劳务派遣机构的劳务费、企业招聘费用解除劳动关系的经济补偿金等。本部分从人工成本水平、结构、投入产出、疫情影响及下一步走势等五个方面进行分析。根据国家薪酬调查有关剔除条件处理后，样本数为 4919 户。数据具体分析如下：

一、企业人工成本水平

观察和分析企业人工成本水平，主要通过了解企业人均人工成本水平的当期绝对值水平、其一定时期内水平的变动特征以及全市范围内分行业、分企业规模、分登记注册类型等多维度来全面考量企业人工成本整体水平及变动状况。企业人均人工成本水平一般同经济发展水平、人力资源市场供求关系、国家工资收入分配宏观调控政策、企业劳动生产率等多方面有直接或间接关系。

1. 总体情况

2020 年，北京市企业人均人工成本平均数为 163587 元，同比下降 1.06%。企业人工成本平均数小幅下降，主要是受宏观经济背景、微观企业劳动生产率、政府社保政策调整、人力资源市场供求关系等相关因素共同作用而成。

从宏观经济发展看，2020 年，面对新冠肺炎疫情的严峻考验和国内外环境的深刻变化，北京市全年经济呈现稳步回升向好态势。根据北京市统计局数据，全年实现地区生产总值同比增长 1.2%，规模以上工业增加值增长 2.3%，工业生产持续回升。全市居民消费价格指数 CPI 同比上涨 1.7%，工业生产者出厂价格同比下降 0.9%，消费价格温和上涨，生产价格同比下降。全市居民人均可支配收入同比名义增长 2.5%，实际增长 0.8%，其中工资性收入增长 0.5%；从人力资源市场供求关系看，根据百城市公共就业服务机构市场数据，

2020年四个季度求人倍率保持在1.32-1.62之间，求人倍率处仍在较高位运行；从微观企业劳动生产率走势看，按照2019-2020年连续跟踪调查的企业数据看，2020年调查企业人均利润同比下降16.01%；从政府社保政策调整看，2020年疫情条件下，国家和各地政府出台了一系列降低人工成本的扶持政策，不少企业在"降成本"方面受益匪浅。综上所述，人工成本平均数小幅下降符合宏观和微观经济走势，也相对顺应了国家"降成本"战略要求。

2. 分行业企业人工成本水平

分企业所在行业看，除制造业、建筑业和教育业人工成本同比分别增长11.44%、5.30%和3.72%外，绝大多数行业人工成本同比出现不同程度下降。其中，农、林、牧、渔业、住宿和餐饮业、居民服务、修理和其他服务业、卫生和社会工作业、房地产业和水利、环境和公共设施管理业同比分别增长为-32.86%、-30.87%、-13.33%、-12.65%、-11.13%和-10.32%，均超过-10%。

表2-1.2.1　2020年分行业企业人均人工成本水平（元）

名称	人均人工成本-2020	同比
整体平均	163587	-1.06%
农、林、牧、渔业	87009	-32.86%
制造业	206381	11.44%
电力、热力、燃气及水生产和供应业	199241	-2.26%
建筑业	185494	5.30%
批发和零售业	143755	-0.53%
交通运输、仓储和邮政业	140453	-7.49%
住宿和餐饮业	86652	-30.87%
信息传输、软件和信息技术服务业	201229	-8.43%
金融业	392991	-5.79%
房地产业	131637	-11.13%
租赁和商务服务业	99906	-8.96%
科学研究和技术服务业	197531	-1.82%
水利、环境和公共设施管理业	142176	-10.32%
居民服务、修理和其他服务业	100307	-13.33%

表 2-1.2.1　2020 年分行业企业人均人工成本水平（元）（续表一）

名称	人均人工成本-2020	同比
教育	155227	3.72%
卫生和社会工作	150796	-12.65%
文化、体育和娱乐业	177222	-5.02%

表 2-1.2.2　分行业企业人均人工成本（2020）（万元）

行业门类名称	分位值				
	10%	25%	50%	75%	90%
农、林、牧、渔业	3.22	4.18	6.11	9.42	16.19
制造业	5.59	7.34	10.32	16.36	26.34
电力、热力、燃气及水生产和供应业	8.04	10.66	13.75	16.86	24.45
建筑业	6.26	8.4	11.69	17.29	26.21
批发和零售业	4.32	5.69	7.84	11.47	20.02
交通运输、仓储和邮政业	4.06	6.81	9.42	12.8	18.2
住宿和餐饮业	3.59	4.54	6.07	8.22	11.84
信息传输、软件和信息技术服务业	5.27	7.49	10.71	19.85	35.26
金融业	12.37	19.23	27.03	41.82	69.2
房地产业	3.86	5.28	7.67	12.71	22.97
租赁和商务服务业	3.6	4.38	6.24	9.91	17.38
科学研究和技术服务业	4.84	7.5	11.68	19.24	30.68
水利、环境和公共设施管理业	3.51	5.83	7.89	13.35	19.87
居民服务、修理和其他服务业	3.92	4.39	7.21	10.08	13.84
教育	4.82	6.43	9.03	14.60	24.87
卫生和社会工作	4.56	6.92	11.48	17.62	26.39
文化、体育和娱乐业	4.15	5.96	9.95	18.24	29.38
公共管理、社会保障和社会组织	12.13	14.17	24.56	35.17	47.33

3. 分规模企业人工成本水平

分企业规模看，2020 年大型企业人工成本同比增长 3.66%，中型企业人工成本同比增长 0.38%，而小型企业同比下降 3.06%。

根据人力资源社会保障部、财政部、国家税务总局印发的《关于延长阶段性减免企业社会保险费政策实施期限等问题的通知》，明确延长阶段性减免企业基本养老保险、失业保险、工伤保险单位缴费政策实施期限。其中，各地免征中小企业三项社会保险单位缴费部分的政策延长至 2020 年底。由于大型企业减免社保政策仅持续到上半年结束，因此全年人均人工成本同比增幅相对中小企业变动较大。而中、小型企业受社保减免政策影响相对较长，伴随着下半年经济逐步恢复和好转，抗风险能力相对较强的中型企业工资水平有所回升，人工成本同比微涨 0.38%，而小型企业人工成本则同比下降 3.06%。

图 2-1.3.1　2019-2020 年分规模人工成本水平（元）

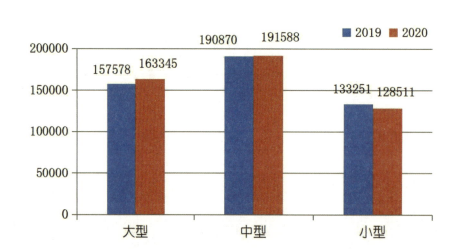

表 2-1.3.1　分行业门类分规模企业人均人工成本（2020）（万元）

行业门类名称	企业规模	分位值				
		10%	25%	50%	75%	90%
农、林、牧、渔业	大型企业	3.06	3.77	5.46	8.2	14.24
	中型企业	4.48	5.65	7.57	12.39	21.51
	小型企业	4.34	5.25	9.92	12.1	18.09
	微型企业	4.41	4.56	5.67	5.79	6.3

表 2-1.3.1　分行业门类分规模企业人均人工成本（2020）（万元）（续表一）

行业门类名称	企业规模	分位值				
		10%	25%	50%	75%	90%
制造业	大型企业	6.84	8.89	12.17	18.78	29.83
	中型企业	5.06	6.57	8.66	13.25	23.27
	小型企业	4.44	6	8.25	12.03	19.84
	微型企业	4.36	6.48	9.25	12.75	19.28
电力、热力、燃气及水生产和供应业	大型企业	8.39	12.28	14.15	16.59	22.96
	中型企业	8.12	9.76	12.58	16.46	22.48
	小型企业	6.47	9.32	13.43	18.82	32.08
	微型企业	5.79	6.81	8.93	10.44	12.88
建筑业	大型企业	7.17	9.24	12.6	18.39	27.24
	中型企业	5.75	7.68	10.86	16.14	25.63
	小型企业	3.92	5.51	7.32	10.36	14.44
批发和零售业	大型企业	4.56	5.71	7.59	11.32	21.42
	中型企业	4.31	5.83	8.56	11.73	19.24
	小型企业	3.89	5.42	7.76	10.82	17.27
	微型企业	3.85	5.16	8.39	15.38	21.25
交通运输、仓储和邮政业	大型企业	6.39	8.16	10.43	13.54	18.48
	中型企业	2.64	3.43	6.82	9.85	18.06
	小型企业	2.64	3.88	6.49	9.6	15.26
	微型企业	3.26	5.39	8.19	10.89	16.65
住宿和餐饮业	大型企业	3.57	4.72	6.11	8.24	11.51
	中型企业	3.61	4.41	5.98	7.96	11.74
	小型企业	3.55	4.38	6.05	8.64	12.86
	微型企业	3.66	4.96	7.83	11.12	15.1
信息传输、软件和信息技术服务业	大型企业	6.95	7.74	9.3	12.81	19.73
	中型企业	8.08	12.47	20.61	34.62	51.35
	小型企业	3.56	5.64	7.69	13.01	22.56

表 2-1.3.1 分行业门类分规模企业人均人工成本（2020）（万元）（续表二）

行业门类名称	企业规模	分位值				
		10%	25%	50%	75%	90%
金融业	大型企业	3.79	7.3	9.08	18.78	32.44
	中型企业	17.6	22.01	29.58	45.87	73.55
	小型企业	8.39	12.37	19.36	32.35	56.8
	微型企业	6.93	9	15.6	31.82	58.16
房地产业	大型企业	3.69	5.18	8.43	12.64	19.71
	中型企业	3.94	5.52	8.4	16.56	29.98
	小型企业	3.85	5.06	7.05	10.33	16.48
	微型企业	3.9	5.32	7.2	10.24	16.47
租赁和商务服务业	大型企业	3.55	4.38	5.76	8.04	14.09
	中型企业	3.48	4.34	7.09	11.44	18.33
	小型企业	3.66	4.45	6.52	9.8	18.21
	微型企业	3.78	4.98	8.36	14.29	26.91
科学研究和技术服务业	大型企业	4.83	8.44	13.31	21.23	33.13
	中型企业	5.18	7.34	11.18	18.93	31.2
	小型企业	4.72	6.67	9.79	15.39	25.09
	微型企业	3.17	4.8	7.59	13.41	24.36
水利、环境和公共设施管理业	大型企业	3.43	5.85	7.58	12.69	17.77
	中型企业	4.41	6.14	9.85	14.38	27.12
	小型企业	3.48	4.42	7.53	14.44	24.48
	微型企业	5.74	6.26	7.62	9.79	14.52
居民服务、修理和其他服务业	大型企业	4.07	4.07	6.32	10.72	14.95
	中型企业	4.67	6.85	9.34	12.36	18.59
	小型企业	3.6	4.68	6.67	8.89	11.4
	微型企业	3.07	3.65	5.94	7.07	10.49
教育	小型企业	5.32	6.20	9.54	12.68	17.20

表 2-1.3.1 分行业门类分规模企业人均人工成本（2020）（万元）（续表三）

行业门类名称	企业规模	分位值				
		10%	25%	50%	75%	90%
卫生和社会工作	大型企业	5.78	6.7	8.79	12.54	19.72
	中型企业	3.31	3.84	4.8	8.43	12.67
	小型企业	2.62	3.78	5.41	9.84	15.98
	微型企业	3.6	3.6	4.8	4.91	5.15
文化、体育和娱乐业	大型企业	4.3	5.84	14.61	23.84	35.55
	中型企业	3.83	5.41	7.8	12.88	20.98
	小型企业	4.33	6.63	9.93	15.32	26
	微型企业	3.28	5.35	8.98	12.03	23.19
公共管理、社会保障和社会组织	小型企业	12.13	14.17	24.56	35.17	47.33

4. 分登记注册类型企业人工成本水平

分登记注册类型看，2020 年港澳台及外商投资企业、国有及国有企业人均人工成本水平分别为 173439 和 169364 元，均高于全市企业平均人工成本，而国有参股及私营企业水平相对较低，为 160973 元。同 2019 年比较，国有及国有控股企业人均人工成本同比上升 12.52%，港澳台及外商投资企业则同比下降 22.74%，国有参股及私营企业同比微降 2.37%。

图 2-1.4.1 分登记注册类型企业人工成本水平（元）

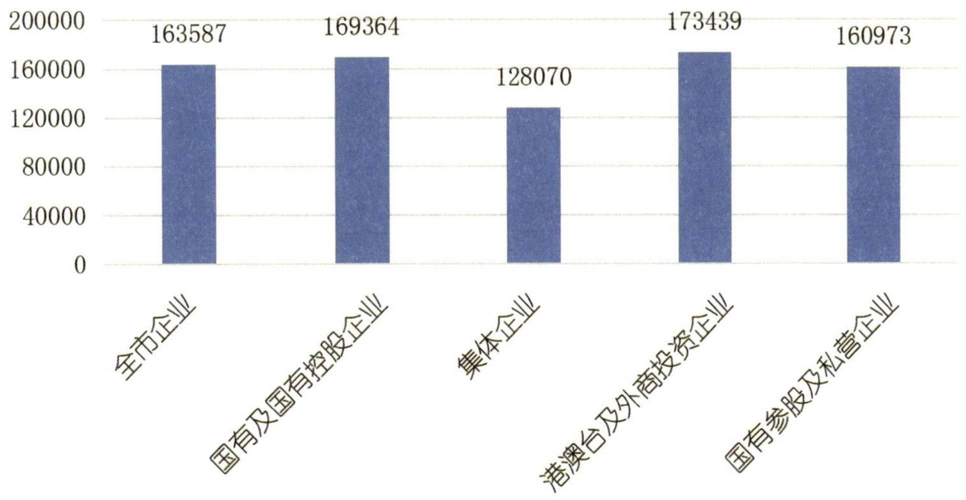

表 2-1.4.1 分行业门类分登记注册类型企业人均人工成本（2020）（万元）

行业门类名称	登记注册类型名称	分位值				
		10%	25%	50%	75%	90%
农、林、牧、渔业	内资企业	3.22	4.12	6.03	9.42	15.96
	外商投资企业	5.47	5.91	6.81	9.51	22.03
制造业	内资企业	5.3	7.13	10.15	15.93	25.05
	港、澳、台商投资企业	6.57	8.42	15.42	18.29	26.94
	外商投资企业	5.97	7.64	10.12	15.24	29.33
电力、热力、燃气及水生产和供应业	内资企业	8.08	10.67	13.75	16.82	24.09
	港、澳、台商投资企业	5.86	7.62	37.63	47.63	72.22
建筑业	内资企业	6.24	8.4	11.71	17.35	26.3
	港、澳、台商投资企业	6.6	6.6	7.2	8.09	9
	外商投资企业	7.78	9.07	11.1	13.44	18
批发和零售业	内资企业	4.32	5.69	7.82	11.35	19.93
	港、澳、台商投资企业	4.91	5.99	7.81	11	17.06
	外商投资企业	4.24	5.5	8.46	14.41	24.61
交通运输、仓储和邮政业	内资企业	3.99	6.8	9.42	12.81	18.2
	港、澳、台商投资企业	4.3	7.55	10.47	14.58	22.1
	外商投资企业	5.77	6.99	8.7	11.07	15.8
住宿和餐饮业	内资企业	3.62	4.51	6.2	8.41	12.23
	港、澳、台商投资企业	3.36	4.49	5.65	7.65	10.44
	外商投资企业	4.06	5.45	6.82	9.18	14.13
信息传输、软件和信息技术服务业	内资企业	4.85	7.17	9.53	16.57	31.59
	港、澳、台商投资企业	8.62	12.05	18.66	30.71	43.04
	外商投资企业	11.93	15.24	21.59	32.08	48.29
金融业	内资企业	13.79	20.02	27.7	42.45	69.15
	港、澳、台商投资企业	4.25	7.42	9.77	21.88	38.22
	外商投资企业	12.62	16.92	25.61	43.72	81.88

表 2-1.4.1　分行业门类分登记注册类型企业人均人工成本（2020）（万元）

（续表一）

行业门类名称	登记注册类型名称	分 位 值				
		10%	25%	50%	75%	90%
房地产业	内资企业	3.83	5.21	7.6	12.76	23.37
	港、澳、台商投资企业	4.75	5.91	7.6	10.97	17.01
	外商投资企业	5.4	6.84	10.51	12.65	15.12
租赁和商务服务业	内资企业	3.6	4.43	6.31	9.91	17.04
	港、澳、台商投资企业	3.17	3.92	4.63	6.19	9.1
	外商投资企业	4	6.65	18.33	38.11	68.97
科学研究和技术服务业	内资企业	4.75	7.33	11.55	19.1	30.23
	港、澳、台商投资企业	6.21	9.62	14.92	23.46	37.28
	外商投资企业	7.04	9.08	13.05	21.61	35.49
水利、环境和公共设施管理业	内资企业	3.51	5.83	7.88	13.32	19.81
	港、澳、台商投资企业	5.8	6.18	6.58	7.96	10.5
	外商投资企业	6.67	8.36	17.84	26.01	31.16
居民服务、修理和其他服务业	内资企业	3.92	4.34	7.12	9.87	13.56
	港、澳、台商投资企业	3.58	6.03	10.14	14.89	19.3
	外商投资企业	5.02	7.02	12	13.4	14.78
教育	内资企业	4.53	6.30	8.36	14.03	25.08
卫生和社会工作	内资企业	4.72	7.18	11.67	17.94	26.7
	外商投资企业	2.22	2.97	4.71	7.06	16.75
文化、体育和娱乐业	内资企业	4.42	6.68	11.41	19.92	31.14
	港、澳、台商投资企业	3.58	3.96	4.81	7.42	10.65
	外商投资企业	3.9	4.41	5.39	7.46	10.22

5. 企业人工成本占总成本比重

近年来，中央和各级政府把降成本、减负担作为推进供给侧结构性改革的重要任务，从多个方面密集出台普惠型政策措施，实实在在降低企业成本。为落实降低企业经营成本战略、为企业营造良好营商环境政策，不同采取多项举措阶段性降低社保成本，特别是疫情条件下，相关部委出台了一系列及时有效的"降人工成本"措施，如人社部门打出了"免减缓返补"一系列援企稳岗扩就业政策组合拳，切实为企业很大程度上降低了人工成本。从政策效应看，人工成本占企业总成本的比重也作为分析企业人工成本变动的一个重要结构性指标。**2020 年，调查企业人工成本占企业总成本比重为 14.61%，比 2019 年的 17.49%，同比下降 2.88 个百分点。**

分行业看，制造业、批发和零售业、交通运输、仓储和邮政业、住宿和餐饮业、信息传输、软件和信息技术服务业、金融业、房地产业、科学研究和技术服务业、水利、环境和公共设施管理业、居民服务、修理和其他服务业、教育、卫生和社会工作和文化、体育和娱乐业同比出现不同程度下降。

表 2-1.5.1　2019-2020 年分行业人工成本占总成本比重（%）

名称	2019 年	2020 年	同比（百分点）
农、林、牧、渔业	22.67%	20.30%	-2.88
制造业	8.58%	9.66%	1.08
电力、热力、燃气及水生产和供应业	13.00%	14.02%	1.02
建筑业	7.41%	7.64%	0.23
批发和零售业	9.59%	8.10%	-1.49
交通运输、仓储和邮政业	47.70%	32.61%	-15.09
住宿和餐饮业	38.33%	31.67%	-6.66
信息传输、软件和信息技术服务业	20.78%	18.08%	-2.70
金融业	52.89%	49.08%	-3.81
房地产业	19.14%	18.69%	-0.45
租赁和商务服务业	26.01%	27.11%	1.10
科学研究和技术服务业	21.02%	19.71%	-1.31
水利、环境和公共设施管理业	23.87%	16.84%	-7.03
居民服务、修理和其他服务业	25.70%	14.41%	-11.29
教育	51.64%	47.86%	-3.78
卫生和社会工作	33.41%	24.90%	-8.51
文化、体育和娱乐业	29.23%	25.03%	-4.20

图 2-1.5.1　2019-2020 年北京市人工成本占总成本比重（%）

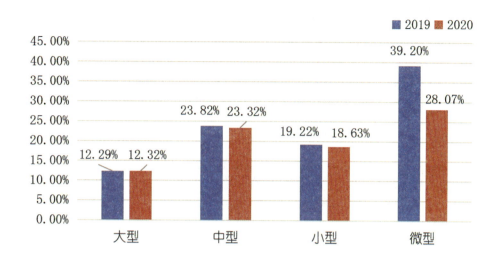

从行业内分登记注册类型看，不同性质企业人工成本占总成本比重同比均出现下降。

表 2-1.5.2　2019-2020 年分行业人工成本占总成本比重（%）

登记注册类型	2019 年	2020 年
国有及国有控股企业	17.34%	14.14%
集体企业	21.26%	19.75%
港澳台及外商投资企业	11.72%	10.25%
国有参股及私营企业	18.92%	15.86%

二、人工成本结构情况

人工成本作为企业直接和间接支付给劳动者或为劳动者负担的全部用人相关费用，目前调查统计中人工成本包含七大类项目，其中包含从业人员工资报酬、社会保险费用、职工福利费用、职工教育费用、劳动保护费用、职工住房费用、其他人工成本费用。理论上，七大类项目具有一定规律性。如社保费用、工会经费等不少项目均同工资报酬存在着挂钩关系，从业人员工资报酬发生变动时，那么一般其他项目也会发生同向变动，如遇国家政策调整变化或经济发展形势严峻等情况会呈现较为分化的变动态势。

1. 总体概况

2020 年，北京市企业人均人工成本结构中，劳动报酬和社保费用占比总和达到 85% 以上，分别占比为 76.23% 和 10.45%。福利费用、住房费用、教育经费、劳保费用和其他人工成本费用占比分别为 3.77%、5.49%、0.36%、0.39% 和 3.30%。同 2019 年比，2020年社保费用和教育经费占人工成本比重同比下降，劳动报酬、福利费用、劳保费用、住房费用和其他人工成本费用占人工成本比重同比出现回升。

图 2–2.1.1　2020 年北京市企业人均人工成本结构（%）

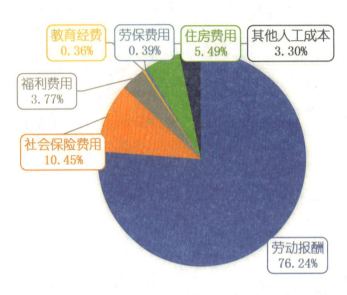

图 2-2.1.2　2019-2020 年北京市企业人均人工成本结构（%）

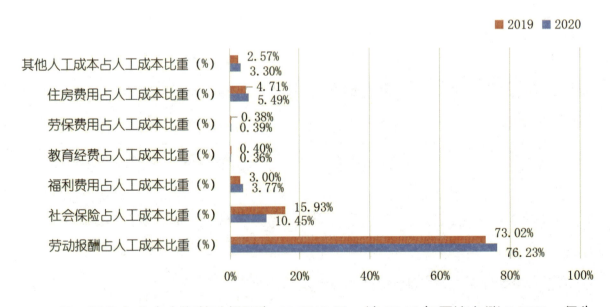

2020 年，调查企业中人均劳动报酬为 124710 元，较 2019 年同比上涨 3.30%，仍为拉动人工成本上涨的最主要因素；保险费用绝对值同比下降 35.11%，降幅显著。

图 2-2.1.3 　 2019-2020 年北京市企业人均人工成本结构（元）

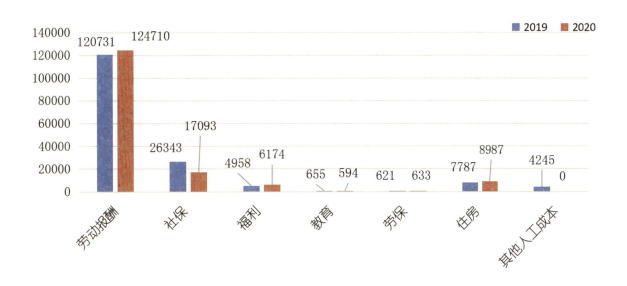

2. 分行业

分行业看，制造业、电力、热力、燃气及水生产和供应业、住宿和餐饮业劳动报酬占人工成本比重 2019-2020 年基本均保持在 60%-70% 之间，占比相对较低，而平均工资水平较高的信息传输、软件和信息技术服务业和金融业劳动报酬占人工成本水平基本在 73% 以上。电力、热力、燃气及水生产和供应业社保费用占人工成本比重相对较高，达到 12% 左右，而金融业 2020 年社保占比仅为 9.52%，较上年下降 4.78 个百分点。批发和零售业、住宿和餐饮业两个劳动密集型企业中教育经费占人工成本比重相对较低，仅为 0.27% 或更低。制造业、电力、热力、燃气及水生产和供应业、房地产等行业企业劳保费用占人工成本比重相对较其他行业较高，且前两类工业企业 2020 年均出现下降现象。

表 2-2.1.1 　 分行业门类企业人工成本构成占比（2020）（%）

行业门类名称	人工成本分项构成						
	劳动报酬总计	福利	教育	保险	劳保	住房	其他
农、林、牧、渔业	79.04	4.17	0.13	10.52	0.29	3.69	2.16
制造业	68.86	6.2	0.41	10.12	0.49	5.42	8.49
电力、热力、燃气及水生产和供应业	71.22	5.83	0.47	12.22	0.73	6.39	3.15
建筑业	76.47	3.17	0.41	11.73	0.39	5.77	2.05

表 2-2.1.1　分行业门类企业人工成本构成占比（2020）（%）（续表一）

行业门类名称	人工成本分项构成						
	劳动报酬总计	福利	教育	保险	劳保	住房	其他
批发和零售业	77.4	3.41	0.27	10.51	0.35	5.3	2.75
交通运输、仓储和邮政业	74.44	4.3	0.6	11.52	0.55	6.37	2.22
住宿和餐饮业	72.26	6.23	0.16	11.47	0.16	4.17	5.55
信息传输、软件和信息技术服务业	75.69	3.88	0.32	13.79	0.13	4.85	1.34
金融业	80.07	2.5	0.42	9.52	0.4	5.61	1.48
房地产业	77.8	3.92	0.25	9.51	0.57	5.32	2.63
租赁和商务服务业	81.96	2.3	0.35	8.69	0.16	5.02	1.52
科学研究和技术服务业	78.46	2.66	0.28	10.45	0.28	5.74	2.13
水利、环境和公共设施管理业	75.42	4.61	0.25	11.71	1.11	5.44	1.44
居民服务、修理和其他服务业	77.66	2.34	0.3	10.44	0.26	4.83	4.16
教育	74.9	4.3	0.23	14.51	0.14	4.62	1.29
卫生和社会工作	76.07	2.21	0.16	13.64	0.14	5.06	2.73
文化、体育和娱乐业	77.95	3.01	0.17	10.28	0.13	5.86	2.59

表 2-2.1.2　2019-2020 年部分行业人工成本结构（%）

	劳动报酬占人工成本比重（%）		社会保险占人工成本比重（%）		福利费用占人工成本比重（%）		教育经费占人工成本比重（%）		劳保费用占人工成本比重（%）		住房费用占人工成本比重（%）		其他人工成本占人工成本比重（%）	
	2019	2020	2019	2020	2019	2020	2019	2020	2019	2020	2019	2020	2019	2020
制造业	69.11	68.86	17.00	10.12	4.50	6.20	0.53	0.41	0.59	0.49	4.97	5.42	3.29	8.49
电力、热力、燃气及水生产和供应业	65.62	71.22	19.25	12.22	5.56	5.83	0.59	0.47	1.12	0.73	5.60	6.39	2.26	3.15
建筑业	73.65	76.47	15.08	11.73	3.42	3.17	0.39	0.41	0.22	0.39	4.87	5.77	2.37	2.05
批发和零售业	70.90	77.40	17.07	10.51	3.18	3.41	0.29	0.27	0.37	0.35	4.99	5.30	3.20	2.75
住宿和餐饮业	64.81	72.26	15.79	11.47	6.23	6.23	0.27	0.16	0.25	0.16	3.98	4.17	8.68	5.55

表 2-2.1.2　2019-2020 年部分行业人工成本结构（％）（续表一）

	劳动报酬占人工成本比重（％）		社会保险占人工成本比重（％）		福利费用占人工成本比重（％）		教育经费占人工成本比重（％）		劳保费用占人工成本比重（％）		住房费用占人工成本比重（％）		其他人工成本占人工成本比重（％）	
	2019	2020	2019	2020	2019	2020	2019	2020	2019	2020	2019	2020	2019	2020
信息传输、软件和信息技术服务业	74.02	75.69	16.26	13.79	2.86	3.88	0.30	0.32	0.34	0.13	4.82	4.85	1.39	1.34
金融业	74.69	80.07	14.30	9.52	2.47	2.50	0.74	0.42	0.37	0.40	5.09	5.61	2.34	1.48
房地产业	73.83	77.80	13.50	9.51	3.05	3.92	0.34	0.25	0.32	0.57	3.95	5.32	5.01	2.63
科学研究和技术服务业	74.43	78.46	15.93	10.45	2.60	2.66	0.35	0.28	0.29	0.28	4.91	5.74	1.49	2.13

3. 分企业规模

分企业规模看，2020 年调查的企业中，大、中、小、微型企业劳动报酬占比较上年均有所上升，社保成本占比出现下降。其中，小型企业劳动报酬占比由上一年的 72.75％ 提高到 79.37％，提升较多，中型企业劳动报酬占比由 74.11％ 上升到 78.43％，约上升 4 个百分点，大型和微型企业劳动报酬占比呈小幅上升态势。微型企业福利费用占比由 1.91％ 上升到 4.41％，增幅较大，大中小型企业占比也出现不同程度的上升。值得关注的是，中小型企业其他人工成本占比分别由 2019 年的 2.16％ 下降到 2.08％，由 3.31％ 下降到 2.43％，大型、微型企业则分别由 2.66％ 提高到 4.43％，由 2.23％ 提高到 2.32％。

表 2-2.3.1　分行业门类分规模企业人均人工成本（2020）（％）

行业门类名称	企业规模	人工成本分项构成						
		劳动报酬	福利	教育	保险	劳保	住房	其他
农、林、牧、渔业	大型企业	78.82	3.57	0.19	10.8	0.27	3.2	3.15
	中型企业	79.58	4.43	0.06	9.92	0.33	4.64	1.05
	小型企业	77.45	7.78	0.1	11.7	0.18	2.44	0.39
	微型企业	88.81	0.74	0	10.5	0	0	0

表 2-2.3.1 分行业门类分规模企业人均人工成本（2020）（%）（续表一）

行业门类名称	企业规模	人工成本分项构成						
		劳动报酬	福利	教育	保险	劳保	住房	其他
制造业	大型企业	65.93	5.64	0.44	10.5	0.52	5.47	11.47
	中型企业	71.66	9.02	0.38	9.88	0.35	5.29	3.42
	小型企业	77.4	4.71	0.31	8.74	0.59	5.32	2.92
	微型企业	73.15	5.4	0.2	10.3	0.5	7.32	3.15
电力、热力、燃气及水生产和供应业	大型企业	70.4	6.22	0.4	13.5	0.72	6.21	2.52
	中型企业	72.6	4.96	0.56	10.5	1.05	7.2	3.19
	小型企业	72.26	5.56	0.61	9.99	0.43	6.08	5.07
	微型企业	77.02	2.45	0	10.9	0.33	7.86	1.49
建筑业	大型企业	74.74	3.19	0.44	13	0.35	6.19	2.13
	中型企业	79.95	3.29	0.34	8.95	0.51	5.03	1.93
	小型企业	85.35	2.61	0.22	6.45	0.41	3.32	1.65
	微型企业	92.8	0.49	0.01	6.55	0.08	0.07	0
批发和零售业	大型企业	76.91	3.44	0.28	10.9	0.36	5.37	2.73
	中型企业	77.98	3.19	0.26	10.1	0.33	5.26	2.86
	小型企业	78.73	3.83	0.21	9.31	0.4	4.91	2.59
	微型企业	76.29	3.87	0.29	9.9	0.37	6.44	2.84
交通运输、仓储和邮政业	大型企业	74.61	4.5	0.66	11	0.55	6.64	2.1
	中型企业	71.74	3.74	0.39	15.9	0.55	5.06	2.61
	小型企业	76.73	2.56	0.14	12.2	0.5	5.18	2.69
	微型企业	73.67	4.93	0.09	8.52	0.9	4.47	7.41
住宿和餐饮业	大型企业	71.24	7.57	0.13	12.1	0.1	3.38	5.47
	中型企业	71.47	5.26	0.18	11.3	0.2	5.08	6.54
	小型企业	76.91	4.05	0.16	9.98	0.24	4.7	3.95
	微型企业	74.22	6.34	1.05	10.2	1.07	5.62	1.56

表 2-2.3.1 分行业门类分规模企业人均人工成本（2020）（%）（续表二）

行业门类名称	企业规模	人工成本分项构成						
		劳动报酬	福利	教育	保险	劳保	住房	其他
信息传输、软件和信息技术服务业	大型企业	66.59	8.22	0.11	22.4	0	2.36	0.33
	中型企业	78.35	1.76	0.45	10.6	0.23	6.85	1.78
	小型企业	85.06	1.87	0.36	7.06	0.09	3.45	2.1
	微型企业	82.35	3.31	0.05	8.04	0.02	5.6	0.65
金融业	大型企业	75.31	1.39	1.07	9.58	0.7	7.74	4.2
	中型企业	79.67	2.63	0.42	9.94	0.44	5.54	1.36
	小型企业	84.08	1.41	0.47	5.81	0.02	5.92	2.3
	微型企业	83.65	1.68	0.15	6.12	0.11	6.33	1.96
房地产业	大型企业	75.87	3.16	0.19	12.4	0.62	4.79	3.01
	中型企业	78.88	3.52	0.3	8.92	0.41	5.61	2.35
	小型企业	76.86	5.06	0.18	8.89	0.88	5.24	2.89
	微型企业	78.09	4.68	0.25	8.62	0.6	5.07	2.7
租赁和商务服务业	大型企业	83.25	1.71	0.6	9.02	0.05	4.45	0.92
	中型企业	82.86	2.56	0.25	7.89	0.21	4.76	1.46
	小型企业	80.21	2.55	0.21	8.91	0.2	5.79	2.13
	微型企业	77.82	3.71	0.19	10.9	0.21	5.37	1.82
科学研究和技术服务业	大型企业	77.1	2.07	0.27	11.9	0.21	6.02	2.42
	中型企业	79.85	2.95	0.25	9.09	0.37	5.77	1.72
	小型企业	80.39	3.66	0.37	8.46	0.34	5.03	1.75
	微型企业	76.04	10.8	0.12	7.97	0.12	4	0.95
水利、环境和公共设施管理业	大型企业	73.51	5.09	0.28	12.9	1.16	5.43	1.64
	中型企业	78.41	3.86	0.17	9.67	0.64	5.95	1.31
	小型企业	81.09	3.33	0.26	8.45	1.82	4.53	0.52
	微型企业	76.31	1.02	0	18.6	0.84	2.97	0.22

表 2-2.3.1　分行业门类分规模企业人均人工成本（2020）（%）（续表三）

行业门类名称	企业规模	人工成本分项构成						
		劳动报酬	福利	教育	保险	劳保	住房	其他
居民服务、修理和其他服务业	大型企业	75.66	2.43	0.45	11	0.1	2.04	8.3
	中型企业	80.67	2.39	0.24	10.1	0.4	3.88	2.31
	小型企业	77.17	2.17	0.16	9.76	0.36	10	0.38
	微型企业	75.51	2.07	0.2	16.4	0	3.97	1.89
教育	小型企业	74.76	8.36	0.07	13.6	0	1.55	1.71
卫生和社会工作	大型企业	80.41	0	0	13.7	0	5.89	0.04
	中型企业	87.86	2.64	0.08	7.22	0.13	0.54	1.52
	小型企业	82.84	4.11	0.44	10.8	0.02	1.71	0.07
	微型企业	84.98	2.88	0	11.6	0.54	0	0
文化、体育和娱乐业	大型企业	76.62	2.96	0.07	10.8	0.08	6.66	2.81
	中型企业	79.77	2.69	0.34	11.5	0.22	3.95	1.52
	小型企业	78.97	3.3	0.23	8.44	0.15	5.87	3.04
	微型企业	78.33	3.09	0.07	10.1	0.1	6.96	1.4
公共管理、社会保障和社会组织	小型企业	80.65	4.37	0	9.99	0.29	3.82	0.88

4. 分登记注册类型

分登记注册类型看，2020 年国有及国有控股企业劳动报酬占人工成本比重为 72.10%，远低于于其他类型企业。港澳台及外商投资企业劳动报酬占比为 75.78%，国有参股及私营企业劳动报酬占比最高，达到 77.70%；从社会保险费用占人工成本比重看，集体企业占比保险比重最高，达到 14.25%，而其他类企业占比均保持在 10% 左右；从福利费用占人工成本比重看，国有及国有控股企业和港澳台及外商投资企业比重相对其他企业更好，占比达到 4% 以上，国有参股或私营企业占比在 3%-4% 之间。

表 2-2.4.1 2020 年企业分登记注册类型人工成本结构（%）

	劳动报酬占人工成本比重	社会保险占人工成本比重	福利费用占人工成本比重	教育经费占人工成本比重	劳保费用占人工成本比重	住房费用占人工成本比重	其他人工成本占人工成本比重
国有及国有控股企业	72.10%	10.52%	4.21%	0.44%	0.41%	5.83%	6.49%
集体企业	75.82%	14.25%	3.49%	0.21%	0.27%	4.40%	1.56%
港澳台及外商投资企业	75.78%	10.05%	4.25%	0.37%	0.45%	5.52%	3.58%
国有参股及私营企业	77.70%	10.44%	3.55%	0.34%	0.37%	5.39%	2.21%

较 2019 年变动看，国有及国有控股企业、集体企业、港澳台及外商投资企业、国有参股及私营企业四大类企业劳动报酬占人工成本比重同比分别提高 0.9、2.22、3.97 和 3.88 个百分点。社会保险占比则出现不同程度的下降。

表 2-2.4.2 2019 年企业分登记注册类型人工成本结构（%）

	劳动报酬占人工成本比重	社会保险占人工成本比重	福利费用占人工成本比重	教育经费占人工成本比重	劳保费用占人工成本比重	住房费用占人工成本比重	其他人工成本占人工成本比重
国有及国有控股企业	71.02%	16.67%	2.99%	0.42%	0.44%	4.97%	3.48%
集体企业	73.60%	16.76%	3.56%	0.23%	0.22%	3.94%	1.69%
港澳台及外商投资企业	71.81%	15.36%	3.36%	0.44%	0.48%	5.20%	3.35%
国有参股及私营企业	73.82%	15.77%	2.94%	0.38%	0.34%	4.57%	2.17%

表 2-2.4.3 分行业门类分登记注册类型企业人均人工成本（2020）（%）

行业门类名称	登记注册类型名称	人工成本分项构成						
		劳动报酬总计	福利	教育	保险	劳保	住房	其他
农、林、牧、渔业	内资企业	79.3	3.76	0.13	10.45	0.24	3.83	2.29
	外商投资企业	78.76	8.27	0.25	10.2	0.55	1.51	0.46

表 2-2.4.3 分行业门类分登记注册类型企业人均人工成本（2020）（%）（续表一）

行业门类名称	登记注册类型名称	人工成本分项构成						
		劳动报酬总计	福利	教育	保险	劳保	住房	其他
制造业	内资企业	66.21	6.54	0.34	10.21	0.42	5.42	10.85
	港、澳、台商投资企业	70.51	4.73	0.3	11.16	1.12	5.41	6.78
	外商投资企业	75.16	5.84	0.62	9.52	0.48	5.42	2.97
电力、热力、燃气及水生产和供应业	内资企业	71.13	5.87	0.47	12.21	0.74	6.41	3.17
	港、澳、台商投资企业	75.32	3.7	0.49	12.92	0	6.03	1.53
	外商投资企业	85.98	0	0	14.02	0	0	0
建筑业	内资企业	76.49	3.16	0.41	11.73	0.39	5.76	2.06
	港、澳、台商投资企业	82	4.53	0.53	6.53	1.33	5.07	0
	外商投资企业	73	5.6	0.18	12.79	0.02	7.07	1.35
批发和零售业	内资企业	77.41	3.54	0.28	10.47	0.37	5.18	2.75
	港、澳、台商投资企业	79.89	1.54	0.07	10.74	0.02	5.57	2.18
	外商投资企业	75.81	1.59	0.19	11.26	0.3	7.76	3.09
交通运输、仓储和邮政业	内资企业	74.47	4.32	0.6	11.49	0.54	6.36	2.21
	港、澳、台商投资企业	79.78	0.57	0.06	10.99	0.91	7.52	0.17
	外商投资企业	68.38	4.53	0.22	14.6	0.82	7.16	4.28
住宿和餐饮业	内资企业	71.62	5.18	0.19	11.06	0.21	4.82	6.92
	港、澳、台商投资企业	74.15	7.41	0.1	13.31	0.08	3	1.95
	外商投资企业	69.91	10.4	0.18	7.34	0.09	3.41	8.67
信息传输、软件和信息技术服务业	内资企业	74.29	4.55	0.31	15.43	0.14	4.25	1.03
	港、澳、台商投资企业	87.79	0.71	0.05	2.81	0	7.53	1.11
	外商投资企业	74.14	1.49	0.72	12.49	0.21	7.12	3.83
金融业	内资企业	80.08	2.53	0.43	9.63	0.41	5.54	1.39
	港、澳、台商投资企业	78.13	1.19	0.85	8.68	0.55	7.27	3.31
	外商投资企业	80.78	2.12	0.06	6.69	0.07	6.79	3.49

表 2-2.4.3　分行业门类分登记注册类型企业人均人工成本（2020）（%）（续表二）

| 行业门类名称 | 登记注册类型名称 | 人工成本分项构成 | | | | | | |
		劳动报酬总计	福利	教育	保险	劳保	住房	其他
房地产业	内资企业	78.13	3.96	0.26	9.39	0.58	5.3	2.38
	港、澳、台商投资企业	70.24	3.63	0.1	6.71	0.61	5.83	12.88
	外商投资企业	73.65	3.13	0.07	14.05	0.27	5.49	3.34
租赁和商务服务业	内资企业	81.8	2.42	0.37	8.67	0.17	5.07	1.5
	港、澳、台商投资企业	84.51	0.98	0.01	11.5	0.01	2.66	0.34
	外商投资企业	84.14	0.48	0.05	7.46	0.04	5.22	2.61
科学研究和技术服务业	内资企业	78.56	2.8	0.29	10.47	0.26	5.68	1.94
	港、澳、台商投资企业	77.7	2.8	0.73	9.28	0.02	8.86	0.61
	外商投资企业	77.54	1.19	0.13	10.34	0.41	6.2	4.19
水利、环境和公共设施管理业	内资企业	75.42	4.61	0.25	11.72	1.12	5.43	1.44
	港、澳、台商投资企业	76.68	7.86	0.05	6.49	1.47	6.05	1.39
	外商投资企业	75.21	5.37	0	9.66	0	8.64	1.12
居民服务、修理和其他服务业	内资企业	77.59	2.26	0.29	10.59	0.25	4.75	4.28
	港、澳、台商投资企业	81.2	4.31	1.49	3.79	0.48	8.72	0
	外商投资企业	78.97	6.24	0.05	7.38	0.94	6.34	0.08
教育	内资企业	74.49	5.49	0.27	13.69	0.15	4.2	1.71
卫生和社会工作	内资企业	75.91	2.19	0.16	13.73	0.14	5.13	2.74
	外商投资企业	76.29	0.81	0.17	19.91	0	2.41	0.41
文化、体育和娱乐业	内资企业	77.9	3.06	0.18	10.18	0.1	5.89	2.69
	港、澳、台商投资企业	75.86	1.84	0.02	14.83	1.34	3.97	2.14
	外商投资企业	80.23	2.74	0	9.56	0.03	6.53	0.91
公共管理、社会保障和社会组织	内资企业	81.4	4.95	0	9.47	0	2.92	1.3

三、人工成本投入产出情况

1. 总体情况

总体看，2020年调查企业人均利润94750.35元，同比下降超30%，其中，连续两年跟踪调查企业人均利润水平同比下降16.01%。人工成本利润率同比下降25.42个百分点，此外，劳动分配率（人工成本总额/企业增加值）为11.90%，人事费用率（人工成本总额/销售收入）为13.00%，较上年比均出现下降，说明企业相对人工成本水平出现下降。综合来看，受疫情影响，调查企业利润空间收缩，劳产率出现下降，尽管人工成本相对水平下降，企投入产出仍低迷。

2. 分行业

分行业看，2020年建筑业和批发零售业人事费用率相对较低，而教育行业、住宿和餐饮业相对较高。住宿和餐饮业劳动分配率最低，而教育、房地产业企业则较高。从人工成本创利能力看，受疫情影响，住宿和餐饮业2020年人工成本利润率为负，而农、林、牧、渔业以及金融业则人工成本投入产出利润水平相对较高。

表2-3.2.1　分行业门类企业人工成本效益（2020）（%）

行业门类名称	人工成本占总成本比重（%）	人事费用率（%）	劳动分配率（%）	人工成本利润率（%）	劳动生产率（万元）
农、林、牧、渔业	20.3	17.25	42.82	109.96	20.32
制造业	9.66	9.08	50.45	13.87	40.91
电力、热力、燃气及水生产和供应业	14.02	16.15	28.1	68.59	70.9
建筑业	7.64	7.41	72.85	23.2	25.46
批发和零售业	8.1	7.4	17.47	48.2	82.28
交通运输、仓储和邮政业	32.61	31.5	114.94	16.22	12.22
住宿和餐饮业	31.67	31.93	0.84	-28.15	1027.09
信息传输、软件和信息技术服务业	18.08	16.05	55	78.05	36.58
金融业	49.08	16.32	119.46	178.03	32.9
房地产业	18.69	16.85	57.22	62.41	23.01
租赁和商务服务业	27.11	26.19	5.87	95.7	170.1

| 科学研究和技术服务业 | 19.71 | 18.41 | 44.08 | 48.27 | 44.81 |

表 2-3.2.1　分行业门类企业人工成本效益（2020）（％）（续表一）

行业门类名称	人工成本占总成本比重（％）	人事费用率（％）	劳动分配率（％）	人工成本利润率（％）	劳动生产率（万元）
水利、环境和公共设施管理业	16.84	16.01	70.6	35.87	20.14
居民服务、修理和其他服务业	14.41	14.13	43.63	36.77	22.99
教育	47.86	44.26	242.01	22.96	4.34
卫生和社会工作	24.9	24.89	103.5	-2.64	14.57
文化、体育和娱乐业	25.03	24.52	60.26	15.61	29.41
公共管理、社会保障和社会组织	46.02	42.13	134.86	20.78	11.25

3. 分规模

分规模看，2020 年大型企业劳动分配率为 12.48%，高于中型企业（9.30%）水平，但人事费用率低于中型企业，而中型企业人工成本利润率水平远高于大型和小型企业。

表 2-3.3.1　分规模企业人工成本效益（2020）

2020	人工成本总额/企业增加值（％）	人工成本总额/销售收入（％）	利润总额/人工成本总额（元）	企业增加值/人数	利润总额/人数
大型	12.48%	10.78%	25.39%	1333019.28	41478.88
中型	9.30%	15.35%	109.29%	1804896.52	209395.00
小型	16.66%	17.18%	57.02%	773821.16	73274.17

表 2-3.3.2　分行业门类分企业规模企业人工成本效益（2020）（％）

行业门类名称	企业规模	人工成本占总成本比重（％）	人事费用率（％）	劳动分配率（％）	人工成本利润率（％）	劳动生产率（万元）
农、林、牧、渔业	大型企业	18.5	15.19	40.5	91.45	17.96
	中型企业	24.81	22.57	52.66	131.08	21.55
	小型企业	16.2	13.83	26.7	145.41	46.35
	微型企业	54.05	67.64	177.83	-12.35	3.36
制造业	大型企业	8.2	7.84	53.64	-6.63	46.39
	中型企业	14.85	13.07	45.57	33.62	37.51

| | 小型企业 | 13.09 | 12.01 | 45.9 | 72.72 | 31.43 |
| | 微型企业 | 20.45 | 17.17 | 39.52 | 67.48 | 36.33 |

表 2-3.3.2 分行业门类分企业规模企业人工成本效益（2020）（%）（续表一）

行业门类名称	企业规模	人工成本占总成本比重（%）	人事费用率（%）	劳动分配率（%）	人工成本利润率（%）	劳动生产率（万元）
电力、热力、燃气及水生产和供应业	大型企业	14.56	18.58	28.01	10.77	70.17
	中型企业	18.51	18.46	45.47	35.41	42.36
	小型企业	10.19	10.46	20.09	285.46	108.25
	微型企业	21.25	18.96	41.2	59.04	28.67
建筑业	大型企业	6.66	6.5	68.68	17.06	28.7
	中型企业	11.72	10.88	80.65	54.33	22.79
	小型企业	18.46	17.91	123.63	-2.34	8.86
	微型企业	12.03	28.67	128.5	-467.98	5.85
批发和零售业	大型企业	7.31	6.56	34.42	51.59	42.78
	中型企业	8.99	8.55	70.46	47.66	20.67
	小型企业	11.4	10.83	2.7	34.06	448.64
	微型企业	29.53	28.68	91.13	-6.17	15.55
交通运输、仓储和邮政业	大型企业	36.73	35.06	143.53	14.34	11
	中型企业	24.33	25.45	51.51	44.81	18
	小型企业	16.85	16.22	73.7	-8.63	11.89
	微型企业	33.4	25.82	56.34	60.89	21.18
住宿和餐饮业	大型企业	29.77	28.34	0.43	-19.58	1800.41
	中型企业	37.72	40.23	133.94	-26.44	7.61
	小型企业	28.61	31.78	160.15	-59.15	5.97
	微型企业	22.3	21.34	70.02	3.98	17.11
信息传输、软件和信息技术服务业	大型企业	13.42	12.81	45.78	41.61	37.08
	中型企业	19.65	15.97	59.7	101.51	57.31
	小型企业	31.38	32.38	67.55	79.84	18.41
	微型企业	26.9	23.36	41.93	56.77	11.27
金融业	大型企业	16.63	17.9		-19.55	

	中型企业	55.24	16.93	110.5	197.71	36.25
	小型企业	28.48	11.45	627.81	24.44	6.29
	微型企业	24.44	19.28	90.53	37.38	31.08

表 2-3.3.2　分行业门类分企业规模企业人工成本效益（2020）（%）（续表二）

行业门类名称	企业规模	人工成本占总成本比重（%）	人事费用率（%）	劳动分配率（%）	人工成本利润率（%）	劳动生产率（万元）
房地产业	大型企业	14.5	12.6	94.26	-3.03	13.35
	中型企业	16.02	14.68	43.83	100.67	35.59
	小型企业	32.44	27.8	66.68	46.28	16.29
	微型企业	30.08	29.74	103.29	31.13	10.63
租赁和商务服务业	大型企业	22.2	22.39	50.78	93.41	15.22
	中型企业	30.46	28.9	2.02	103.09	637.43
	小型企业	30.89	29.3	27.02	86.45	39.18
	微型企业	25.78	20.12	39.48	158.65	42.18
科学研究和技术服务业	大型企业	21.65	20.17	83.25	32.7	26.27
	中型企业	17.43	16.4	71.93	97.38	26.83
	小型企业	18.05	16.66	28.86	23.1	55.01
	微型企业	25.52	24.29	1.34	26.56	1157.21
水利、环境和公共设施管理业	大型企业	20.42	20.35	81.18	23.21	16.98
	中型企业	11.3	10.96	51.23	79.77	30.03
	小型企业	15.74	11.68	68.33	22.7	22.19
	微型企业	17.07	16.54	127.48	34.44	6.05
居民服务、修理和其他服务业	大型企业	9.69	9.65	20.83	68.02	48.43
	中型企业	15.69	15.53	240.32	4.12	5.13
	小型企业	37.88	34.17	113.22	29.24	7.29
	微型企业	11.78	9.28	176.68	34.37	4.58
教育	小型企业	38.23	40.19	564.86	-11.75	1.65

		39.11	45.38	122.87	-19.06	11.74
	大型企业	39.11	45.38	122.87	-19.06	11.74
卫生和社会工作	中型企业	16.54	17.54	291.19	-43.14	2.75
	小型企业	22.39	22.47	312.6	-24.37	3.12
	微型企业	39.02	27.65	85.85	27.72	8.68

表 2-3.3.2　分行业门类分企业规模企业人工成本效益（2020）（％）（续表三）

行业门类名称	企业规模	人工成本占总成本比重（％）	人事费用率（％）	劳动分配率（％）	人工成本利润率（％）	劳动生产率（万元）
文化、体育和娱乐业	大型企业	26.38	25.23	46.9	21.63	44.79
	中型企业	23.61	20.27	62.44	57.62	22.86
	小型企业	24.03	27.28	105.82	-19.48	15.83
	微型企业	18.47	21.42	-154.17	-193.71	8.31
公共管理、社会保障和社会组织	小型企业	46.02	42.13	134.86	20.78	11.25

4. 分登记注册类型

分登记注册类型看，2020 年北京市国有及国有控股企业劳动生产率为 407179 元，较港澳台及外商投资企业、国有参股及私营企业相对较低。从人均利润看，国有参股及私营企业人均利润水平最高，达到 106621 元，远高于其他类型企业水平。从相对人工成本水平看，港澳台及外商投资企业劳动分配率或人事费用率均低于其他三大类注册类型企业，说明外商投资企业相对人工成本水平较低。但是，从人工成本创利能力看，国有参股及私营企业人工成本利润率相对较高。

表 2-3.4.1　分登记注册类型企业人工成本效益（2020）

2020	人工成本总额/企业增加值（％）	人工成本总额/销售收入（％）	利润总额/人工成本总额（％）	企业增加值/人数	利润总额/人数
国有及国有控股企业	40.95%	14.28%	49.49%	407179.34	83817.31
集体企业	33.74%	20.47%	41.84%	325967.79	53579.00
港澳台及外商投资	3.22%	9.73%	27.63%	5175133.04	47916.20

企业					· 327 ·
国有参股及私营企业	14.82%	13.28%	66.24%	1050836.82	106621.93

表 2-3.4.2 分行业门类分登记注册类型企业人工成本效益（2020）（%）

行业门类名称	登记注册类型名称	人工成本占总成本比重（%）	人事费用率（%）	劳动分配率（%）	人工成本利润率（%）	劳动生产率（万元）
农、林、牧、渔业	内资企业	19.99	17.34	44.42	95.61	19.28
	外商投资企业	23.8	15.15	27.84	315.56	38.6
制造业	内资企业	11.5	10.68	45.4	14.78	44.09
	港、澳、台商投资企业	6.87	6.35	41.15	156.98	49.53
	外商投资企业	7.58	7.33	79.36	-37.42	28.4
电力、热力、燃气及水生产和供应业	内资企业	14.19	16.08	30.67	37.27	64.6
	港、澳、台商投资企业	7.15	38.08	3.36	2825.04	1019.73
	外商投资企业	9.91	8.89	23.58	115.25	128.7
建筑业	内资企业	7.65	7.41	72.91	23.47	25.47
	港、澳、台商投资企业	4.85	5.79		-335.87	
	外商投资企业	6.95	6.93	62.23	6.47	26.15
批发和零售业	内资企业	8.05	7.34	16.53	52.29	86.59
	港、澳、台商投资企业	8.76	8.18	64.22	33.75	23.95
	外商投资企业	8.95	8.52	92.15	-30.85	16.48
交通运输、仓储和邮政业	内资企业	33.93	32.73	115.59	16.62	12.09
	港、澳、台商投资企业	10.13	10.2	73.17	-1.93	27.07
	外商投资企业	8.94	8.76	93.93	-13.87	21.69
住宿和餐饮业	内资企业	35.09	37.49	144.83	-29.68	6.78
	港、澳、台商投资企业	26.78	25	0.26	-2.65	2556.16
	外商投资企业	29.31	28.27	92.04	-122.65	14.15
信息传输、软件和信息技术服务业	内资企业	16.55	14.94	53.37	67.01	34.51
	港、澳、台商投资企业	20.44	17.03	672.07	43	4.61
	外商投资企业	54.87	37.92	30	217.49	112.24

表 2-3.4.2 分行业门类分登记注册类型企业人工成本效益（2020）（%）（续表一）

行业门类名称	登记注册类型名称	人工成本占总成本比重（%）	人事费用率（%）	劳动分配率（%）	人工成本利润率（%）	劳动生产率（万元）
金融业	内资企业	53.52	16.39	121.74	182.11	32.45
	港、澳、台商投资企业	19.22	20.76	581.04	-21.03	3.88
	外商投资企业	16.77	13.29	62.35	135.28	74.18
房地产业	内资企业	18.33	16.57	56.76	64.49	23.12
	港、澳、台商投资企业	29.86	17.98	30.84	187.2	40.43
	外商投资企业	26.31	27.26	163	-54.73	9.07
租赁和商务服务业	内资企业	27.06	26.07	5.5	102.69	181.88
	港、澳、台商投资企业	24	26.81	96.3	-45.16	4.62
	外商投资企业	30.83	29	1071.23	21.11	3.5
科学研究和技术服务业	内资企业	19.03	17.91	40.88	46.24	47.72
	港、澳、台商投资企业	23.94	16.57	71.16	91.78	35.27
	外商投资企业	30.52	26.16	202.29	65.81	11.01
水利、环境和公共设施管理业	内资企业	16.8	15.97	70.59	35.99	20.1
	港、澳、台商投资企业	35.16	30.47	54.81	68.52	22.61
	外商投资企业	19.92	19.58	68.3	7.13	41.5
居民服务、修理和其他服务业	内资企业	15.02	14.76	42.8	35.71	23.23
	港、澳、台商投资企业	3.41	3.3		86.3	
	外商投资企业	49.84	37.98	61.84	58.97	21.94
教育	内资企业	50.84	44.41	270.01	36.84	3.93
卫生和社会工作	内资企业	24.8	24.75	102.63	-2.02	15.02
	外商投资企业	51.34	66.9	235.26	-141.24	4
文化、体育和娱乐业	内资企业	25.11	23.98	64.66	29.43	29.36
	港、澳、台商投资企业	22.36	33.19	12.29	-216.66	67.45
	外商投资企业	25.37	34.18	1438.14	-115.86	0.76
公共管理、社会保障和社会组织	内资企业	45.69	45.03	88.84	4.32	13.72

四、上市公司人工成本情况

为了研究疫情条件下北京市上市公司企业的人工成本水平及投入产出情况，我们也跟踪研究北京市 389 家上市公司经营和人工成本相关数据。

1. 总体情况

根据 wind 数据库数据，2020 年北京市上市公司人均人工成本为 25.18 万元，同比增长 2.07%。由于上市公司基本以行业内头部、龙头企业或大型企业为主，规模较大的企业具有较强的抗风险能力。因此，在国家在疫情期间出台降低或减免社保成本政策条件下，上市公司人工成本水平同比依然出现小幅提升，说明这些企业上半年员工工资水平出现一定比例的上升。

2. 分公司类型

分公司类型看，2020 年北京地区注册的中央国有企业人均人工成本为 26.19 万元，同比提高 4.27%，地方国有企业、公众企业分别为 19.53、29.95 万元，同比分别上升 19.73%、6.84%，增速相对较大。而民营企业为 18.34 万元，同比下降 1.91%。民营企业人工成本出现，说明这类企业受新冠疫情的冲击影响较大。

表 2-4.2.1　2019-2020 年分企业类型上市公司人均人工成本水平

企业注册类型	2019	2020	同比
总计	246681	251783	2.07%
地方国有企业	163142	195335	19.73%
公众企业	280273	299456	6.84%
民营企业	186999	183430	-1.91%
中央国有企业	251146	261866	4.27%

（注：外资企业数量相对少，故没有单独统计计算）

3. 分行业

分行业看，不同行业人工成本同比出现走势不一。2020 年电力、热力、燃气及水生产和供应业、房地产业、建筑业、金融业以及信息传输、软件和信息技术服务业上市公司人均人工成本较上一年比较出现不同程度上涨；而科学研究和技术服务业、批发和零售业、文化体育和娱乐业、制造业、租赁和商务服务业水平则同比出现不同程度下降。

从制造业细分行业看，计算机、通信和其他电子设备制造业和医药制造业 2020 年人均人工成本同比分别下降 7.80% 和 3.99%，而专用设备制造业同比上升 4.50%。

表2-4.3.1　2019-2020 分行业上市公司人均人工成本水平

门类行业	2019	2020	同比
电力、热力、燃气及水生产和供应业	230755	248922	7.87%
房地产业	251069	255276	1.68%
建筑业	236489	245412	3.77%
金融业	288820	298092	3.21%
科学研究和技术服务业	197139	172521	-12.49%
批发和零售业	130667	127159	-2.68%
文化、体育和娱乐业	198954	184818	-7.11%
信息传输、软件和信息技术服务业	184024	187364	1.82%
制造业	172539	167943	-2.66%
租赁和商务服务业	249290	241039	-3.31%

（注：部分行业企业数量相对少，故没有单独统计计算）

表2-4.3.2　2019-2020 年制造业细分行业上市公司人均人工成本水平

制造业细分行业	2019	2020	同比
计算机、通信和其他电子设备制造业	205275	189256	-7.80%
医药制造业	164053	157503	-3.99%
专用设备制造业	200115	209122	4.50%

（注：部分细分行业企业数量相对少，故没有单独统计计算）

4. 人工成本投入产出情况

（1）分行业

分行业看，建筑业、制造业人事费用率同比下降较为明显，说明这几类行业相对人工成本水平同比出现下降；而电力、热力、燃气及水生产和供应业、科学研究和技术服务业、文化、体育和娱乐业等相对人工成本水平则出现较为明显的上涨。人工成本利润率走势在行业间出现分化，除电力、热力、燃气及水生产和供应业、建筑业、制造业外，其他行业的调查企业人工成本利润率均出现不同程度的下降。

表 2-4.4.1.1 2019-2020 年分行业上市公司人工成本投入产出

	人事费用率			人工成本利润率		
	2019	2020	同比	2019	2020	同比
电力、热力、燃气及水生产和供应业	7.47%	7.90%	0.43%	182.59%	212.73%	30.14%
房地产业	4.73%	4.85%	0.12%	379.88%	246.65%	-133.23%
建筑业	7.08%	6.65%	-0.43%	61.64%	64.06%	2.42%
金融业	12.99%	12.60%	-0.39%	242.89%	233.33%	-9.56%
科学研究和技术服务业	19.81%	21.19%	1.39%	58.28%	48.12%	-10.16%
批发和零售业	3.35%	3.15%	-0.20%	98.03%	75.59%	-22.44%
文化、体育和娱乐业	12.83%	17.39%	4.56%	-95.60%	-158.34%	-62.75%
信息传输、软件和信息技术服务业	19.71%	19.86%	0.15%	36.18%	22.24%	-13.94%
制造业	10.31%	9.78%	-0.53%	41.20%	60.87%	19.67%
租赁和商务服务业	8.24%	7.87%	-0.37%	100.58%	86.20%	-14.39%
计算机、通信和其他电子设备制造业	12.04%	11.05%	-0.99%	-31.65%	37.15%	68.80%
医药制造业	10.91%	10.52%	-0.39%	104.14%	118.76%	14.62%
专用设备制造业	11.32%	10.47%	-0.85%	118.11%	152.84%	34.73%

从制造业细分行业看，计算机、通信和其他电子设备制造业、医药制造业和专用设备制造业 2020 年人事费用率均出现不同程度下降，相对人工成本降低，同时人工成本利润率出现不同程度上升，说明这三个细分行业上市公司 2020 年创利能力同比快速上升。

表 2-4.4.1.2 2019-2020 年制造业细分行业上市公司人工成本投入产出

	人事费用率			人工成本利润率		
	2019	2020	同比	2019	2020	同比
计算机、通信和其他电子设备制造业	12.04%	11.05%	-0.99%	-31.65%	37.15%	68.80%
医药制造业	10.91%	10.52%	-0.39%	104.14%	118.76%	14.62%
专用设备制造业	11.32%	10.47%	-0.85%	118.11%	152.84%	34.73%

（2）分登记注册类型

分注册类型看，民营企业、中央国有企业和公众企业的人事费用率均有所上升，分别提高了 0.42%、1.31% 和 2.18%，地方国有企业的人事费用率同比下降了 0.15 个百分点。从利润与人工成本的比值看，2020 年公众企业的人工成本利润率出现大福下降，同比降低了 -155.68%；其他三类企业该指标则表现较好，地方国有企业、中央国有企业、民营企业分别同比提高了 46.47、15.24、3.65 个百分点，说明这几类企业盈利能力相对较强。

表 2-4.4.2.1　2019-2020 年分注册类型人工成本投入产出

	人事费用率			人工成本利润率		
	2019	**2020**	**同比**	**2019**	**2020**	**同比**
地方国有企业	8.44%	8.29%	-0.15%	74.63%	121.10%	46.47%
公众企业	15.68%	17.87%	2.18%	249.40%	93.72%	-155.68%
民营企业	14.58%	15.00%	0.42%	31.60%	35.25%	3.65%
中央国有企业	7.57%	8.87%	1.31%	124.60%	139.84%	15.24%

五、人工成本走势预测

1. 经济走势

从国际看，2021 年，随着中国和美国两大经济体发展前景改善，疫情形势好转和世界应对疫情的能力提高，全球经济从新冠病毒疫情中的复苏速度有所加快，经济增速预计将明显反弹。经合组织在最新的经济展望报告中预测，2021 年全球经济预计将增长 5.6%，高出 2020 年 12 月的预测 1.4 个百分点。随着疫苗接种逐步普及，全球经济复苏态势进一步增强，叠加美国新一轮财政刺激政策或将落地，有望继续对国际贸易形成有力支撑。

从国内看，随着疫苗接种不断推进，疫情管理经验不断积累，社会对疫情的担忧逐步降低，带动了各类行业的逐步复苏。根据北京市政府发布的数据，2021 年上半年，全市地区生产总值同比增长 13.4%，与 2019 年同期相比，两年平均增长 4.8%，其中，从工业看，医药、电子等支柱行业发挥重要支撑作用，上半年对规模以上工业增长的贡献率合计超过 8 成，工业机器人、集成电路产量分别增长 79.1% 和 32.0%。从服务业看，金融业、信息服务业、科技服务业等优势行业占服务业增加值的比重超过 5 成，对服务业增长的贡献率超过5成。规模以上工业企业利润自2021年初以来同比成倍增长，1-5月同比增长2.2倍，两年平均增长64.9%；企业收入利润率为12.0%，分别高于一季度和上年同期1.8个和6.9个百分点。规模以上服务业企业利润同比增长51.2%，两年平均增长13.4%；企业收入利润率为14.8%，分别高于一季度和上年同期4.9个和4.5个百分点。上半年全市固定资产投资（不含农户）同比增长9.2%，两年平均增速为3.7%；上半年全市社会消费品零售总额同比增长21%，两年平均增速为0.6%。全市消费价格温和上涨，上半年居民消费价格同比上涨0.5%。居民收入稳步增加，全市居民人均可支配收入同比增长10.3%，人均消费支出同比增长15.8%。

总的来看，2021年上半年北京市总体经济呈现稳步恢复、稳中向好态势，发展韧性和活力进一步彰显。同时也要看到，经济恢复过程中不确定、不稳定、不均衡问题依然存在，下半年推动经济持续恢复和高质量发展还需要付出更大努力。

2. 人工成本构成走势预测

从工资报酬看，随着国内疫情防控形势将继续保持稳定，企业投资信心进一步恢复，经济将继续复苏，特别是抗风险能力较强的大型企业将在2021年持续景气，工资和人工成本水平将相对稳定或继续小幅回升。而小企业生产经营困难仍较多，负担仍较重，融资难、成本上升、订单不足等问题依然存在，经营压力持续存在，持续平稳恢复尚需时间。整个经济活力的增强也反映在小型企业生存状态的改善上，尽管当前PMI指数整体向好，但仍需要高度关注小型企业的经营困难。后疫情时期工资较大幅增长态势能否保持有待观察。

从社保和公积金缴纳费用看，基于疫情风险仍然存在，人社部规定阶段性降低失业保险、工伤保险费率政策今年4月底到期后，将再延长1年至2022年4月30日。北京市出台降低城镇职工基本医疗保险（含生育保险）单位缴费比例政策，也将进一步减少企业人工成本。而2020年实行的减免政策不再持续，中小微企业2021年1月起将全额征收养老保险。同时，北京自2020年11月1日起，企业职工、灵活就业人员各项社会保险费交由税务部门统一征收。对于中小企业而言，此项措施落地将规范人力成本、社保基数、以及用工人数界定等勾稽关系，加之社保减免政策到期，在一定期间内将提高中小企业人工成本水平。此外，北京市发布《北京住房公积金行政违法行为分类目录》，并针对不同类别违法行为，分别设定处罚信息公示期限，这项政策的实施将进一步明确了公积金的强制征收性质，对于中小型民营劳动密集型企业人工成本将影响较大。

指 标 解 释

1. 人工成本

企业在生产、经营和提供劳务活动中因使用劳动力而发生的所有直接和间接费用的总和，它反映企业在报告期内因使用各种人力资源所付出的全部成本费用，其范围包括：从业人员工资报酬、福利费用、教育经费、保险费用、劳动保护费用、住房费用和其他人工成本。

人均人工成本=人工成本总计÷企业从业人员平均人数

2. 从业人员工资报酬（工资总额）

指根据《关于工资总额组成的规定》（1990 年 1 月 1 日国家统计局发布的一号令）进行修订，企业在报告期内（本调查指年度）直接支付给本企业全部就业人员的劳动报酬总额。包括计时工资、计件工资、奖金、津贴和补贴、加班加点工资、特殊情况下支付的工资，是在岗职工工资总额、劳务派遣人员工资总额和其他就业人员工资总额之和。工资总额是税前工资，包括单位从个人工资中直接为其代扣或代缴的房费、水费、电费、住房公积金和社会保险基金个人缴纳部分等。工资总额不论是计入成本的还是不计入成本的，不论是以货币形式支付的还是以实物形式支付的，均应列入工资总额的计算范围。

工资报酬指劳动者因向企业提供劳动而直接取得的各种现金形式的劳动报酬，不包括入股分红、股权激励兑现收益和其他资本性收益，是应发工资总计。

工资总额占人工成本比重=从业人员工资总额÷人工成本总计

3. 福利费用

指企业在工资以外实际支付给从业人员个人以及用于集体的福利费用的总称。主要包括企业支付给从业人员的冬季取暖补贴费（也包括企业实际支付给享受集体供暖的从业人员个人的部分）、医疗卫生费、计划生育补贴、生活困难补助、文体宣传费、集体福利设施和集体福利事业补贴费（包括集体、生活福利设施，如职工食堂、托儿所、幼儿园、浴室、理发室、妇女卫生室、医务室等，以及文化福利设施如文化宫、俱乐部、青少年宫、图书室、体育场、游泳池、职工之家、老年人活动中心等）及丧葬抚恤救济费、职工因工负伤赴外地就医路费、物业管理费、上下班交通补贴等。

4. 教育经费

指企业为职工学习先进技术和提高文化水平而支付的费用。包括岗前培训、在职提高培训、转岗培训、派外培训、职业道德等方面的培训费用和企业自办大中专、职业技术院校等培训场所发生的费用以及职业技能鉴定费用。

5. 保险费用

指根据国家法律，由企业承担的各项社会保险费用和补充保险费用，包括养老保险、医疗保险、失业保险、工伤保险、生育保险等费用，也包括企业缴纳的年金（补充养老保险）、补充医疗保险或储蓄性医疗保险。不包括不在岗人员的社会保险费用。

6. 劳动保护费用

指企业为实施安全技术措施、工业卫生等发生的费用，以及用于职工劳动保护用品（如保健用品、清凉用品、工作服等）的费用。它不包括劳动保护设备的购置费、维修费以及个人只能在工作现场使用的特殊用品。

7. 住房费用

指企业为改善从业人员的居住条件而支付的所有费用。具体包括职工宿舍的折旧费、企业交纳的住房公积金、实际支付给职工的住房补贴（包括为职工租用房屋的租金、租房差价补贴、购房差价补贴等）和按规定为职工提供的住房困难补助及企业住房的维修费和管理费等。

8. 其他人工成本

指不包括在以上各项中的其他人工成本项目。包括工会经费，企业因招聘职工而实际花费的职工招聘费、咨询费，对职工的特殊奖励（如创造发明奖、科技进步奖等），支付实行租赁、承租经营企业的承租人、承包人的风险补偿费等，解除劳动合同或终止劳动合同的补偿费用以及企业因使用劳务派遣人员而发生的管理费用和其它用工成本等。

9. 销售（营业）收入

指企业在报告期生产经营活动中通过销售产品、提供劳务、让渡资产或从事其它生产经营活动而获得的全部收入。该指标来源于"企业利润表/损益表"。

10. 利润总额

指企业在报告期内实现的盈亏总额。该指标来源于"企业利润表/损益表"。

11. 成本费用总额（企业总成本）

指企业在生产、经营和提供劳务活动中发生的所有费用。该指标来源于"企业损益表"中的销售成本（直接材料、直接人工、燃料和动力、制造费用）和期间费用（销售费用、管理费用和财务费用）的年末累计数。

人工成本占成本费用总额比重=人工成本÷成本费用总额

12. 劳动生产率

指劳动者在一定时期内创造的劳动成果与其相适应的劳动消耗量的比值。

劳动生产率=增加值÷企业从业人员平均人数

13. 人事费用率

指人工成本总量与销售（营业）收入的比率。

人事费用率=人工成本总计÷销售（营业）收入

14. 劳动分配率

指企业人工成本占企业增加值的比重，增加是由折旧、税收净额、企业利润、劳动者收入等四部分组成。

劳动分配率=人工成本÷增加值

15. 人工成本利润率

指人工成本总额与利润总额的比率。它反映了企业人工成本投入的获利水平。

人工成本利润率=利润总额÷人工成本总计

16. 企业规模

指企业生产经营的规模，主要以从业人员、营业收入、资产总额等指标或替代指标为划分依据。划分标准按照国家统计局《关于印发统计上大中小微型企业划分办法（2017）的通知》（国统字〔2017〕213号）和《关于印发金融业企业划型标准规定的通知》（银发〔2015〕309号）执行。

统计上大中小微企业划分标准

行业名称	指标名称	计量单位	大型	中型	小型	微型
农、林、牧、渔业	营业收入（Y）	万元	Y≥20000	500≤Y＜20000	50≤Y＜500	Y＜50
工业 *	从业人员（X）	人	X≥1000	300≤X＜1000	20≤X＜300	X＜20
	营业收入（Y）	万元	Y≥40000	2000≤Y＜40000	300≤Y＜2000	Y＜300
建筑业	营业收入（Y）	万元	Y≥80000	6000≤Y＜80000	300≤Y＜6000	Y＜300
	资产总额（Z）	万元	Z≥80000	5000≤Z＜80000	300≤Z＜5000	Z＜300
批发业	从业人员（X）	人	X≥200	20≤X＜200	5≤X＜20	X＜5
	营业收入（Y）	万元	Y≥40000	5000≤Y＜40000	1000≤Y＜5000	Y＜1000

统计上大中小微企业划分标准（续表一）

行业名称	指标名称	计量单位	大型	中型	小型	微型
零售业	从业人员（X）	人	X≥300	50≤X＜300	10≤X＜50	X＜10
	营业收入（Y）	万元	Y≥20000	500≤Y＜20000	100≤Y＜500	Y＜100
交通运输业 *	从业人员（X）	人	X≥1000	300≤X＜1000	20≤X＜300	X＜20
	营业收入（Y）	万元	Y≥30000	3000≤Y＜30000	200≤Y＜3000	Y＜200
仓储业*	从业人员（X）	人	X≥200	100≤X＜200	20≤X＜100	X＜20
	营业收入（Y）	万元	Y≥30000	1000≤Y＜30000	100≤Y＜1000	Y＜100
邮政业	从业人员（X）	人	X≥1000	300≤X＜1000	20≤X＜300	X＜20
	营业收入（Y）	万元	Y≥30000	2000≤Y＜30000	100≤Y＜2000	Y＜100
住宿业	从业人员（X）	人	X≥300	100≤X＜300	10≤X＜100	X＜10
	营业收入（Y）	万元	Y≥10000	2000≤Y＜10000	100≤Y＜2000	Y＜100
餐饮业	从业人员（X）	人	X≥300	100≤X＜300	10≤X＜100	X＜10
	营业收入（Y）	万元	Y≥10000	2000≤Y＜10000	100≤Y＜2000	Y＜100
信息传输业 *	从业人员（X）	人	X≥2000	100≤X＜2000	10≤X＜100	X＜10
	营业收入（Y）	万元	Y≥100000	1000≤Y＜100000	100≤Y＜1000	Y＜100
软件和信息技术服务业	从业人员（X）	人	X≥300	100≤X＜300	10≤X＜100	X＜10
	营业收入（Y）	万元	Y≥10000	1000≤Y＜10000	50≤Y＜1000	Y＜50
房地产开发经营	营业收入（Y）	万元	Y≥200000	1000≤Y＜200000	100≤Y＜1000	Y＜100
	资产总额（Z）	万元	Z≥10000	5000≤Z＜10000	2000≤Z＜5000	Z＜2000
物业管理	从业人员（X）	人	X≥1000	300≤X＜1000	100≤X＜300	X＜100
	营业收入（Y）	万元	Y≥5000	1000≤Y＜5000	500≤Y＜1000	Y＜500
租赁和商务服务业	从业人员（X）	人	X≥300	100≤X＜300	10≤X＜100	X＜10
	资产总额（Z）	万元	Z≥120000	8000≤Z＜120000	100≤Z＜8000	Z＜100
其他未列明行业 *	从业人员（X）	人	X≥300	100≤X＜300	10≤X＜100	X＜10

上表中：大型、中型和小型企业须同时满足所列指标的下限，否则下划一档；微型企业只须满足所列指标中的一项即可。

金融业企业划型标准

行业		类别	类型	资产总额
货币金融服务	货币银行服务	银行业存款类金融机构	中型	5000 亿元（含）至 40000 亿元
			小型	50 亿元（含）至 5000 亿元
			微型	50 亿元以下
	非货币银行服务	银行业非存款类金融机构	中型	200 亿元（含）至 1000 亿元
			小型	50 亿元（含）200 亿元
			微型	50 亿元以下
		贷款公司、小额贷款公司及典当行	中型	200 亿元（含）至 1000 亿元
			小型	50 亿元（含）至 200 亿元
			微型	50 亿元以下
资本市场服务		证券业金融机构	中型	100 亿元（含）至 1000 亿元
			小型	10 亿元（含）100 亿元
			微型	10 亿元以下
保险业		保险业金融机构	中型	400 亿元（含）至 5000 亿元
			小型	20 亿元（含）至 400 亿元
			微型	20 亿元以下
其他金融业	金融信托与管理服务	信托公司	中型	400 亿元（含）至 1000 亿元
			小型	20 亿元（含）至 400 亿元
			微型	20 亿元以下
	控股公司服务	金融控股公司	中型	5000 亿元（含）至 40000 亿元
			小型	50 亿元（含）至 5000 亿元
			微型	50 亿元以下
	其他未包括的金融业	除贷款公司、小额贷款公司、典当行以外的其他金融机构	中型	200 亿元（含）至 1000 亿元
			小型	50 亿元（含）至 200 亿元
			微型	50 亿元以下

17. 登记注册类型

是指企业或生产经营性活动单位的登记注册类型，按其在工商行政管理机关登记注册的类型确定。类型标准依据：国家统计局、国家工商行政管理局《关于划分企业登记注册类型的规定调整的通知》（国统字〔2011〕86号）。

国有企业是指企业全部资产归国家所有，并按《中华人民共和国企业法人登记管理条例》规定登记注册的非公司制的经济组织。不包括有限责任公司中的国有独资公司。

集体企业是指企业资产归集体所有，并按《中华人民共和国企业法人登记管理条例》规定登记注册的经济组织。

股份合作企业是指以合作制为基础，由企业职工共同出资入股，吸收一定比例的社会资产投资组建，实行自主经营，自负盈亏，共同劳动，民主管理，按劳分配与按股分红相结合的一种集体经济组织。

联营企业是指两个及两个以上相同或不同所有制性质的企业法人或事业单位法人，按自愿、平等、互利的原则，共同投资组成的经济组织。

有限责任公司是指根据《中华人民共和国公司登记管理条例》规定登记注册，由两个以上，五十个以下的股东共同出资，每个股东以其所认缴的出资额对公司承担有限责任，公司以其全部资产对其债务承担责任的经济组织。有限责任公司包括国有独资公司以及其他有限责任公司。国有独资公司是指国家授权的投资机构或者国家授权的部门单独投资设立的有限责任公司。其他有限责任公司是指国有独资公司以外的其他有限责任公司。

股份有限公司是指根据《中华人民共和国公司登记管理条例》规定登记注册，其全部注册资本由等额股份构成并通过发行股票筹集资本，股东以其认购的股份对公司承担有限责任，公司以其全部资产对其债务承担责任的经济组织。

私营企业是指由自然人投资设立或由自然人控股，以雇佣劳动为基础的营利性经济组织。包括按照《公司法》《合伙企业法》《私营企业暂行条例》规定登记注册的私营有限责任公司、私营股份有限公司、私营合伙企业和私营独资企业。私营独资企业是指按《私营企业暂行条例》的规定，由一名自然人投资经营，以雇佣劳动为基础，投资者对企业债务承担无限责任的企业。私营合伙企业是指按《合伙企业法》或《私营企业暂行条例》的规定，由两个以上自然人按照协议共同投资、共同经营、共负盈亏，以雇佣劳动为基础，对债务承担无限责任的企业。私营有限责任公司是指按《公司法》《私营企业暂行条例》

的规定，由两个以上自然人投资或由单个自然人控股的有限责任公司。私营股份有限公司是指按《公司法》的规定，由五个以上自然人投资，或由单个自然人控股的股份有限公司。

其他企业是指上述第三条至第九条之外的其他内资经济组织。

合资经营企业（港或澳、台资）是指港澳台地区投资者与内地企业依照《中华人民共和国中外合资经营企业法》及有关法律的规定，按合同规定的比例投资设立、分享利润和分担风险的企业。

合作经营企业（港或澳、台资）是指港澳台地区投资者与内地企业依照《中华人民共和国中外合作经营企业法》及有关法律的规定，依照合作合同的约定进行投资或提供条件设立、分配利润和分担风险的企业。

港、澳、台商独资经营企业是指依照《中华人民共和国外资企业法》及有关法律的规定，在内地由港澳台地区投资者全额投资设立的企业。

港、澳、台商投资股份有限公司是指根据国家有关规定，经外经贸部依法批准设立，其中港、澳、台商的股本占公司注册资本的比例达 25%以上的股份有限公司。凡其中港、澳、台商的股本占公司注册资本的比例小于 25%的，属于内资企业中的股份有限公司。

其他港、澳、台商投资企业是指在中国境内参照《外国企业或个人在中国境内设立合伙企业管理办法》和《外商投资合伙企业登记管理规定》，依法设立的港、澳、台商投资合伙企业等。

中外合资经营企业是指外国企业或外国人与中国内地企业依照《中华人民共和国中外合资经营企业法》及有关法律的规定，按合同规定的比例投资设立、分享利润和分担风险的企业。

中外合作经营企业是指外国企业或外国人与中国内地企业依照《中华人民共和国中外合作经营企业法》及有关法律的规定，依照合作合同的约定进行投资或提供条件设立、分配利润和分担风险的企业。

外资企业是指依照《中华人民共和国外资企业法》及有关法律的规定，在中国内地由外国投资者全额投资设立的企业。

外商投资股份有限公司是指根据国家有关规定，经外经贸部依法批准设立，其中外资的股本占公司注册资本的比例达 25% 以上的股份有限公司。凡其中外资股本占公司注册资本的比例小于 25%的，属于内资企业中的股份有限公司。

其他外商投资企业是指在中国境内依照《外国企业或个人在中国境内设立合伙企业管理办法》和《外商投资合伙企业登记管理规定》，依法设立的外商投资合伙企业等。

第三部分

北京市 2021 年
行业工资指导线

北京市人力资源和社会保障局
关于发布 2021 年北京市
行业工资指导线的通告

（2021 年 8 月 11 日　京人社劳字〔2021〕42 号）

各区人力资源和社会保障局，北京经济技术开发区社会事业局，各市属集团、总公司，中央在京单位及各类企业：

为加强对不同行业企业工资分配的宏观指导，今年在发布企业工资指导线的同时，发布行业工资指导线。现将有关问题通知如下：

一、今年共对十八个行业发布行业工资指导线，即：食品制造业；通用设备制造业；电气机械及器材制造业；计算机、通信和其他电子设备制造业；仪器仪表制造业；汽车制造业；房屋建筑业；土木工程建筑业；建筑装饰业；批发业；百货零售业；汽车零售业；道路货物运输业；互联网和相关服务业；旅游饭店业；房地产开发经营业；物业管理业；出版业。上述行业的企业可以根据行业工资指导线测算本年度职工平均工资水平。

二、企业在使用行业工资指导线时，一方面要参照本年度销售收入预计可达到的水平及从业人员平均工资水平，另一方面要注意本企业人工成本投入产出三项指标在同行业中的位置。企业销售收入指标反映的是总产出情况，但不是最终收益结果，因此在确定企业工资水平时，应综合考虑企业实现利润等其他经济指标的完成情况。同时从业人员平均工资水平包含了个人应缴纳的社会保险、住房公积金及个人所得税金等项目，易受相关待遇标准调整影响。因此在确定企业工资水平时，也要考虑职工工资的实际增长。企业应当在遵循 2021 年企业工资指导线的原则下，配合使用行业工资指导线，进行当年工资增长的决策。

三、企业可以根据自身情况参考不同经济类型的相关指标合理确定工资水平。十八个行业的国有（及国有控股）、集体、合资、国有参股及私营企业的工资投入与销售收入产出的比较与行业工资指导线函数式、图表一并发布。

附件：1. 2021 年食品制造业等十八个行业工资指导线函数式及图表

2. 关于部分行业工资指导线的说明

3. 2021 年食品制造业等十八个行业工资投入与销售收入产出状况比较

附件1：

2021 年食品制造业
行业工资指导线函数式及图表

$$y=\begin{cases} 27000 & （x≤198231） \\ 0.136205x & （198231 < x≤1366209） \\ 0.045401x+124056 & （x > 1366209） \end{cases}$$

警戒线： $y'=0.200381x$ （x≥198231）

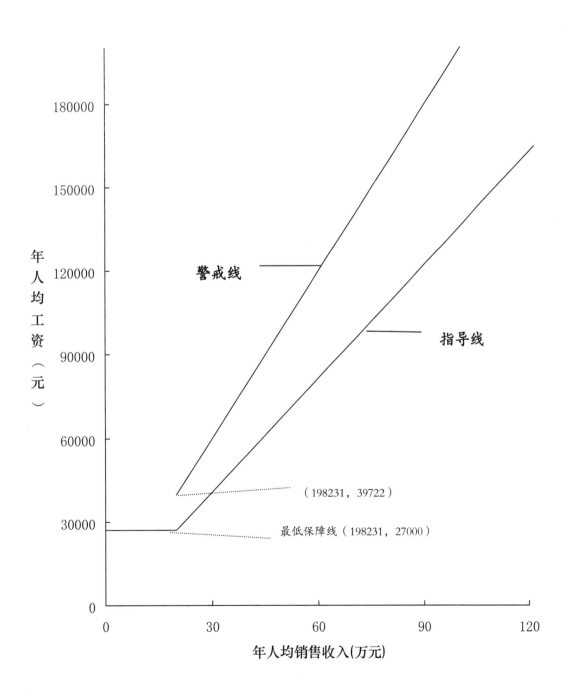

2021 年通用设备制造业
行业工资指导线函数式及图表

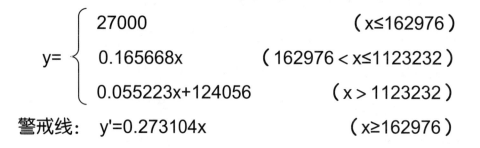

$$y=\begin{cases} 27000 & （x\le162976） \\ 0.165668x & （162976<x\le1123232） \\ 0.055223x+124056 & （x>1123232） \end{cases}$$

警戒线： y'=0.273104x   （x≥162976）

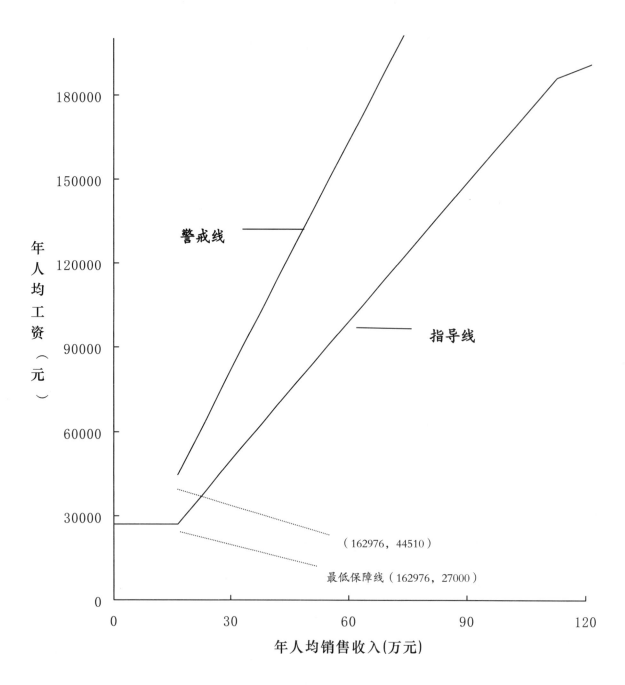

2021 年电气机械及器材制造业
行业工资指导线函数式及图表

$$y= \begin{cases} 27000 & （x \le 178973） \\ 0.150860x & （178973 < x \le 1233485） \\ 0.050287x+124056 & （x > 1233485） \end{cases}$$

警戒线： $y'=0.233541x$ （x≥178973）

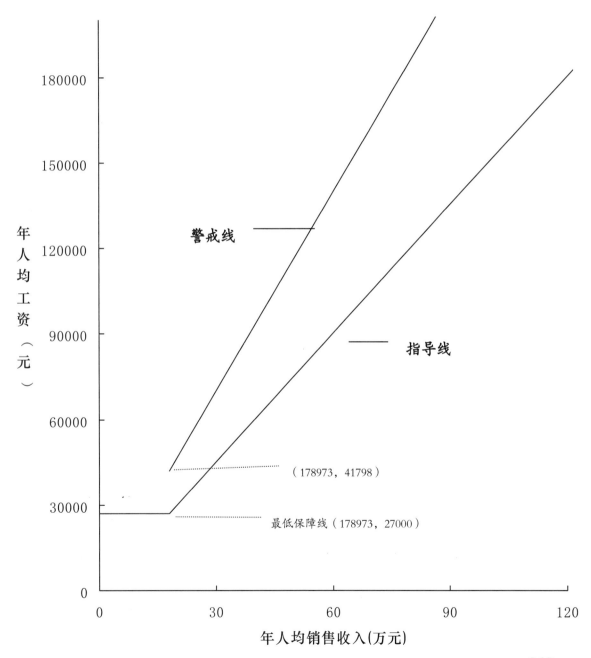

2021 年计算机、通信和其他电子设备制造业
行业工资指导线函数式及图表

$$y= \begin{cases} 27000 & （x \le 152631） \\ 0.176897x & （152631 < x \le 1051932） \\ 0.058966x+124056 & （x > 1051932） \end{cases}$$

警戒线： $y'=0.259172x$ （x≥152631）

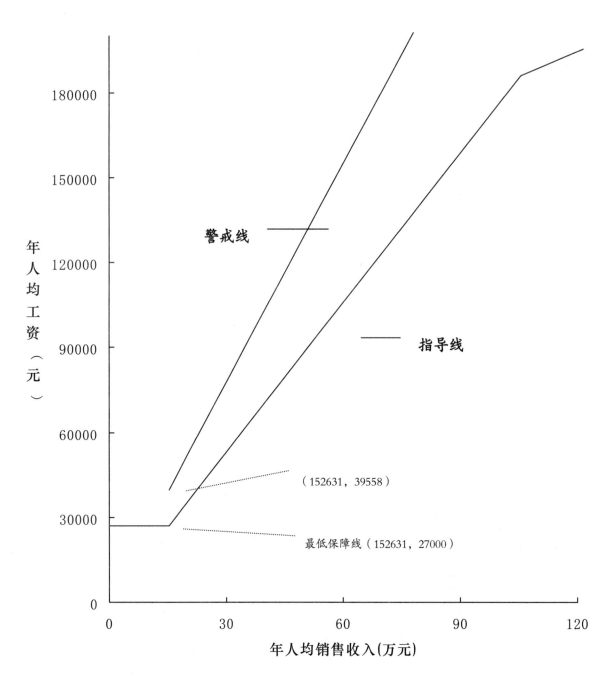

2021 年仪器仪表制造业
行业工资指导线函数式及图表

$$y=\begin{cases} 27000 & （x\leq150718） \\ 0.179143x & （150718 < x\leq1038746） \\ 0.059714x+124056 & （x > 1038746） \end{cases}$$

警戒线： $y'=0.346361x$ （$x\geq150718$）

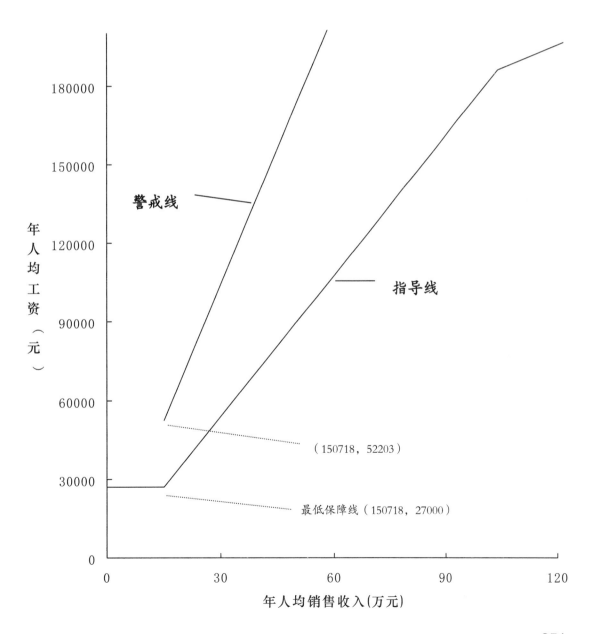

2021 年汽车制造业
行业工资指导线函数式及图表

$$y=\begin{cases} 27000 & （x\leq396751） \\ 0.068053x & （396751<x\leq2734410） \\ 0.022684x+124056 & （x>2734410） \end{cases}$$

警戒线： $y'=0.174137x$ （x≥396751）

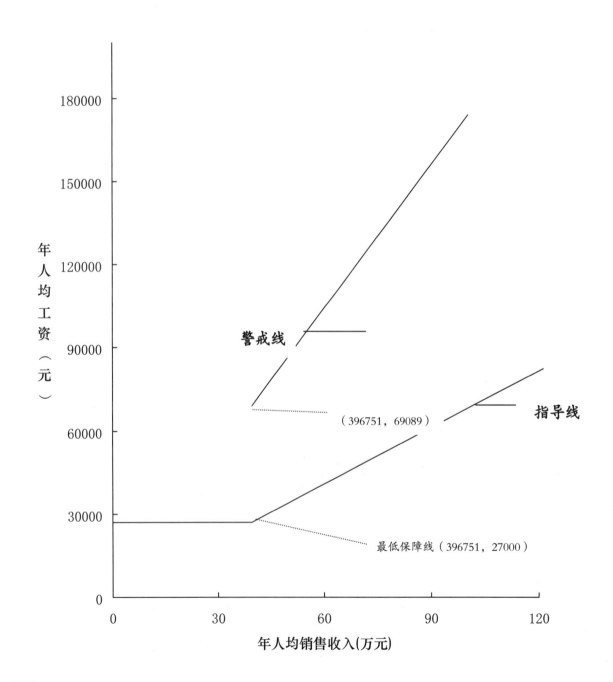

2021 年房屋建筑业
行业工资指导线函数式及图表

$$y= \begin{cases} 27000 & （x \leq 259091） \\ 0.104211x & （259091 < x \leq 1785654） \\ 0.034737x+124056 & （x > 1785654） \end{cases}$$

警戒线： $y'=0.167090x$ 　　　　（x≥259091）

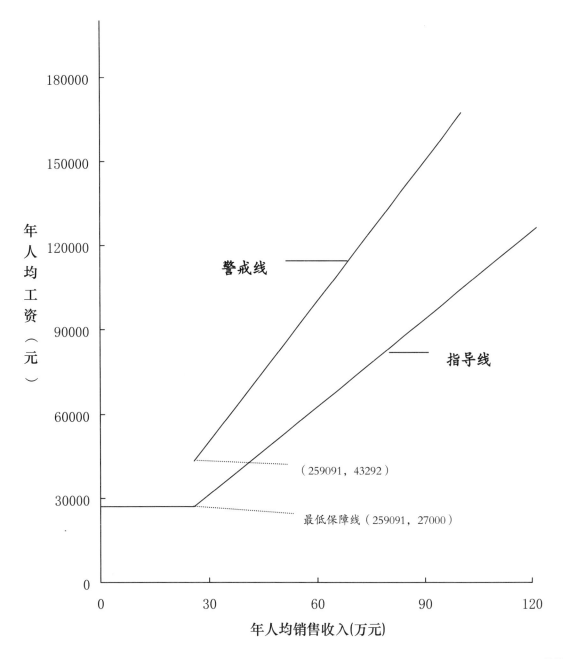

2021 年土木工程建筑业
行业工资指导线函数式及图表

$$y=\begin{cases} 27000 & (x \leq 215094) \\ 0.125526x & (215094 < x \leq 1482429) \\ 0.041842x+124056 & (x > 1482429) \end{cases}$$

警戒线： $y'=0.217385x$　　　　　（x≥215094）

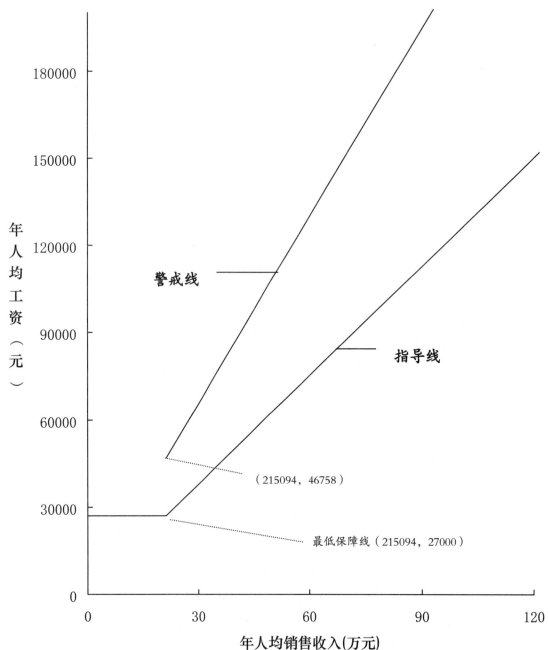

2021 年建筑装饰业
行业工资指导线函数式及图表

$$y=\begin{cases} 27000 & （x \leq 166255） \\ 0.162401x & （166255 < x \leq 1145831） \\ 0.054134x+124056 & （x > 1145831） \end{cases}$$

警戒线：$y'=0.230861x$ 　　　　（$x \geq 166255$）

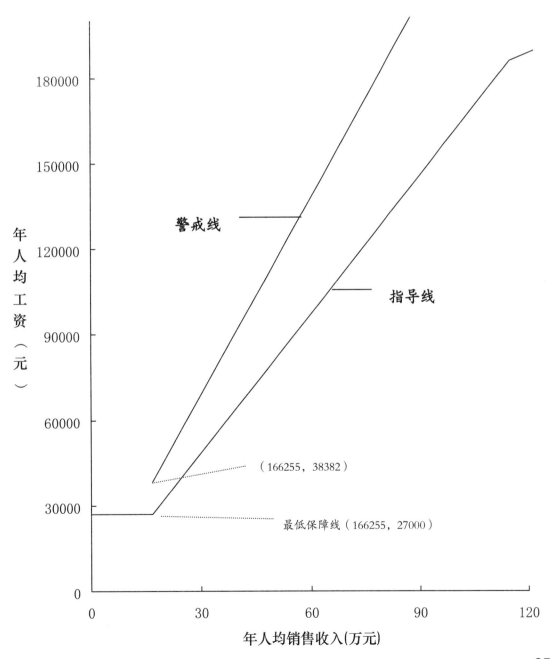

年人均销售收入(万元)

2021 年批发业

行业工资指导线函数式及图表

$$y= \begin{cases} 27000 & （x \le 172194） \\ 0.156800x & （172194 < x \le 1186761） \\ 0.052267x+124056 & （x > 1186761） \end{cases}$$

警戒线： y'=0.222131x　　　　　（x≥172194）

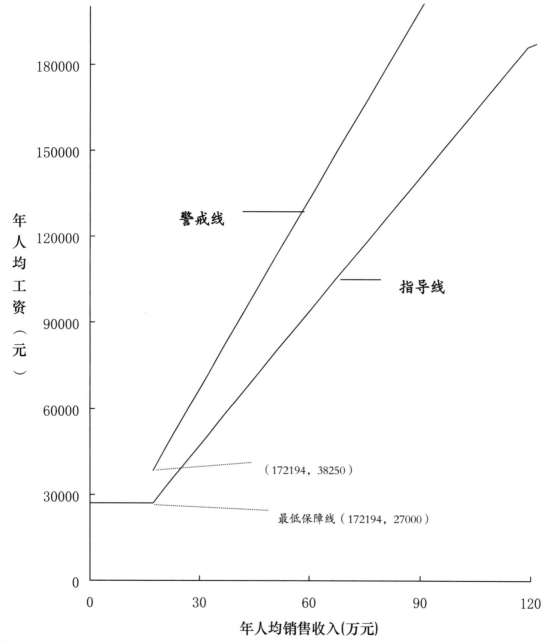

年人均工资（元）

年人均销售收入(万元)

2021 年百货零售业
行业工资指导线函数式及图表

$$y= \begin{cases} 27000 & （x \leq 200884） \\ 0.134406x & （200884 < x \leq 1384491） \\ 0.044802x+124056 & （x > 1384491） \end{cases}$$

警戒线： $y'=0.177552x$ （x ≥ 200884）

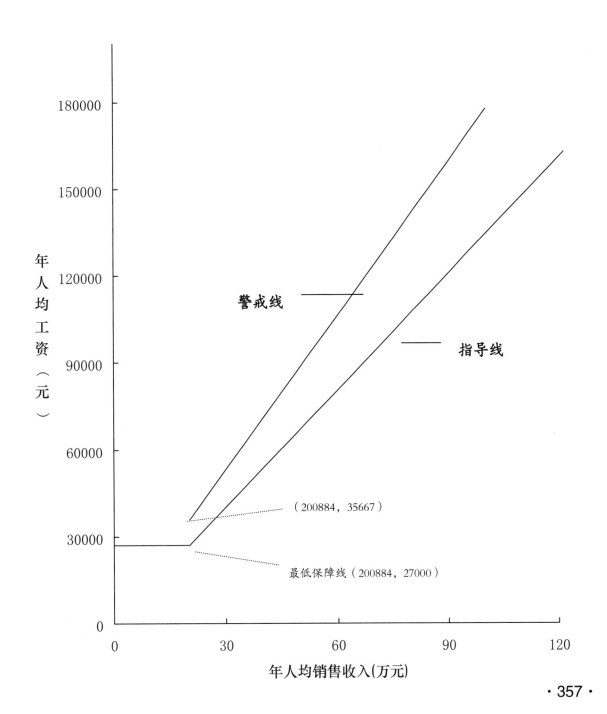

2021 年汽车零售业
行业工资指导线函数式及图表

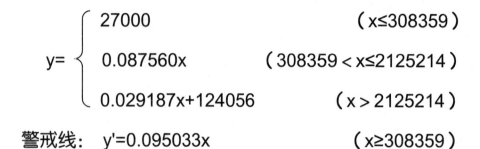

$$y=\begin{cases} 27000 & (x \leq 308359) \\ 0.087560x & (308359 < x \leq 2125214) \\ 0.029187x+124056 & (x > 2125214) \end{cases}$$

警戒线： $y'=0.095033x$ （x≥308359）

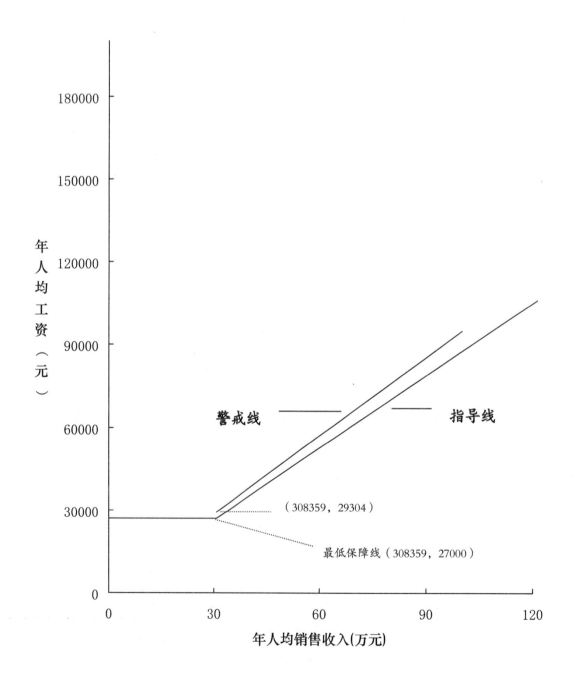

2021 年道路货物运输业
行业工资指导线函数式及图表

$$y=\begin{cases} 27000 & （x \le 135811） \\ 0.198806x & （135811 < x \le 936009） \\ 0.066269x+124056 & （x > 936009） \end{cases}$$

警戒线：y'=0.277958x　　　　　　　（x≥135811）

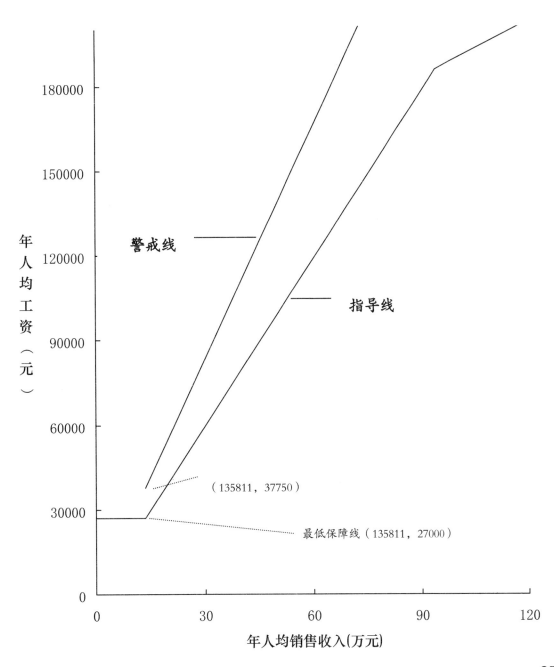

年
人
均
工
资
（元）

警戒线

指导线

（135811，37750）

最低保障线（135811，27000）

年人均销售收入(万元)

2021 年互联网和相关服务业
行业工资指导线函数式及图表

$$y= \begin{cases} 27000 & (x \le 146203) \\ 0.184675x & (146203 < x \le 1007631) \\ 0.061558x+124056 & (x > 1007631) \end{cases}$$

警戒线： $y'=0.213787x$ （x≥146203）

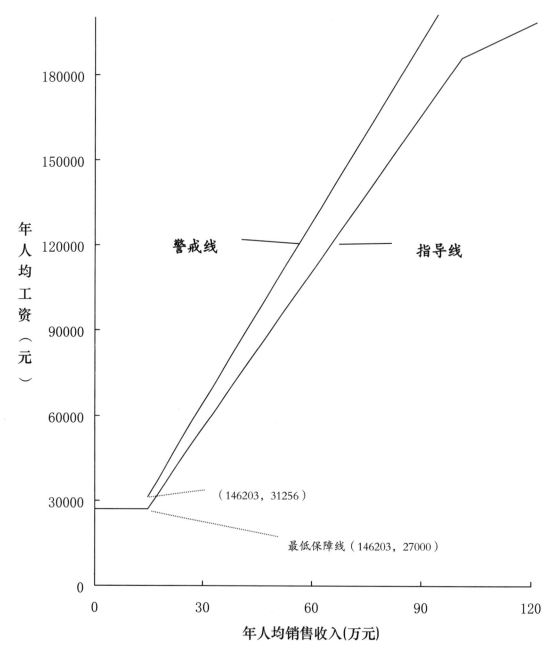

年人均工资（元）

警戒线

指导线

（146203, 31256）

最低保障线（146203, 27000）

年人均销售收入(万元)

2021 年旅游饭店业
行业工资指导线函数式及图表

$$y= \begin{cases} 27000 & （x \le 96761） \\ 0.279037x & （96761 < x \le 666879） \\ 0.093012x+124056 & （x > 666879） \end{cases}$$

警戒线： $y'=0.412973x$ （x≥96761）

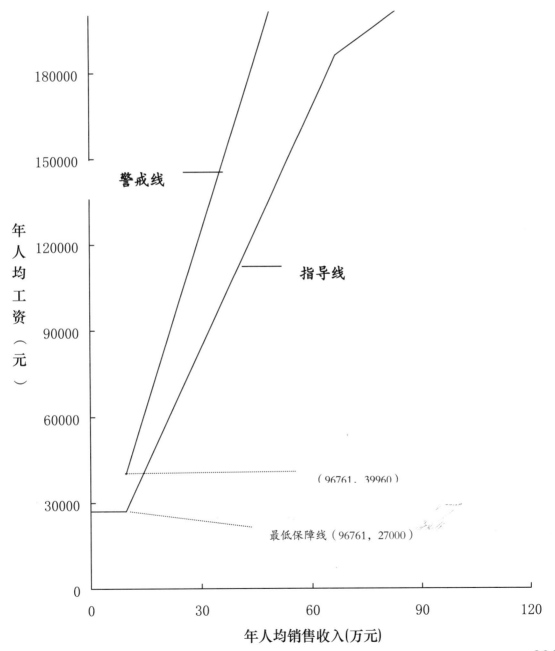

2021 年房地产开发经营业
行业工资指导线函数式及图表

$$y=\begin{cases} 27000 & （x\le145061） \\ 0.186129x & （145061<x\le999760） \\ 0.062043x+124056 & （x>999760） \end{cases}$$

警戒线：$y'=0.246448x$ 　　　　　　　　（x≥145061）

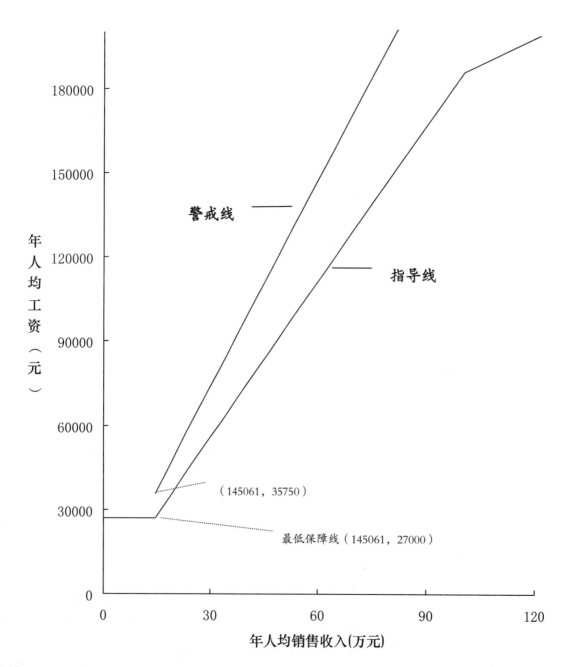

2021 年物业管理业
行业工资指导线函数式及图表

$$y=\begin{cases} 27000 & (x\leq 88376) \\ 0.305513x & (88376 < x\leq 609087) \\ 0.101838x+124056 & (x > 609087) \end{cases}$$

警戒线：$y'=0.346228x$　　　　　　　（$x\geq 88376$）

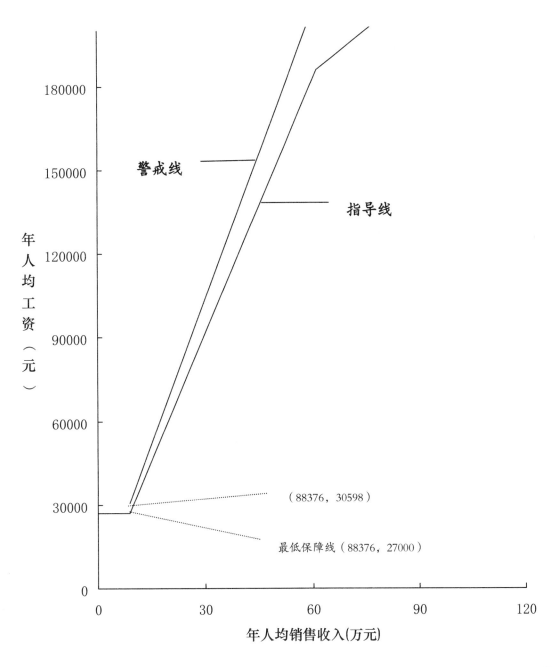

年人均销售收入(万元)

2021 年出版业
行业工资指导线函数式及图表

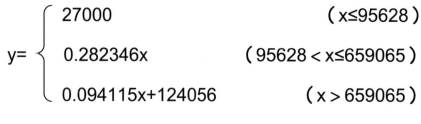

$$y= \begin{cases} 27000 & (x \leq 95628) \\ 0.282346x & (95628 < x \leq 659065) \\ 0.094115x+124056 & (x > 659065) \end{cases}$$

警戒线： $y'=0.428440x$ （x≥95628）

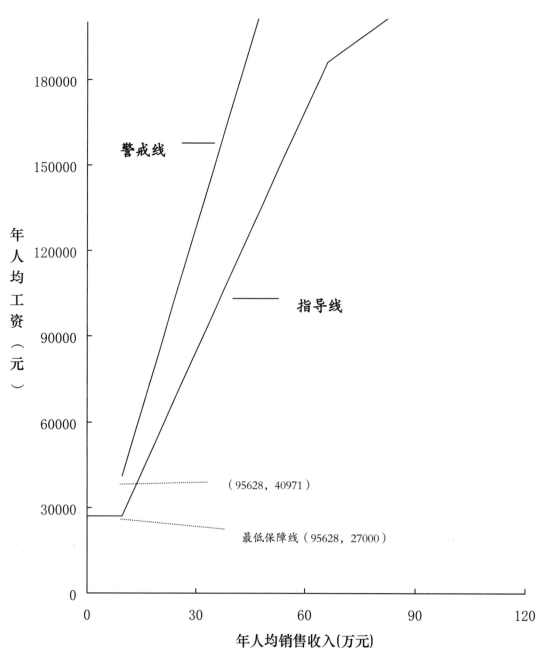

关于部分行业工资指导线的说明

此次发布的食品制造业，通用设备制造业，电气机械及器材制造业，计算机、通信和其他电子设备制造业，仪器仪表制造业，汽车制造业，房屋建筑业，土木工程建筑业，建筑装饰业，批发业，百货零售业，汽车零售业，道路货物运输业，互联网和相关服务业，旅游饭店业，房地产开发经营业，物业管理业，出版业工资指导线，是根据十八个行业中生产经营正常、盈利能力良好的企业 2020 年销售收入、从业人员劳动报酬等数据加工整理而形成的。其中行业的划分是依据国家统计局《国民经济行业分类》（GB/T4754-2017）中有关规定，结合我市的实际情况确定。具体测算方法做如下说明：

一、计算依据

1、行业工资指导线是根据同行业内各企业 2020 年企业平均从业人员劳动报酬与平均销售收入相互关系的总体情况计算出的曲线。

2、最低工资保障线 27000 元是今年 8 月 1 日起执行的最低工资标准 2320 元/月以及前 7 个月最低工资标准 2200 元/月综合计算的年度水平。由于我市最低工资标准不包含劳动者在中班、夜班、高温、低温、井下、有毒有害等特殊工作环境、条件下的津贴；劳动者应得的加班、加点工资；劳动者个人应缴纳的各项社会保险费和住房公积金；根据国家和本市规定不计入最低工资标准的其它收入，因此行业工资指导线的最低工资保障线仅为理论最低值。企业实际应用时，除极端情况外，并不需要参考此线。最低工资保障线主要用于示意该行业生产经营正常企业的劳动报酬最低值所对应的必要人均销售收入。

3、警戒线根据该行业亏损企业销售收入中的从业人员劳动报酬含量的平均值设定的。企业的销售收入中的从业人员劳动报酬含量越接近警戒线，企业就越接近亏损。

二、工资指导线的函数式

$$y=\begin{cases} 27000 & （X \le d） \\ a \times X & （d < X \le e） \\ b \times X + c & （X > e） \end{cases}$$

其中：

y　　为年平均从业人员劳动报酬；

X　　为年平均销售收入；

a、b　为不同区间的系数；

c　　为常数（设置为 2020 年本市全口径城镇单位就业人员平均工资（124056元））；

d、e　为变量的区间临界值。

各行业的工资指导线为一条曲线，当 x≤d 时，按照最低工资标准的要求，其发放的工资也不能低于最低工资标准（全年工资不得低于 27000 元），在图上表现为一条水平线，称为最低工资保障线；在最低工资保障线和较高收入转折点之间，工资指导线为一条斜率为 a 的直线；当人均劳动报酬达到 2020 年本市全口径城镇单位就业人员平均工资的 1.5 倍以上时，工资指导线发生变化，其斜率由 a 转变为 b，同时截距由 0 变为 c。企业职工平均工资超过 2020 年本市全口径城镇单位就业人员平均工资 1.5 倍以上时，其工资增速应适当降低。

三、行业工资指导线的参考应用

在行业工资指导线的图表中，最低工资保障线以上的部分为行业的平均水平。企业在应用行业工资指导线时，可将本单位的年人均工资或年平均销售收入代入所在行业的函数式，求出本企业相应的销售收入或工资。

以批发业为例：

批发业工资指导线函数式为：

$$y=\begin{cases} 27000 & （x≤172194） \\ 0.156800x & （172194 < x≤1186761） \\ 0.052267x+124056 & （x > 1186761） \end{cases}$$

（172194 元为年最低工资 27000 元对应的年人均销售收入，1186761 元为 2020 年本市全口径城镇单位就业人员平均工资 1.5 倍时对应的年人均销售收入。）

警戒线函数式为：y' = 0.222131x

如果某批发业企业，测算出年人均销售收入 30 万元，则应将 30 万元带入相应区间即 y = 0.156800x（按单位元带入计算），得出年人均工资 47040 元；同时带入警戒线函数式即 y' = 0.222131x 得出人均工资警戒值 66639.3 元。根据测算，该企业从业人员的平均工资应为 47040 元，在此基础上企业可以结合自身情况上下浮动，但不宜突破 66639.3 元。

如果测算出人均销售收入低于 172194 元，则直接对应最低工资保障线，说明企业可能由于人均销售收入水平过低而影响企业实现盈利；如果测算出人均销售收入高于 1186761 元，则应将测算值对应带入 $y = 0.052267x + 124056$ 计算出相应的人均工资水平。

同时，该企业也可以用上一年度人均销售收入及人均工资水平在行业工资指导线的函数图上描点，如果所描出的点在行业工资指导线之下，反映企业的人均销售收入与工资的投入产出效率高于行业平均水平，企业可以较大幅度提高职工工资水平，但不宜突破北京市企业工资指导线的预警线；如果所描出的点在行业工资指导线之上而在警戒线之下，反映企业的人均销售收入与工资的投入产出效率低于行业平均水平，企业应该采取促进销售或加强成本管理等措施，在保证企业正常收益的前提下，适度提高职工工资水平；如果所描出的点在行业警戒线之上，说明企业是接近或处于亏损状态，在综合分析原因，采取有效措施改善经营状况的同时可考虑降低工资增幅或停止增长工资，以扭转不利局面。

附件3：

2021 年食品制造业等十八个行业
工资投入与销售收入产出状况比较

行业名称	行业平均	国有（及国有控股）企业	合资企业	国有参股及私营企业
食品制造业	1：6.30	1：8.06	1：5.50	1：6.50
通用设备制造业	1：4.76	1：3.39	1：6.62	1：5.60
电气机械及器材制造业	1：5.93	1：3.79	1：10.62	1：5.68
计算机、通信和其他电子设备制造业	1：5.11	1：5.54	1：5.47	1：4.86
仪器仪表制造业	1：5.03	1：3.73	——	1：7.09
汽车制造业	1：7.56	1：8.27	1：8.54	1：5.58
房屋建筑业	1：8.49	1：16.04	——	1：7.98
土木工程建筑业	1：7.12	1：10.76	1：19.88	1：6.69
建筑装饰业	1：5.51	——	1：16.17	1：5.33
批发业	1：5.58	1：4.96	1：7.50	1：5.69
百货零售业	1：6.56	1：4.73	1：11.10	1：8.99
汽车零售业	1：11.07	1：14.09	1：31.52	1：10.38
道路货物运输业	1：4.73	1：5.22	1：7.58	1：4.21
互联网和相关服务业	1：5.18	——	1：8.85	1：5.02
旅游饭店业	1：2.79	1：2.95	1：3.35	1：2.75
房地产开发经营业	1：4.86	1：4.94	1：7.43	1：4.70
物业管理业	1：3.17	1：3.58	1：3.19	1：3.11
出版业	1：3.40	1：2.82	——	1：4.26

第四部分

北京市 2021 年最低工资标准

北京市人力资源和社会保障局
关于调整北京市 2021 年最低工资标准的通知

（2021 年 6 月 11 日　京人社劳发〔2021〕77 号）

各区人力资源和社会保障局、北京经济技术开发区社会事业局，各人民团体，中央、部队在京有关单位及各类企、事业等用人单位：

按照国家有关要求，经市委、市政府批准，对我市最低工资标准进行调整。现将有关事宜通知如下：

一、我市最低工资标准由每小时不低于 12.64 元、每月不低于 2200 元，调整到每小时不低于 13.33 元、每月不低于 2320 元。

下列项目不作为最低工资标准的组成部分，用人单位应按规定另行支付：

（一）劳动者在中班、夜班、高温、低温、井下、有毒有害等特殊工作环境、条件下的津贴；

（二）劳动者应得的加班、加点工资；

（三）劳动者个人应缴纳的各项社会保险费和住房公积金；

（四）根据国家和本市规定不计入最低工资标准的其它收入。

二、综合考虑本市降低社会保险费率和调整社保缴费基数等因素，非全日制从业人员小时最低工资标准确定为 25.3 元/小时，非全日制从业人员法定节假日小时最低工资标准确定为 59 元/小时。以上标准包括用人单位及劳动者本人应缴纳的养老、医疗、失业保险费。

三、实行计件工资形式的企业，要通过平等协商合理确定劳动定额和计件单价，保证劳动者在法定工作时间内提供正常劳动的前提下，应得工资不低于我市最低工资标准。

四、生产经营正常、经济效益持续增长的企业，原则上应高于最低工资标准支付劳动者在法定工作时间内提供劳动的工资；因生产经营困难确需以最低工资标准支付全体劳动者或部分岗位劳动者工资的，应当通过工资集体协商确定或经职工代表大会（或职工大会）讨论通过。

五、在劳动合同中约定的劳动者在未完成劳动定额或承包任务的情况下，用人单位可低于最低工资标准支付劳动者工资的条款不具有法律效力。

六、上述各项标准适用于本市各类企、事业等用人单位。

七、本通知自 2021 年 8 月 1 日起执行。